魏向清 刘润泽 刘韶方 主编

中国世界级
非遗文化悦读

寻语识遗

南京大学出版社

本书为以下项目的部分成果：

南京大学外国语学院"双一流"学科建设项目

全国科学技术名词审定委员会重点项目"中国世界级非物质文化遗产术语英译及其译名规范化建设研究"

教育部学位中心 2022 年主题案例项目"术语识遗：基于术语多模态翻译的中国非物质文化遗产对外译介与国际传播"

南京大学–江苏省人民政府外事办公室对外话语创新研究基地项目

江苏省社科基金青年项目"江苏世界级非物质文化遗产术语翻译现状与优化策略研究"（19YYC008）

江苏省社科基金青年项目"江苏世界级非遗多模态双语术语库构建研究"（23YYC008）

南京大学暑期社会实践校级特别项目"讲好中国非遗故事"校园文化活动

参与人员名单

主　　编　魏向清　刘润泽　刘韶方
出版顾问　何　宁　高　方
咨询专家　陈述知　聂　娜
审读专家（按姓氏拼音排序）
　　　　　　陈　俐　丁芳芳　孙文龙　王笑施
项目助理　黄鑫宇　赵　静　卜云峰

1. 端午节

主　　编　魏向清　恽如强
顾　　问　宋　颖
参编人员（按姓氏拼音首字母排序）
　　　　　　Hannes Bjorn Hafsteinsson（翰思）　何子阳　李洙扬　廖安康
　　　　　　吴大宁　张心怡
手　　绘　裴梓含　谈嘉瑞

2. 中国剪纸

主　　编　柳　菁　单旭光
顾　　问　陈　竟
参编人员（按姓氏拼音首字母排序）
　　　　　　吴月婵　张　璐　郑　红　郑泽蕾
手　　绘　乌兰托雅
实　物　图（按姓氏拼音首字母排序）
　　　　　　畅杨杨　陈淑香　郭淑华　乔美英　宋金花

3. 京剧

主　　编　单旭光　耿云冬

顾　　问　陈　恬

参编人员（按姓氏拼音首字母排序）

　　　　　　陈　倩　陈永琦　丁玥琨　屠慧慧　王　涛　王　熙　王宇轩

手　　绘　刘雪南　谈嘉瑞

实 物 图　江苏省演艺集团京剧院

4. 昆 曲

主　　编　刘韶方　尹婵杰

顾　　问　陈　恬

参编人员（按姓氏拼音首字母排序）

　　　　　　胡梦迪　李梓瑄　牛璟祎　钱之璟　沙凌云　唐　静　王　杰

手　　绘　王灏淇

实 物 图　江苏省演艺集团昆剧院

5. 古琴艺术

主　　编　黄鑫宇　刘润泽

顾　　问　王　咏

参编人员（按姓氏拼音首字母排序）

　　　　　　方　婷　管艺添　胡力为　刘　凯　徐海森　朱云涛

手　　绘　刘雪南

摄　　影　高红花

6. 中国传统桑蚕丝织技艺·缂丝

主　　编　郭启新　赵传银

顾　　问　许雅香

参编人员（按姓氏拼音首字母排序）

　　　　　　王曼琪　张璐馨　张亚萍　章玉兰

手　　绘　裴梓含

摄　　影　刘韶方

7. 中国传统桑蚕丝织技艺·宋锦

主　　编　刘润泽　董晓娜
顾　　问　沈芝娴
参编人员（按姓氏拼音首字母排序）
　　　　　　陈　楠　陈逸凡　范文澜　高　敏　蒋思佳　刘争妍　孙　澳
手　　绘　陶　李
实 物 图　苏州钱小萍宋锦大师工作室

8. 南京云锦织造技艺

主　　编　魏向清　冯雪红
顾　　问　王宝林　金　文
参编人员（按姓氏拼音首字母排序）
　　　　　　邱丽萍　邵莉根　唐文晴　张小于　赵文阳
手　　绘　王灏淇

9. 中国雕版印刷技艺

主　　编　刘韶方　单旭光
顾　　问　李江民　李华俊
参编人员（按姓氏拼音首字母排序）
　　　　　　陈红利　李　廉　王　倩　武志琳　许沁杨　张文奕
手　　绘　乌兰托雅
实 物 图　扬州江民雕版印刷有限公司

10. 中国传统木结构建筑营造技艺

主　　编　郭启新　崔红叶
顾　　问　程小武
参编人员（按姓氏拼音首字母排序）
　　　　　　韩　煦　郝梓岑　贺　洁　杨　铮　叶继仁　夏　雨　周　锐

手　绘　陈　颖
摄　影　陈　昊

特别鸣谢

江苏省非物质文化遗产保护研究所
江苏省演艺集团昆剧院
江苏省演艺集团京剧院
苏州钱小萍宋锦大师工作室
金文大师云锦艺术馆
扬州江民雕版印刷有限公司
范玉明缂丝大师工作室
南京大学大学生创新创业训练项目
　　"非遗里的中国——多模态文化术语创译传播实践"课题组
南京大学古琴社

编者前言

2019年秋天开启的这次"寻语识遗"之旅，我们师生同行，一路接力，终于抵达了第一个目的地。光阴荏苒，我们的初心、探索与坚持成为这5年奔忙的旅途中很特别，也很美好的回忆。回望这次旅程，所有的困难和克服困难的努力，如今都已经成为沿途最难忘的风景。

这期间，我们经历了前所未有的自主性文化传承的种种磨砺，创作与编译团队的坚韧与执着非同寻常。古人云，"唯其艰难，方显勇毅；唯其磨砺，始得玉成"。现在即将呈现给读者的是汉英双语对照版《中国世界级非遗文化悦读系列·寻语识遗》丛书（共10册）和中文版《中国世界级非遗文化悦读》（1册）。书中汇聚了江苏牵头申报的10项中国世界级非物质文化遗产项目内容，我们首次采用"术语"这一独特的认知线索，以对话体形式讲述中国非遗故事，更活泼生动地去诠释令我们无比自豪的中华非遗文化。

2003年，联合国教科文组织（UNESCO）第32届会议正式通过了《保护非物质文化遗产公约》（以下简称《公约》），人类非物质文化遗产保护与传承进入了全新的历史时期。20多年来，世界"文化多样性"和"人类创造力"得到前所未有的重视和保护。截至2023年12月，中国被列入《人类非物质文化遗产代表作名录》的项目数量位居世界之首（共43项），是名副其实的世界非遗大国。正如《公约》的主旨所述，非物质文化遗产是"文化多样性保护的熔炉，又是可持续发展的保证"，中国非遗文化的世界分享与国际传播将为人类文化多样性注入强大的精神动力和丰富的实践内容。事实上，我国自古就重视非物质文化遗产的保护与传承。"收百世之阙文，采千载之遗韵"，现今留存下来的卷帙浩繁的文化典籍便是记录和传承非物质文化遗产的重要载体。进入21世纪以来，中国政府以"昆曲"申遗为开端，拉开了非遗文化国际传播的大幕，中国非遗保护与传承进入国际化发展新阶段。各级政府部门、学界和业界等多方的积极努力得到了国际社会的高度认可，中国非遗文化正全面走向世界。然而，值得关注的是，虽然目前中国世界级非物质文化遗产的对外译介与国际传播实践非常活跃，但在译介理据与传播模式方面的创新意识有待加强，中国非遗文化的国际"传播力"仍有待进一步提升。

《中国世界级非遗文化悦读系列·寻语识遗》这套汉英双语丛书的编译就是我们为中国非遗文化走向世界所做的一次创新译介努力。该编译项目的缘起是南京大学翻译专业硕士教育中心特色课程"术语翻译"的教学实践与中国文化外译人才培养目标计划。我们秉持"以做促学"和"全过程培养"的教学理念，探索国别化高层次翻译专业人才培养的译者术语翻译能力提升模式，尝试走一条"教、学、研、产"相结合的翻译创新育人之路。从课堂的知识传授、学习，课后的合作研究，到翻译作品的最终产出，我们的教研创新探索结出了第一批果实。

汉英双语对照版丛书《中国世界级非遗文化悦读系列·寻语识遗》被列入江苏省"十四五"时期重点图书出版规划项目，这是对我们编译工作的莫大鼓励和鞭策。与此同时，我们受到来自国际中文教育领域多位专家顾问的启发与鼓励，又将丛书10册书的中文内容合并编成了一个合集《中国世界级非遗文化悦读》，旨在面向国际中文教育的广大师生。2023年夏天，我们这本合集的内容经教育部中外语言交流合作中心教研项目课堂试用，得到了非常积极的反馈。这使我们对将《中国世界级非遗文化悦读》用作非遗文化教材增添了信心。当然，这个中文合集版本也同样适用于国内青少年的非遗文化普及，能让他们在"悦读"过程中感受非遗文化的独特魅力。

汉英双语对照版丛书的编译理念是通过"术语"这一独特认知路径，以对话体形式编写术语故事脚本，带领读者去开启一个个"寻语识遗"的旅程。在每一段旅程中，读者可跟随故事里的主人公，循着非遗知识体系中核心术语的认知线索，去发现、去感受、去学习非遗的基本知识。这样的方式，既保留了非遗的本"真"知识，也彰显了非遗的至"善"取向，更能体现非遗的大"美"有形，是有助于深度理解中国非遗文化的一条新路。为了让读者更好地领会非遗知识之"真善美"，我们将通过二维码链接到"术语与翻译跨学科研究"公众号，计划陆续为所有的故事脚本提供汉语和英语朗读的音频，并附上由翻译硕士专业同学原创的英文短视频内容，逐步完成该丛书配套的多模态翻译传播内容。这其中更值得一提的是，我们已经为这套书配上了师生原创手绘的核心术语插图。这些非常独特的用心制作融入了当代中国青年对于中华优秀传统文化的理解与热爱。这些多模态呈现的内容与活泼的文字一起将术语承载的厚重知识内涵，以更加生动有趣的方式展现在读者面前，以更加"可爱"的方式讲好中国非遗故事。

早在10多年前，全国高校就响应北京大学发起的"非遗进校园"倡议，成立了各类非遗文化社团，并开展了很多有益的活动，初步提升了高校学生非遗文化学习的自觉意识。然而，我们发现，高校学生群体的非遗文化普及活动往往缺乏应有的知识深度，多限于一些浅层的体验性认知，远未达到文化自知的更高要求。我们所做的一项有关端午非遗文化的高校学生群体调研发现，大部分高校学生对于端午民俗的了解较为粗浅，相关非遗知识很是缺乏。试问，如果中国非遗文化不能"传下去"，又怎能"走出去"？而且，从根本上来说，没有对自身文化的充分认知，是谈不上文化自信的。"求木之长者，必固其根本；欲流之远者，必浚其泉源。"中国世界级非遗文化的对外译介与国际传播要解决的关键问题是培养国人尤其是青少年的非遗文化自知，形成真正意义上基于文化自知的文化自信，然后才有条件由内而外，加强非遗文化的对外译介与国际传播。非遗文化小书的创新编译过程正是南京大学"非遗进课堂"实践创新的成果，也是南大翻译学子学以致用、培养文化自信的过程。相信他们与老师一起探索与发现，创新与传承，译介与传播的"寻语识遗"之旅定会成为他们求学过程中一个重要的精神印记。

我们要感谢为这10个非遗项目提供专业支持的非遗研究与实践方面的专家，他们不仅给我们专业知识方面的指导和把关，而且也深深影响和激励着我们，一步一个脚印，探索出一条中国非遗文化"走出去"和"走进去"的译介之路。事实上，这次非常特别的"寻语识遗"之旅，正是因为有了越来越多的同行者而变得更加充满希望。最后，还要特别感谢南京大学外国语学院给了我们重要的出版支持，特别感谢所有参与其中的青年才俊，是他们的创意和智慧赋予了"寻语识遗"之旅始终向前的不竭动力。非遗文化悦读系列是一个开放的非遗译介实践成果系列，愿我们所开辟的这条"以译促知、以译传通"的中国非遗知识世界分享的实践之路上有越来越多的同路人，大家携手，一起为"全球文明倡议"的具体实施贡献更多的智慧与力量。

目　录

端午节·· 001

中国剪纸·· 077

京　剧·· 151

昆　曲·· 221

古琴艺术·· 291

中国传统桑蚕丝织技艺·缂丝·························· 363

中国传统桑蚕丝织技艺·宋锦·························· 431

南京云锦织造技艺·· 513

中国雕版印刷技艺·· 587

中国传统木结构建筑营造技艺························· 665

中国历史纪年简表·· 747

Contents

Duanwu Festival ·· 001

Chinese Paper Cutting ··· 077

Jingju Opera ··· 151

Kunqu Opera··· 221

Guqin and Its Music ··· 291

Traditional Chinese Sericulture and Silk Craftsmanship: Kesi ··· 363

Traditional Chinese Sericulture and Silk Craftsmanship:

    Song Brocade ··· 431

Nanjing Yunjin Brocade ··· 513

Chinese Engraved Block Printing ······································· 587

Traditional Chinese Timber-Frame Architecture Craftsmanship ··· 665

A Brief Chronology of Chinese History ································· 747

端午节

魏向清 恽如强 主编

百字说明

　　端午节是中国四大传统节日之一，距今已有2000多年历史。端午节源自上古先民观测天象、形成历法的过程。每逢端午节，人们都会祭祀祈福，希望躲避战乱和疾病，调和阴阳，获得平安与健康。端午文化影响广泛，日本和韩国也有过端午的传统，但其习俗有所变化，呈现出不同的文化特征。2009年，端午节被列入联合国教科文组织的《人类非物质文化遗产代表作名录》。

内容提要

　　端午假期，中国大学生小龙和留学生大卫结伴去湖南汨罗、湖北秭归和黄石游玩，并回到江苏苏州寻找端午的足迹，亲自去体验典型的端午文化。这三省四地是中国端午申遗的代表性地区。在这四个地方，他们不仅体验了饮食、沐浴和娱乐等多方面的端午民俗活动，还参观了博物馆，了解了典型的北方端午民俗，对中国端午文化有了更全面的认识。

知识图谱

端午节
Duanwu Festival

历史人物
Historical Figure

屈原
Qu Yuan

传统饮食
Traditional Foods

吃粽子
Eating *Zongzi*

食五黄
Eating Five Healthy Foods

祈愿安康
Praying for Good Health

西塞神舟会
The Xisai Sacred Boat Ceremony

贴午时符
Pasting Noonday Paper Charms

缠五色丝
Tying Five-Colour Silk Strings

健身娱乐
Recreations

赛龙舟
Dragon Boat Racing

放纸鸢
Flying Kites

斗百草
Matching Herbs

打马球
Playing Polo

射柳
Shooting Arrows at Willow Branches

祛病防疫
Eliminating Diseases and Preventing Epidemics

画额
Painting Children's Foreheads

雄黄酒
Realgar Wine

避五毒
Warding off Five Poisonous Creatures

沐兰汤
Having Herbal Baths

佩香囊
Wearing Sachets

挂菖蒲
Hanging Sweet Flags

插艾草
Hanging Mugwort

1

端午节

端午节假期将至，大卫提议让小龙陪他一起看龙舟赛，同时也体验一下中国的端午文化。

大　卫：小龙，龙舟节快到了，我想去看龙舟赛。我觉得在中国看龙舟赛应该比在英国看赛艇更有意思。我们找个地方去看看，好不好？

小　龙：好啊。那端午节一放假，我们就去看龙舟赛。

大　卫：端午节？不是龙舟节吗？我们说的是同一个节日吗？

小　龙：你说的龙舟节其实就是我们的端午节。不过，龙舟节的说法虽然在国际上很流行，但并不确切。这样吧，去看龙舟赛之前，我先给你说一说端午文化，怎么样？

大　卫：太好了！快给我讲讲吧。

小　龙：行，我们先说说这个节日的名称。古汉语中，"端"有初始的意思，而"午"和"五"相通，端午就是"初五"，端午节就是农历五月初五的节日。

端午

大　卫：原来是这样。这个节日的英文大多是Dragon Boat Festival，对应的中文就是龙舟节，是因为端午节划龙舟很有名吧？

小　龙：嗯，没错。划龙舟确实是端午节最有影响的传统习俗之一，但并不是端午节的全部习俗哦。除了划龙舟，端午节还有很多其他重要的习俗呢。

大　卫：是吗？快说说，还有哪些习俗？

小　龙：还有闻雄黄酒，吃粽子，挂菖蒲，插艾草，佩香囊，沐兰汤，打午时水，贴午时符，画额，斗百草，避五毒，食五黄……

大　卫：慢点儿说。这么多习俗，我可真记不住。

小　龙：你只要记住，这些活动都是为了夏季祛病防疫就可以了。这里面还有很多讲究呢。

大　卫：为什么？是因为夏季很容易生病吗？

小　龙：是的。中国有句谚语"端午节，天气热，'五毒'醒，不安宁"，意思是说，农历五月份，天气湿热，毒虫多，是传染病易发的季节。中国古人认为，疾病是邪气导致的，端午节很多活动都是为了除邪气、保健康。可以这么说，端午节是中国古人的"卫生防疫节"。

蝎子　　　　　蜈蚣

大　卫：可我一直听说，划龙舟是为了纪念中国古代大诗人屈原，是吗？

小　龙：那是端午节的传说之一。相传划龙舟和吃粽子是为了纪念投江的屈原。事实上，早在屈原之前就有端午节，各地很早就形成了端午除病防疫的习俗。

大　卫：嗯，听起来很有意思。那我们就去体验一下吧。

小　龙：好，我们来个端午四地游，怎么样？

大　卫：为什么要去四个地方呢？

小　龙：前两天我刚查了资料，了解中国哪些地方的端午习俗保留得比较好。湖南汨罗、湖北秭归和黄石，还有我们江苏苏州，这四个地方的端午习俗最有代表性。端午节被列入联合国教科文组织的《人类非物质文化遗产代表作名录》，就是以这四个地方的端午习俗为典型申报成功的。你说要不要去这些地方呢？

大　卫：嗯，有道理，这四个地方我们都要去。

小　龙：那我们先去湖南和湖北的三个地方，回来之后，我们再专门去体验苏州的端午习俗。

大　卫：好，我们来个三省四地的端午游。

2
屈原

端午假期第一天，小龙和大卫来到了他们文化体验之旅的第一站——湖南汨罗。

大　卫：汨罗江真美啊！

小　龙：是啊，可这是大诗人屈原投江自尽的地方。

大　卫：他为什么要投江呢？

小　龙：说来话长。屈原生于公元前约340年，是战国时期楚国人。当时，有二十多个诸侯国各自为政，比较大的是齐、楚、燕、韩、赵、魏、秦七国。秦国总想吞并其他六国，称霸天下。

大　卫：嗯，中文课上老师讲过"战国七雄"的故事，那时战乱很频繁。

小　龙：是的。屈原是楚国大夫，主张改革楚国政治，联合其他五国共同抵抗秦国。楚王不但没有采纳他的主张，反而把他赶出了国都。屈原离开后，依然关心自己国家的命运。当他听到楚国国都被秦国占领的消息时，悲痛万分，决意以身殉国，投汨罗江自尽。

大　卫：原来是这样。看来屈原不仅是个大诗人，还是个爱国者。
　　　　可他和端午节有什么关系呢？

小　龙：有啊。据说，屈原是在五月初五投的江。得知消息后，
　　　　当地老百姓纷纷划船去营救他，但没能救上来。当地人
　　　　为了纪念他，每年这一天都会祭拜屈原，举行龙舟赛。

大　卫：所以，划龙舟就是为了纪念屈原，对吧？

小　龙：不完全对。其实划龙舟这个民俗活动早在屈原之前就已
　　　　经存在了。关于它的起源有不同说法。不过可以肯定的

长太息以掩涕兮，
哀民生之多艰。

路漫漫其修远兮，
吾将上下而求索。

举世皆浊我独清，
众人皆醉我独醒。

屈原

屈原

是，这个活动与古代祭祀和龙图腾崇拜有关系。

大　卫：哦，是这样啊。

小　龙：是的。根据传说，还有一个端午习俗也和屈原有关。

大　卫：什么习俗呢？

小　龙：吃粽子。粽子是用粽叶包裹糯米煮熟后吃的一种食物。大卫，你吃过吗？

大　卫：还没有。好吃吗？有机会要尝一尝，你先跟我说说那个传说吧。

小　龙：好的。相传屈原死后，汨罗的百姓就把大米扔进江里去喂鱼虾，想让鱼虾吃饱，就不会再去吃屈原的尸首。后来，屈原托梦给百姓，说江里有条蛟龙把大米吃完了。他让人们用箬竹叶和五色线把米包裹起来再投入江中，因为蛟龙害怕箬竹叶和五色线。

大　卫：看来端午节和屈原的关系真的很密切。

小　龙：确实，后来人们将端午节与屈原投江的传说联系起来，主要是为了纪念这位忧国忧民的大诗人。

大　卫：明白了。听说屈原写过很多著名作品，主要有哪些呢？

小　龙：屈原的代表作是《离骚》《天问》《九歌》。对了，2020年中国首次执行火星探测任务的探测器"天问一号"，就是以屈原的诗歌《天问》命名的。

大　卫："天问"是什么意思呢？

小　龙：简单地说，"天问"就是询问上天的意思。在《天问》

里，屈原对天地、自然和人世等一切事物大胆发问，体现了追求真理和勇于探索的精神。中国航天探测器用"天问一号"命名，表示中国开启了问天之旅、宇宙之行。

大　卫：这个名字很有意义，也很有气魄。

这时远处传来阵阵锣鼓声。

小　龙：大卫你听，好像有锣鼓声。应该是龙舟赛开始了。
大　卫：我们赶紧去看看吧。

3

赛龙舟

小龙和大卫快步来到了江边。在龙舟节活动现场的服务台前，小龙领到一本有关龙舟节的宣传册。

大　卫：小龙，这里是不是可以说"人山人海"呀？

小　龙：对啊，大卫，你用词很恰当。今天是汨罗龙舟节。大卫，你瞧，宣传册上说划龙舟起源于古代南方的送瘟神仪式。

大　卫：送瘟神？瘟神是什么？

小　龙：瘟神就是传说中掌管瘟疫的恶神，据说能散播疫情或停止疫情。端午节前后，南方天气湿热，疾病容易传播，所以古人把象征瘟神的神偶用船送走。等我们去湖北，会专门去看送百毒的神舟。百毒就是很多种对人有害的毒物和疾病。

大　卫：送瘟神就是送走瘟疫、祈求平安的意思吧？

小　龙：没错。当然，后来又加上了纪念屈原的另一层意思。但不管怎么说，现在龙舟赛已经成为一项竞技娱乐活动

划龙舟

　　　　　了。南方很多地方端午节都要举办龙舟赛。

大　卫：龙舟赛不仅中国有，国际上都很流行呢。我明白了，难怪
　　　　西方人会用"龙舟节"这个词来指端午节呢。

小　龙：中国民间非常看重赛龙舟、夺锦标。有的地方甚至有
　　　　"宁愿荒废一年田，不愿输掉一年船"的说法。走，我
　　　　们到前面去看看。你瞧，船上装饰了龙头和龙尾，很像
　　　　水里的游龙吧。

大　卫： 嗯。龙舟身上的彩绘也很漂亮。每条龙舟上的人不少呢，少说也有20人。看那个鼓手敲得多起劲。这就像剑桥、牛津的赛艇对抗赛一样，但更热闹、更好看。

小　龙： 你观察得还挺仔细呢。实际上，龙舟运动早就推广到世界各地了，欧洲不少国家和大学都有龙舟队参加国际赛事。龙舟上的人比赛艇上的人多很多，所以控制起来更困难，需要紧密配合、反复练习。

大　卫： 龙舟上这么多人，他们是怎么分工的呢？

小　龙： 龙舟上的人分划手、舵手和鼓手。那个鼓手非常重要，待会儿你仔细观察一下。

现场发令枪响起，龙舟赛开始了。

大　卫： 敲鼓不就是给划龙舟的人加油鼓劲吗？难道还有其他作用？

小　龙： 看一会儿你就知道鼓手的重要了。

大　卫： 哇，划得好快呀。你看，他们动作多整齐呀。哦，我看明白了，鼓手是在用鼓点指挥大家，协调节奏。

小　龙： 对啊。鼓手和舵手都非常重要，一个指挥划舟，一个掌握方向。划龙舟靠的就是团队协作。龙舟队里，划手人数多，作用大。如果划手动作不整齐，肯定划不快。

大　卫： 那平时他们一定得多训练，相互配合好。

小　龙：那当然了。鼓手通过鼓点调节划桨节奏。一旦节奏乱了，
　　　　不仅划得慢，还会浪费划手体力。舵手在船尾，掌控龙
　　　　舟方向，不然划手和鼓手的努力就白费了。你看那条划
　　　　在最前面的龙舟，队员们动作多整齐呀。

两人兴致勃勃地看完了整场比赛。

大　卫：这么快就结束了，我还没看够呢。

小　龙：没关系，这里好玩的事儿多着呢。

大　卫：那我们现在去哪里呢?

小　龙：我们去吃粽子吧。

4

吃粽子

看完赛龙舟，小龙带着大卫去小吃店品尝粽子。

大　卫：小龙，端午节吃粽子也有什么故事吧？

小　龙：倒不是故事，是科学道理。端午节吃粽子的习俗源于古代夏至①。古人认为，夏至当天，阳气最旺。如果饮食不当，人就很容易上火，对身体不好。

大　卫："上火"是什么意思？

小　龙："上火"是民间说法，又称"热气"。按照中医理论，上火是人体阴阳失衡后出现的一种症状。

大　卫：怎么能看出来上火呢？

小　龙：上火有很多症状，比如，眼睛红肿、口角糜烂、牙痛、咽喉痛等。这时候就要注意饮食调理了。

大　卫：那吃粽子和上火有什么关系呢？

粽子

小　龙：古时候人们用黄米包粽子。黄米营养丰富，但性温热，
　　　　属阳，多吃了会上火。人们就想到用箬竹叶来包裹黄
　　　　米。箬竹性寒凉，属阴，用它的叶子包裹黄米，是以阴
　　　　裹阳，阴阳中和，就不容易上火了。尤其是端午时节，
　　　　天气转热，古人认为这样吃，既能品美味，又能保健
　　　　康。是不是很科学？

大　卫：嗯，确实挺有道理。看来，在中国，"阴阳"无处不
　　　　在呀。吃个粽子也讲究阴阳平衡。那我们也来吃个粽
　　　　子吧。

小　龙：大卫你看，师傅们正在现场包粽子呢。

大　卫：动作真快！我还没看明白，就包好了。

小　龙：听说包粽子也有窍门，就是"一卷一盖一扎"。你看，师傅双手将粽叶卷成漏斗形，往里面放入糯米和馅料，然后用上部多出的粽叶盖住漏斗口，再翻转粽叶，包裹紧，最后用五色线捆绑好。

大　卫：粽子里除了放糯米，还要放馅料？像包饺子一样有各种口味吧？我要看看哪种我最爱吃。

小　龙：说起馅料，那可就多啦。其实粽子通常是以馅料命名的，比如鲜肉粽、豆沙粽、栗子粽、红枣粽，有的甜有的咸。

大　卫：听上去都不错呀。我想每一种都尝尝。

小　龙：那可不行。粽子虽好吃，也不能多吃。

大　卫：为什么？

小　龙：因为粽子里面的糯米很黏，吃多了不容易消化。

大　卫：好的，那就吃一个，品尝一下。

小　龙：大卫，你知道吗？粽子不仅好吃，还有很多好的寓意呢。首先，因为"粽"与祖宗的"宗"谐音，所以端午节吃粽子有希望光宗耀祖的意思。

大　卫：光宗耀祖是什么意思呢？

小　龙：光宗耀祖就是子孙后代做得好，可以让祖先和家族骄傲。中国文化的特点之一就是祖先崇拜，端午吃粽子也是祈求家族兴旺。

大　卫：嗯，我注意到了。之前在南方旅游时，我看到过很多家族祠堂。

小　龙：是的，过去中国人喜欢一个家族住在同一个地方，规模大一点的家族都有自己的祠堂，同族人供奉同一个祖先。

大　卫：我们英国人也讲究血缘血统，尤其是皇室贵族。

小　龙：中国文化中还有个很特别的现象，那就是喜欢用谐音字表达各种寓意。

大　卫：谐音字对我来说有点儿难。问个小问题，谐音字只表达好事吗？

小　龙：不一定，好事坏事都有。这个问题比较复杂，以后找时间专门给你讲吧。我们先说说和粽子有关的谐音字吧。粽子的包法不同，表达的寓意不一样，比如九子粽，就是将九只粽子包裹好，连成一串，大的在上，小的在下，用九种不同颜色的丝线串起来。

大　卫：为什么要九只粽子连成一串呢？

小　龙：在汉语里，"九"除了表示实在的数字，也指多的意思。送九子粽是祝福新婚夫妇多生孩子，人丁兴旺。

大　卫：嗯，让我想想。"粽子"与"中子"谐音，表示求子。九表示多，九子粽就是很多孩子的意思。中国文化的表达习惯真有意思。

小　龙：还有，"枣粽"与"早中"发音也相似。在古代南方，
　　　　读书人参加科举考试②，当天早晨一定要吃枣馅的粽
　　　　子，意思是期望早日考中。这个习俗延续至今，很多南
　　　　方人考试前还会专门吃枣粽。

大　卫：嗯，这个我记住了。以后考试前，我也要吃个枣粽，保
　　　　佑我考试顺利通过。

注释：
① 夏至：中国二十四节气中的第十个节气，在每年公历6月21日或
22日。各地夏至风俗不同，有的地方吃面，有的地方吃粽子。
② 科举考试：科举是古代中国通过考试选拔官吏的制度。

5

缠五色丝

吃完粽子，小龙和大卫继续在汩罗观光。

大　卫：小龙，你看，那些小孩手腕上缠着彩线手环，真好看。

小　龙：哦，那叫缠五色丝，也是一种端午习俗。过去端午节清晨，各家大人起床后的第一件事，就是在孩子手腕、脚腕、脖子上缠五色丝。

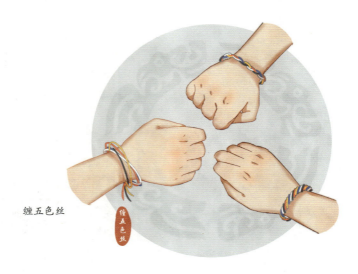

缠五色丝

大　卫：为什么要用五色的丝呢？

小　龙：中国古代崇尚红、黄、蓝、白、黑五色，认为五色是吉祥色，把五种颜色的线拧在一起，系在身上，就能辟邪防病。古代五色丝也叫长命缕、辟兵缯。

大　卫：长命缕？辟兵缯？

小　龙：是的，古汉语中"缕"是"线"的意思，"缯"指的是丝织品。据说，在2200多年前的汉朝时就有缠五色丝的习俗。人们把五种颜色的丝线拧成彩缕，缠在手臂或脖子上，辟邪防病，尤其会给孩子缠在手腕上，保佑他们不被兵器、鬼怪伤害，也保佑他们远离瘟疫。

大　卫：原来是这样。我以为是为了漂亮，就像戴手镯一样，没想到这还是端午习俗。

小　龙：过去五色丝不可以随意摘下或丢弃，只能在夏季第一场大雨或第一次洗澡后抛到河里，让河水把瘟疫、疾病带走，这样才可以保佑小孩子安康。后来五色丝发展成各种漂亮、好玩的香囊。等回苏州，我们专门去找端午香囊。

大　卫：好啊。那五色丝是用什么线做的？对材料有特别要求吗？

小　龙：材料倒是没什么特别的要求，丝线、棉线都行，不过五种颜色是有讲究的。

大　卫：不就是红、黄、蓝、白、黑五种颜色吗？

小　龙：这五色可不一般。它们代表着金、木、水、火、土五种
　　　　性质的事物。中国古人把宇宙万物划分为金、木、水、
　　　　火、土性质的五大类，认为它们的运动变化构成世间的
　　　　一切物质。五色丝的颜色分别代表这五大类物质：白色
　　　　代表金，蓝色代表木，黑色代表水，红色代表火，黄色
　　　　代表土。

大　卫：明白了。五色丝除了用来缠手腕和扎粽子，还有什么
　　　　作用？

小　龙：五色丝还可以用来编织小网兜。端午节人们会在五彩网
　　　　兜里装上煮熟的鸡蛋或鸭蛋，挂在孩子脖子上，寓意也
　　　　是保平安健康。

大　卫：那好，等会儿我们也买五色丝缠手腕上，保佑我们旅行
　　　　平安，身体健康。

小　龙：学得很快嘛。走，说买就买。

6

打午时水

小龙和大卫经过一个村子，看到很多人在水井旁打水，场面十分热闹，便走了过去，跟一位村民聊了起来。

大　卫：大叔，请问你们为什么排队打水？家里没有自来水吗？

村　民：当然有了。但这可不是普通的水。今天是端午节，大家排队是打午时水。

大　卫：午时水？

村　民：午时水是在端午节中午，从井里或河里打上来的水。每年端午节我们都要打午时水。

大　卫：小龙，午时是中午的意思吗？

小　龙：嗯，更确切地说，午时就是上午11点到下午1点这个时间段。中国古人计时是把一昼夜划分成十二个时段，叫十二时辰。一个时辰相当于现在的两个小时，每个时辰用一个字命名。

大　卫：原来是这样。现在快12点了，怪不得大家都忙着打水呢。

打午时水

村　民：中午12点是打午时水的正点。端午节我们会看准时间，
　　　　在正点打水。

大　卫：那午时水有什么特别的吗？

村　民：有啊。一年中端午节这天阳气最盛，而午时又是一天中
　　　　阳气最盛的时刻，所以午时水也叫"极阳水"。

大　卫：午时水用来干什么呢？

村　民：可干的事多啦。可以把午时水和白酒、雄黄混合，洒在屋里和房外四周来驱蚊虫，还可以给孩子们洗澡，防止他们生痱子或被蚊虫、毒蛇叮咬。用午时水洗脸还能明目。

大　卫：那这水能喝吗？

村　民：当然可以喝啦。做饭、煮汤、泡茶都可以。我们这儿有句古话，叫"午时水饮一嘴，胜过补药吃三年"。

大　卫：真有这么神奇吗？那我也来打一桶午时水，喝点儿试试。

村　民：好，你来试试吧。

7

贴午时符

喝完午时水，小龙和大卫继续在村子里溜达。大卫看到有一户人家门口贴了一张黄底红字的纸条。

大　卫：小龙你看，这黄色的纸是什么？

小　龙：这是贴纸符，也是端午的一种习俗。你还记得午时是什么时间吗？

大　卫：是上午11点到下午1点。

小　龙：没错。我再考考你，在午时打的水是午时水，那么午时贴在门上的符呢？

大　卫：是午时符吗？

小　龙：答对了。中国有些地方有端午节贴午时符的习俗。

大　卫：贴午时符也是防灾驱病吧？

小　龙：是的。你来看，这午时符上面写了一些字。人们午时把它们贴在家里不同的地方，用来辟邪。

大　卫：这红色的字是用红色墨水写的吧。

小　龙：好像不是，应该是朱砂①吧。来，看看写了什么。

贴午时符

两人凑上前，念了起来。

大卫和小龙: "五月五日午时书，破去官非口舌，蛇虫鼠蚁一切
　　　　　 尽消除。"

大　卫: 这些汉字是什么意思啊?

小　龙: 我来给你讲一讲。先说第一句"五月五日午时书"。这
　　　　里"书"是古汉语里的动词，是写的意思。我们今天还
　　　　说书写呢。

大　卫: 明白了。这句话的意思是说，这个符是在端午节午时
　　　　写的。

小　龙: 理解正确。"破去官非口舌"这句古汉语有点儿难理
　　　　解，得好好解释一下。"破去"是"去除、化解"的
　　　　意思。"官"在这里指"牢狱、官司"之类的事情;
　　　　"非"的意思是"是非、纠纷"。"口舌"与言语有
　　　　关。"官非口舌"是指因言语而引起的官司、牢狱之灾
　　　　等不好的事情。"破去官非口舌"这句话意思就是，化
　　　　解由于言语而引发的官司、牢狱之灾。也就是说，写这
　　　　个符，是希望生活能够平安顺利，不要惹上麻烦。

大　卫: 确实不太好懂。不过最后一部分我能看明白了，就是消
　　　　灭家里的老鼠、蚂蚁、蛇和害虫，对吗?

小　龙：没错。大卫，你再来看看这家大门上贴的是什么？

大　卫：哎哟，这家贴的是幅画像。这是谁呀？眼睛瞪得这么大，看着很吓人。

小　龙：吓人就对了，这画的是钟馗。钟馗是道教②里的神仙，能捉鬼驱邪。端午节贴钟馗像，也是希望辟邪保平安。

大　卫：这么吓人的样子，鬼肯定也害怕。

小　龙：那当然了。我们再往前走走，看看还有什么有趣的端午习俗。

大　卫：走，我们去看看。

注释：

① 朱砂：一种硫化物类矿物，主要成分为硫化汞（HgS）。朱砂呈鲜红色或暗红色，在中国也常被用作绘画颜料。

② 道教：发源于中国的本土宗教，对中国古代政治、经济和文化产生过深刻影响。

8

画额

小龙和大卫继续往前走，发现前面有一群孩子正围坐在一位
四十多岁的妇女身旁。两人走上前去看热闹。

大　卫：小龙，你看！好多孩子围着那位阿姨。他们在干什么？

小　龙：看，她手里拿着毛笔，像是在孩子们的额头上写字。

大　卫：用毛笔在额头上写字？难道这也是端午节的习俗吗？

小　龙：这个我也是第一次看到，我们来问问吧。

大　卫：嗨，阿姨，您好！您在小朋友们额头上写什么呀？

阿　姨：哦，今天是端午节，我给他们画额呢。

小　龙：画额是在额头上画画吗？画什么呢？

阿　姨：就是用毛笔蘸上雄黄酒，在额头上写个"王"字。

大　卫：哇，这个"王"字很威风，也是辟邪的吧？

阿　姨：你这外国小伙子知道的还挺多呢。你说的没错，用雄黄酒
　　　　画额就是为了赶走毒虫和邪气，保佑孩子们健康平安。

画额

大　卫：为什么要写"王"字呢？

阿　姨：你看，这"王"字像不像老虎额头上的花纹？老虎很凶，在额头上写个"王"字，就是要借虎威镇住邪物。端午节给孩子们画额，是希望他们没病没灾，长命百岁啦。

大　卫：哦，原来是这个意思，让老虎把毒虫邪气吓走。

小　龙：借"百兽之王"的威猛，再加上雄黄酒，那更厉害了。

大　卫：我也想画一个。

小　龙：你没看到都是给小孩子画吗，哪有给大人画的？

阿　姨：其实大人也可以画。来，给你画一个。

大卫高高兴兴地让阿姨给自己画额。

小　龙：很好，特别威风。

阿　姨：小伙子，你们想不想学着给孩子们画额？

大　卫：太好了，我正想试试呢。

阿　姨：你看，很简单，蘸点儿雄黄酒，写个"王"字。

大卫高高兴兴地接过阿姨手中的毛笔，继续给孩子们画额。

9

斗百草

小龙和大卫开心地画完额，不远处两个孩子玩的游戏又吸引了他们。

大　卫：小龙，你看，那两个孩子手里都拿着草。他们在玩什么
　　　　游戏呀？

小　龙：在拉草玩，像是在比谁的力气大。

阿　姨：是的，这叫"斗百草"，村里的小孩子都喜欢玩。

小　龙：这也是端午节游戏吗？我还真没玩过。有什么说法吗？

阿　姨：有哇。说起来，这跟采药有关。端午正好也是采草药
　　　　的好时节。俗话说，"端午节前都是草，到了端午便
　　　　成药"。

小　龙：那端午节采的草药是用来治什么特别的病吗？

阿　姨：端午节这天阳气最旺，草药的药性也最强，所以这一天
　　　　午时采的药，治很多病都很有效。

斗百草

大　卫：那采草药和斗百草又是什么关系呢?

阿　姨：过去，端午采药的时候，大家会拿花草做游戏，"斗百草"就是这么来的。他们这种玩法叫"武斗"，就是两人各拔一根草，把草交叉，各自用双手拉自己那根草的两头，使劲往后拽，谁能把对方的草拉断，谁就赢了。

大　卫：这个好玩。小龙，我们也来"武斗"一下。我力气比你大，肯定能赢。

小　龙：我们斗斗看，还不知道谁会赢呢。

阿　姨：这个斗草可不光比力气，还要看谁选的草更韧，拉的时
候也需要用巧劲。

大　卫：阿姨，我明白了。那等会儿我们来试试。

阿　姨：除了"武斗"，你们也可以试试"文斗"。

大　卫："文斗"是什么？

阿　姨："文斗"就是报花草名，谁报的多，谁就赢了。

大　卫："文斗"也很有意思，不过得知道很多花草名才行。

小　龙：那当然，比的就是学问。

大　卫：小龙，等我把中文练好，我们再"文斗"，现在我们还
是"武斗"吧。

小　龙：好，我们现在就比试比试。

10

雄黄酒

第二天，小龙和大卫离开汨罗，来到端午之旅的
第二站——湖北秭归。

小　龙：大卫，屈原的故乡秭归到了。这里山清水秀，是个好
　　　　地方。

大　卫：这里真的很美呀。小龙，你看，也有人在划龙舟呢。

小　龙：是啊，这里除了划龙舟、吃粽子，还有其他有趣的端午
　　　　习俗呢。

大　卫：那我们去看看。

小　龙：好，我们找个集市去逛逛，看看有什么新鲜事儿。大
　　　　卫，你看，导航显示前面一千米左右的地方有个集市。

二人来到集市，看到有一个摊位正在卖一种黄色的酒。

小　龙：大卫，你猜这碗里装的是什么？

大　卫：黄黄的，有点酒味。好像和阿姨画额的东西一样，是雄

雄黄酒

　　　　黄酒吗？

小　龙：对，这就是雄黄酒。有些地方有端午节闻雄黄酒的习俗。

大　卫：嗯，我猜就像给孩子们画额一样，闻雄黄酒应该也是为
　　　　了保平安。

小　龙：是的，这个雄黄酒是一种药酒。人们在端午闻它，也是
　　　　为了辟邪、祛病、保平安。

大　卫：这个习俗有什么故事吗？

小　龙：有啊，这个习俗也和屈原有关，是关于屈原投江后的另
　　　　一个故事。传说屈原投江后，江里有条蛟龙。

大　卫：所以老百姓往江里投粽子。

小　龙：另一个传说是，有个聪明的大夫往江里倒了一坛子雄黄
　　　　酒，把蛟龙药晕了。后来，人们就相信雄黄酒可以祛恶
　　　　辟邪，保佑平安。闻雄黄酒的习俗也就流传了下来。

大　卫：这种酒里是不是有麻醉药呀？

小　龙：应该没有。雄黄酒只是在白酒或黄酒里加入少量雄黄粉。
　　　　雄黄是一种橘黄色的矿物质，含汞，有毒。但少量的雄
　　　　黄能以毒攻毒、杀虫，还可以外用，治疗皮肤病。雄黄
　　　　被中医用作解毒的一味中药呢。

大　卫：有这么多用处，那我得尝尝。

小　龙：只能闻闻，一般不喝，不过你可以尝尝是什么味道。

大　卫：啊，又苦又辣！

小　龙：雄黄酒有一定的毒性，所以一般都是用来涂擦或者洒在
　　　　什么地方。端午节，长辈会在小孩子的额头、鼻子、
　　　　耳朵等地方抹上雄黄酒，这样可以防蛇蝎蚊虫，辟邪
　　　　防病。

大　卫：嗯，很有道理。这个气味应该可以驱赶蚊虫。

11

避五毒

小　龙：大卫，你还记得我们看打午时水时，那个村民说把雄黄酒洒在屋内各个角落吗？那样做相当于杀菌消毒，能避五毒。

大　卫：五毒是什么？

小　龙：别急，听我慢慢给你讲。五毒是夏季比较常见的五种动物，古人认为它们有毒。我说说它们的样子，看你能不能猜出来？第一种，身体细长多节，每节上都长了一对脚，因为脚多，所以俗称"百脚"。

大　卫：我想应该是蜈蚣吧？

小　龙：答对了。第二种，长得像个青蛙，但四肢更短、更粗壮，表皮上疙疙瘩瘩的。

大　卫：应该是蟾蜍呀。

小　龙：看来还真难不倒你。你再猜猜第三种，"一根绳，草里藏，吃老鼠，人见慌"。

大　卫：嗯……这个我猜不出来。

小　龙：蛇啊！

大 卫: 哦，对呀，蛇吃老鼠。有些蛇确实是有毒的。还有另外
　　　　两种呢？

小 龙: 第四种，尾巴有个钩钩，见面蜇你一下，喜欢躲在暗处，
　　　　最不爱晒太阳。

大 卫: 应该是蝎子吧。

小 龙: 猜对了。而这第五种，就不用猜了，因为不同地区有不
　　　　同说法，有的说是老虎，有的说是壁虎，还有的说是
　　　　蜘蛛。

避五毒

大　卫：难怪叫五毒，前面四种确实有毒。不过，第五种要是壁虎的话，就不对了。壁虎好像没毒吧，而且它还会捕食苍蝇、蚊子呢。

小　龙：这应该是古人对壁虎的误解，不完全科学。

大　卫：那为什么端午节的时候要避这五种动物呢？

小　龙：端午节前后，天气湿热，这五种动物经常出没。古人认为，它们不仅会伤人，还会传播疾病，所以才要避开它们。

大　卫：有道理。那怎么才能避开它们呢？

小　龙：清洁卫生、洒雄黄酒都是很好的办法。

大　卫：我闻了雄黄酒，也可以避五毒了吧。

小　龙：希望如此。刚才我们说到的五毒，大多有毒性而且外表吓人，人们就利用它们的形象来驱赶害虫、避开邪气，免受毒虫侵扰，保护身体健康。民间习俗中有两种有趣的方法避五毒，象征性地消灭它们，比如贴五毒图和吃五毒饼。

大　卫：具体怎么做呢？

小　龙：贴五毒图就是把五毒画在纸上，贴在家里，再用针刺在五毒上面。这样一来，五毒就被刺死，不会出来害人了。五毒饼是表面装饰有五毒图案的糕点，把这些糕点吃下去，也就把五毒消灭啦。

大　卫：这个习俗好有趣。

小　龙：在民间这种精神胜利法很多，叫以毒攻毒。比如，给小
　　　　孩子穿五毒衣，就是在衣服上绣上五毒图案，吓走五
　　　　毒，不让疾病靠近小孩。还有佩戴五毒钱币，在门窗上
　　　　张贴五毒剪纸，都是以毒攻毒的办法。

大　卫：看来避五毒的办法还真不少。要不，我们也去吃点儿五
　　　　毒饼避避毒吧。

小　龙：好啊，我们去找找，看有没有卖五毒饼的。

12

食五黄

小龙和大卫没有找到五毒饼。他们来到一家餐馆，门口的招牌
上写着："五月五，五黄三白过端午。"

大 卫：小龙，你看，这上面写着"五黄三白过端午"，"五黄
三白"是什么？

小 龙：这是端午节常吃的时令食物。"五黄"是五种名字里带
"黄"字的食物。

大 卫：那"三白"就是三种名字里带"白"字的食物了吧？是
哪些食物呢？

小 龙：不急，我们先点个"五黄"套餐吧，看看会上些什么
菜。我们再聊聊"三白"，怎么样？

大 卫：好呀，看看我们能吃上什么"五黄"。

两人点了"五黄"套餐。不一会儿，服务员端上来
四道菜、一小坛酒。

大　卫：这应该是雄黄酒吧？雄黄酒名字里就有个"黄"字。

小　龙：不是的，雄黄酒有毒性，不会在饭店里卖的。这是黄酒，
　　　　也带个"黄"字。

大　卫：闻着挺香的，我来尝一口。这个酒好，有点儿甜，是米
　　　　做的吧？

小　龙：是的，一般用糯米做黄酒。这种酒适量饮用有益健康。
　　　　你知道吗？黄酒是中国特有的酒，有4000年的历史了。
　　　　听说它和啤酒、葡萄酒并称世界上最古老的三大酒呢。

大　卫：是吗？那我可要再喝一些。

小　龙：你再看看这几道菜。

大　卫：这是黄瓜，有"黄"字。这切开的是煮鸡蛋吧？嗯，蛋
　　　　黄是黄的。不过这黄颜色怎么这么深呀？

食五黄

小　龙：这不是鸡蛋，是咸鸭蛋。腌过的蛋黄是深黄色的。

大　卫：那这两道菜是鱼呀，它们也不太黄呀。

小　龙：这是黄鱼和黄鳝，黄鱼是海鱼，黄鳝是淡水鱼。

大　卫：哦，它们的名字里面都有个"黄"字。

小　龙：是的，"五黄"就是黄酒、黄瓜、咸鸭蛋黄、黄鱼和黄鳝。

大　卫：那"三白"是什么呢？

小　龙："三白"指茭白、白切肉和咸蛋白（或白豆腐），也是端午节吃的。不过各地的"三白"不太一样。吃"五黄"是最普遍的习俗。

大　卫：为什么要在端午节的时候吃"五黄三白"呢？

小　龙：古人认为，一年中阳气最旺盛的日子就在端午时节，加上天气闷热，人比较容易烦躁上火，需要通过饮食调理，达到养生的目的。

大　卫：吃这些食物能去火、养生吗？

小　龙：应该可以吧。这些时令食物，营养丰富，大多清热解毒，有利于健康。比如，端午期间的黄鳝最肥美，营养丰富，所以南方民间有"端午黄鳝赛人参"的说法。

大　卫：看来"五黄三白过端午"很有道理。下次我要尝尝"三白"。

小　龙：好，吃了"五黄"，我们也算过了端午节啦。干杯！

13

西塞神舟会

端午假期第三天，小龙和大卫来到了端午之旅的第三站
——黄石。

小　龙：大卫，我们去看有名的西塞神舟会吧。

大　卫：小龙，神舟就是龙舟吗？

小　龙：这里的神舟是用竹子扎的龙舟，很有气势。不过这个龙
　　　　舟不是让人划的，而是要恭恭敬敬送到长江里，让它顺
　　　　江漂向大海。

大　卫：这是为什么？

小　龙：等下你就明白了。我们要去的是西塞山区的道士洑村，
　　　　那里每年从农历四月初八到五月十八，都会举办隆重的
　　　　西塞神舟会，会有制作神舟、唱大戏、巡游、送神舟下
　　　　水等很多活动。

大　卫：那不是要40天吗？

小　龙：是的，这里的端午活动是全国持续时间最长的。

大　卫：小龙，你看，神舟旁边的桌子上有很多神仙像呢。

小　龙：哦，那种桌子叫香案，上面供奉神仙像。

大　卫：很多人正在磕头礼拜呢。

小　龙：是的，这里原先供奉了屈原，叫屈原宫，后来放了神舟，
　　　　就叫神舟宫。可惜我们没赶上端午节的神舟启动仪式，
　　　　不过能看到大家来向神舟许愿求福也挺不错的。

小龙和大卫来到了道士洑村。正值端午节，游客很多，村子里很
热闹。二人前往西塞山下神舟宫，看到了那艘龙形神舟。

大　卫：你看，这神舟真漂亮，船上还有楼台呢，这个和那种划
　　　　的龙舟一点儿都不一样。龙的嘴巴、耳朵，还有尾巴，
　　　　真夸张呀。

小　龙：这神舟是用竹篾编的，编好之后再在上面糊上彩纸等装
　　　　饰。这个神舟很大，再加上这些神仙像的分量，出宫的
　　　　时候得16名年轻小伙子一起抬。

大　卫：那很壮观呀。这个得有六七米长吧。

小　龙：大约长7米，宽2米，高5米。我们去找个神舟会的人问
　　　　问吧。

小龙找来一位在神舟会工作的大叔。

西塞神舟

小　龙：大叔，我们是来看西塞神舟会的。

大　叔：你们来早了，现在还不热闹，要到五月十五以后才热
　　　　闹呢。

大　卫：啊，来早了？现在不是端午节吗？

大　叔：是这样的，我们这里自古有五月初五过"小端午"，十五
　　　　过"大端午"的说法。不过现在大多数地方已经不过
　　　　"大端午"了。我们西塞神舟会活动实际上是跨着"小
　　　　端午"和"大端午"两个节。

小　龙：我可是第一次听说要过两个端午。

大　卫：大叔，这些神仙像都是谁呀？

大　叔：它们是天上、人间、冥界的各路神仙，一共有108位。最重要的舟神叫黑爷，他率领其他107位神仙，收了百毒，然后押解它们入江出海，保佑百姓平安。

大　卫：这么多神仙像，要扎很长时间吧？

大　叔：是的，我们从农历四月初八开始扎制神舟和神仙像，要做到五月初四，将近一个月才能完成呢。

小　龙：神舟和神仙像都做得很精致。

大　叔：都是上一辈师傅手把手教我们的，不过现在用的材料和以前已经大不一样了。听我爷爷说，以前，神冠都是用纯银打造的，衣服是用棉布做的。我们现在是用竹篾扎，用纸糊。

大　卫：这样好，更节约环保。我有个问题，为什么是108位神仙像呢？

大　叔：听老人说，是因为一年有十二个月，二十四节气[①]，七十二候[②]。这些数字加在一起正好等于108，所以我们就扎108位神仙像。这些都是祖祖辈辈传下来的。这神舟的造型自古没变，楼台亭榭按照原样精心扎制。我们还保留着100多年前的扎制图纸呢。

大　卫：那就是说我们现在看到的神舟和100多年前的一样了。太厉害了。这些神仙像都要放到神舟上吗？

大　叔：是的。等到五月十五，我们要将扎好的108位神仙像请上
　　　　神舟，分别放在舟首、中仓和尾仓里。每个神仙都有自
　　　　己的位置，不能随便乱放。五月十六神舟会出宫巡游。

小　龙：神舟还要出宫巡游？

大　叔：是呀。这是神舟会最隆重的部分。家家户户都要在门边
　　　　悬挂菖蒲、艾叶，门口设香案，摆供品。神舟巡游经过
　　　　时，家家都要放鞭炮迎接，撒茶米祭拜。

小　龙：神舟为什么要出宫巡游？

大　叔：神舟出游的目的，一是送福，二是收毒，三是娱神。

大　卫：唉，可惜我们明天就得回去，这么热闹的场面看不到了。

大　叔：没关系，想看热闹的话，可以明年五月十五来。最热闹
　　　　的是五月十八神舟"登江"。那天江边大堤上人山人
　　　　海，十里八村的人都来观看。

小　龙："登江"是什么？

大　叔：是大家恭恭敬敬送神舟和108位神仙入江。前有人开路，
　　　　后有人护送，中间是16名年轻小伙子抬着神舟送入长
　　　　江，由水流带着神舟沿江而下，东流入海。

小　龙：象征着把百毒送走，是吗？

大　叔：是的，百毒就在108位神仙的押解下，远离我们道士洑，
　　　　驶向大海。

大　卫：大叔，我们明年一定来看神舟登江。

小　龙：谢谢大叔给我们讲解西塞神舟会。明年五月十五我们一
　　　　定来。

注释：

① 二十四节气：中国传统历法中特定的二十四个节令，每月两个节
气。二十四节气反映了中国的自然节律变化，指导农耕生产，也是内
容丰富的民俗文化系统。2016年，二十四节气被列入联合国教科文组
织的《人类非物质文化遗产代表作名录》。

② 七十二候：中国传统历法的重要补充，主要用来说明节气变化，指
导农事活动。

14

沐兰汤

傍晚，小龙和大卫看完西塞神舟会，回到酒店。

小　龙：大卫，今天走了一天，累了吧？想不想去解解乏呢？

大　卫：解乏？是什么意思？

小　龙：就是解除困乏、消除疲劳的意思。

大　卫：好啊，去什么地方？

小　龙：去沐兰汤吧。"沐"是沐浴，也就是我们常说的泡澡，
　　　　"兰汤"是兰草水，"沐兰汤"就是拿兰草水洗澡的意
　　　　思，这也是端午节的一个活动。

大　卫：太好了，我们去体验一下。

小龙和大卫来到酒店的水疗馆洗了兰汤浴。

小　龙：大卫，感觉怎么样？

大　卫：真的很舒服。浴池里的水有种特殊的香气，不知道是

沐兰汤

什么?

小　龙: 是兰草的香味。说到"兰汤"中的"兰"字,有人误认
　　　　 为是兰花,实际是兰草,也就是佩兰或者泽兰,都是中
　　　　 医用的草药。

大　卫: 哦,是中草药啊。那拿草药水洗澡是不是也能驱病呢?

小　龙: 是的。端午节是古人的卫生防疫节。古人用洗澡的方式
　　　　 来清洁身体、驱邪防病。在古代,端午节也被称为"浴
　　　　 兰节"。

大　卫：挺有道理的，洗完澡确实很舒服。

小　龙：古代端午有采草药的习俗。采来的草药可以用来治病，兰草之类还可以用来煮水洗澡。据说，正午用兰汤洗澡，效果最好。

大　卫：明白了。正午气温最高，阳气最盛，这时候沐兰汤，驱邪防病的效果自然是最好的。

小　龙：你学得还挺快。

大　卫：可惜现在是晚上了，不过，效果也不错。那我们下一站去哪里？

小　龙：回苏州，继续体验端午文化习俗。苏州的端午习俗也不少呢。

大　卫：好，那我们明天就回去，完成四地游最后一站的端午体验。

15

放纸鸢

小龙和大卫回到苏州，约好第二天下午去体验当地的端午习俗。第二天下午，他们来到一个公园，看到有人在放风筝。

大　卫：小龙，你看，公园里有人在放风筝呢。

小　龙：看到了。放风筝也是一个端午习俗。

大　卫：放风筝不是很常见吗？春天、秋天很多人都在公园放风筝呀。这也跟端午节有关吗？

小　龙：是的。许多地方都有端午放风筝的习俗。放风筝以前叫"放纸鸢"。

大　卫：风筝为什么要叫纸鸢呢？

小　龙：这得说到风筝的起源。鸢是一种像老鹰的鸟。2000多年前，有人用木头模仿鸢的形状做成木鸢，用作战争时期的通信工具。后来，进一步发展，木鸢带上火药，就成了进攻的武器。后来做木鸢的材料变了，竹子取代了木头，把纸糊在上面，就叫纸鸢。它们的用途也变了，从战争工具变成春天里孩子们的玩具。

放纸鸢

大　卫：纸鸢是什么时候变成玩具的呢？

小　龙：在距今1300多年的唐朝，放纸鸢就变成娱乐活动了。后
　　　　来，有人在纸鸢上加上哨子，在空中飞起来发出的声音
　　　　像是古筝的声音，所以就改名叫风筝。

大　卫：为什么在端午节放风筝呢？

小　龙：也是为了辟邪免灾。放风筝还有个别名叫"放殃"。
　　　　"殃"是指祸害，"放殃"就是送走祸害的意思。在端
　　　　午节放风筝，就是为了让不好的事情随风而去。

大　卫：原来放风筝还有这层意思，真有趣。

小　龙：是的。还有些人认为放风筝会带来好运，风筝放得越高，运气越好。

大　卫：那我们也去放吧！小龙，那边有卖风筝的。我们去买一个。

两人来到一处卖风筝的摊位。

小　龙：大卫，你瞧，这么多漂亮的风筝。

大　卫：有老鹰、蝴蝶、金鱼、蜻蜓，造型真多。好精致呀！这些风筝是怎么做出来的？

小　龙：风筝制作是中国的传统手工艺。简单说，先用竹篾扎成各种形状的骨架，然后在骨架上糊上纸或绢，再用长线系紧。扎风筝需要技巧，平衡是关键。

大　卫：小龙，你快看。那边有人把风筝撕破了。

小　龙：那是故意的，这也是一种民俗。

大　卫：他们为什么要这样做呢？

小　龙：很早以前，人们放完风筝收回来以后，都要将纸撕掉，只留下一个空的骨架带回家。等到明年端午，再拿出来糊上纸，重新放飞。你想，如果将风筝完好无损地带回家，那不就等于又把灾祸带回家了么？

大　卫：嗯，有道理。放完风筝还要把糊在上面的纸撕掉才行，
　　　　否则不吉利。走，我们去放风筝吧。看看我们的风筝能
　　　　不能越飞越高，为我们带来好运。

小　龙：我相信我们的风筝一定会飞得很高的！

16

佩香囊

大　卫：小龙，苏州的端午节习俗还有什么？

小　龙：最有特色的应该是苏州香囊。你看，不少人的背包上、手机上都挂着香囊呢。

大　卫：那是香囊呀，我还以为是个漂亮的装饰品呢。

小　龙：你说的也没错，不过它的作用可不仅是装饰。

大　卫：还有什么作用呢？

小　龙：还有驱虫防疫的功效。前面门口有个纪念品商店，应该会卖香囊。我们去看看，怎么样？

大　卫：哇，这里的香囊真多啊。有圆的、方的，还有三角形的。有各种颜色和造型，好丰富呀。小龙，你看，这个像只小粽子。

小　龙：是的。你再闻闻。

大　卫：有很特别的香味，很提神。

小　龙：不同香囊里装的东西不一样，一般有雄黄、艾草等香料。

大　卫：我知道，雄黄是一种中药材。

小　龙：是的，很多香料都是中药材。端午节佩戴香囊不仅是
　　　　一种装饰，也是利用这些香料的药性驱虫防病、提神
　　　　醒脑。

佩香囊

大　卫：香囊这么有用，我得好好挑一个。我喜欢这两个香囊，一个金光闪闪，一个做工精细。

小　龙：香囊虽然各地都有，但说到做工精细，要数我们苏州特色的刺绣香囊，款式精美，小巧可爱，用的是苏州的丝绸和棉布。

大　卫：确实很不错。你看，那边还有老虎造型的香囊呢。

小　龙：那是苏州的一种传统香囊，叫"虎头香囊"。

大　卫：就像画额写"王"字一样，香囊做成虎头的模样也是为了辟邪，对吧？

小　龙：理解正确。

大　卫：小龙，我要买两个香囊，我们一人一个。谢谢你带我端午四地游。祝你端午快乐！

小　龙：谢谢！不过，我们一般不说"端午快乐"，而说"端午安康"，因为端午的习俗大多是为了辟邪防病。

大　卫：哦哦，明白了。端午安康！

小　龙：谢谢。也祝你端午安康！

17

挂菖蒲　插艾草

逛完公园之后，小龙和大卫来到苏州老城区。

大　卫：小龙，我特别喜欢苏州老城区。这里的房子和街道都很
　　　　有特色。

小　龙：是的。你注意到家家户户的大门上挂着什么东西吗？

大　卫：正想问你呢。很多大门上挂着一束长长的叶子，这也是
　　　　端午习俗吗？

小　龙：你说对了。那些长长的叶子是菖蒲，这个端午习俗叫
　　　　"挂菖蒲"。

大　卫：这种叶子好像以前在哪里见过。

小　龙：有可能。菖蒲是一种水生植物，南方的池塘边和水渠里
　　　　很常见。叶子能长到1米多高。你看，菖蒲叶子笔直，
　　　　叶片顶端尖尖的，看起来像什么？

大　卫：像一把剑？

小　龙：没错！菖蒲也叫蒲剑、水剑，就是因为它的形状像把剑。

民间把它看作斩妖除魔的象征，挂菖蒲是为了辟邪保平安。

大　卫：嗯，很有想象力。

小　龙：而且，菖蒲叶含有挥发性的香油，会散发一种特殊香味。端午节挂上它，真的能驱赶蚊虫，净化空气。

大　卫：这么说，挂菖蒲还挺有科学道理呢。

小　龙：是啊，菖蒲的作用可不止这个，它也是一种中药材。

大　卫：你是说它也可以治病吗？

小　龙：对。菖蒲的茎、叶、花都可以入药，能化痰、健胃。有些地方还用它酿酒，端午节时喝菖蒲酒。菖蒲外形很美，它象征正直的品格，所以自古就受文人喜爱。

大　卫：那我回去也要挂菖蒲。

小　龙：别急，端午节我们还在门上插艾草。很多人家既挂菖蒲，又插艾草。你看，这种细长的、叶子绒绒的草就是艾草。古代，人们还把艾草扎成人形或者虎形，叫作"艾人"或"艾虎"，可以挂在门上或者佩戴在身上。

大　卫：艾草有什么特别的用处？

小　龙：艾草的用处可多了。它有一种很浓烈的特殊香气，是天然的驱虫剂。过去在乡下，要是夏季晚上在院子里纳凉，人们经常会点着干艾草驱蚊子，特别有效。端午节家家户户插艾草，主要是为了驱赶蚊子和苍蝇等害虫。

大　卫：原来如此。艾草还有什么其他用处呢？

挂菖蒲

插艾草

小　龙：有啊。艾草还是民间常见的药用植物，民间有"家有三年艾，郎中不用来"的谚语。

大　卫：这句话说的是什么意思？

小　龙："郎中"在古汉语中指医生。这句话是说家里要是存有三年以上的艾草，就不用上医院看病了。端午节我们会用它泡水沐浴，能消毒止痒、驱邪保健。

大　卫：就和沐兰汤一样，是吗？

小　龙：是的，一样的功效。作为中药，它有止血、消炎和止咳的功效。对了，你知道艾灸吗？

大　卫：嗯，听说过，好像是中医里的一种治疗方法，但不知道具体是什么。

小　龙：艾灸是中医的一种特殊治疗方法。首先要把艾叶晾干，然后碾碎成绒，再用纸把艾绒压紧，卷起来制成艾条。治病的时候点燃艾条，燃烧产生的热量刺激人体穴位或特定部位，可以疏通经络，防病保健。

大　卫：这么神奇吗？有机会我也去体验一下。

小　龙：还有呢，艾草还能做成糕点。现在人们已经用艾草开发出两百多种日常生活用品了，还有艾草咖啡呢。

大　卫：哇，还有什么是艾草不能做的！你知道吗？我来苏州上学，特别喜欢这里的点心。不过还没吃过艾草做的点心呢。它可以做成什么糕点呢？

小　龙：每个地方的做法不一样，大多是把艾草的汁液拌进米

粉，做成各式糕点，比如艾草青团。艾草汁液做出的点
心颜色翠绿，还有淡淡的艾草清香，大家都很喜欢吃。

大　卫：嗯，我一定要尝尝。

小　龙：好啊，我知道学校附近有家点心店，端午前后会卖青团。
等回到学校，我们买一些尝尝。对了，端午的时候，我
们还会在糕点上点缀五毒图案，那样的话，吃掉糕点就
意味着消灭五毒啦。

大　卫：好的，那我们就多买几种，吃糕点，灭五毒。

18

射柳、打马球

小龙和大卫回到学校。他们路过点心店，买了几种青团。两人来到小龙宿舍，一起喝茶吃青团。

大　卫：小龙，这个青团不错，颜色好看，绿绿的，也挺好吃。

小　龙：嗯，青团是江南地区的传统小吃，古代清明时节人们还用它来祭祖，现在是大家春游必带的美食了。

大　卫：中国北方应该没有青团吧。中国南北方的端午习俗一样吗？

小　龙：不完全一样。吃粽子、避五毒、斗百草、放风筝是南北方都有的习俗，划龙舟、闻雄黄酒是南方习俗，过去北方最热闹的端午习俗是射柳和打马球，现在好像已经完全消失了。

大　卫：真可惜，我们看不到了。

小　龙：确实。不过，我知道有个地方可以了解这两个习俗，苏州博物馆正好有个关于端午风俗的展览。我们找个时间去看看，好不好？

大　卫：太好了，那明天下午我们一起去吧。

第二天下午，小龙和大卫来到苏州博物馆，他们找到了端午特展与射柳和马球相关的内容。

小　龙：大卫，快来看。说明牌上说，射柳和马球都是北方的端午习俗，人们会在端午节清晨举行骑马射柳的活动。哦，先要将柳树干的中上部削去一段青皮，露出白色，依次插在马球场上作为靶心。然后，参赛者骑马拉弓，射向柳树削白的地方，射断柳树后，还得骑着马用手接住断柳。

大　卫：这个可不容易啊。小龙，你看，这还有张图，上面的骑手正把箭头对准柳树，拉弓射箭呢。

小　龙：是的，但射柳的概念更广泛，不一定都是射柳树。你再往下看就知道了。

大　卫：是吗?

小　龙：你看，这里介绍了射柳的起源。早在2500多年前的春秋战国时期，孔子的"六礼"中就有"射礼"，射礼曾是中国传统文化中修身的一项内容。端午民俗中的射箭起初是中国古代北方游牧民族的一项活动，可以追溯到魏晋南北朝时期，后来慢慢成为北方地区的习俗。

大　卫：骑马射箭确实是游牧民族擅长的活动。

小　龙：没错。大卫你看，介绍上说，唐宋时期，射柳在民间很普遍。集会时有比赛和表演，分为步射和骑射，有固定箭靶，也有流动箭靶，有人甚至能在马上用各种不同的动作射中靶呢。

大　卫：那一定特别惊险刺激。

小　龙：那是肯定的。还有，这里说北宋时期就明确规定，每年农历的三月初三和五月初五这两天，举行射柳比赛。不过主要限于军队内部，目的是提升军队的战斗力。

大卫认真地看着展览介绍，听小龙小声解释图片上面的文字。

大　卫：小龙你看，好像后面各个朝代都有这个活动呀。

小　龙：对，介绍得很详细。元朝时期，射柳活动在贵族生活中也很流行。不过，大卫你看，到了明朝，射柳的形式就有变化了。

大　卫：有什么变化呢？

小　龙：到了明朝永乐年间，射柳活动的形式就变成将鸽子放在葫芦里，然后将葫芦高挂在柳树上，用箭射中葫芦后鸽子飞出，最后以鸽子飞的高度来判定胜负。

大　卫：这个更有趣。哦，我明白了。难怪你刚才说射柳不一定就是射柳树呢。

射柳

小　龙：是啊。大卫，你再看这幅图。这是清朝时人们射柳的情
　　　　形。但到了100多年前，端午节已经基本看不到射柳活
　　　　动了。

大　卫：好遗憾呀。要不然，现在的端午节会更热闹，我们也能
　　　　去学学射柳。

小　龙：没错。大卫，其实还有一项北方端午民俗也消失了，也
　　　　很可惜。

大　卫：你说的是打马球吧。

小　龙：是的。大卫，你来看，这里画的正是古人打马球的场景。

大　卫：画得很生动呢。小龙，你看这些人手里挥舞着球杆争抢击球。这看上去和现代马球运动也差不多。

小　龙：打马球的民俗我不是很了解，我们请讲解员来讲解一下吧。

打马球

小龙和大卫向讲解员了解打马球的细节。

讲解员：两位好，我来给你们介绍下打马球的端午民俗。请看这里，这幅画画的是唐代打马球的场景。打马球一般有20多人参与，分成两队，从马上用球杖击球，打入对方球门。这在当时是一种很时髦的游戏活动。

小　龙：这么说，早在唐朝，我们就有马球运动了。

讲解员：是的。马球出现的时间一直有争议，有一种说法是最早出现在汉朝。不过，马球盛行于唐、宋、元三个朝代。唐朝打马球风行一时，但用途不一样。王公贵族打马球是娱乐，军队打马球是军事训练。而且，当时马球比赛还成为一种交际手段。

小　龙：交际手段？

讲解员：是的。故宫博物院藏有一幅古画，描绘了唐朝时期一场马球比赛的场面。其实，马球和射柳一样，都是从军事训练活动演变而来的。

大　卫：那打马球和端午节有什么关系呢？

讲解员：有关系呀，打马球也是北方端午节的重要民俗活动。事实上，元朝和明朝，北方地区都保留端午节打马球的风俗。马球是在清朝完全绝迹的，这和清朝禁止百姓习武、养马有关。所以，后来这两项北方端午习俗就慢慢消失了。

大　卫： 原来是这样。谢谢您的讲解。

讲解员： 不客气！祝你们参观愉快。

大　卫： 小龙，原来射柳、打马球的历史还很悠久呢。不过现在只能在博物馆里见到了。

小　龙： 这两项端午民俗也算是非物质文化遗产了。以后要能恢复就好了，大家应该也会有兴趣参与吧。

大　卫： 你说得对。要是以后恢复这些民俗活动，我一定也来试试。

小　龙： 那你就真成了"中国通"啦。

大　卫： 那当然，我回国以后也要跟家人朋友讲讲中国端午节有趣的民俗，告诉他们中国人为什么过端午。他们一定想不到，端午节其实是中国古代的"卫生防疫节"。

结束语

　　通过端午假期的游览和体验，小龙和大卫对中国端午节有了全新认识。端午节是中华民族重要的传统节日，它记录着中国人多彩的社会生活和民间习俗，积淀了博大精深的中国文化。各地的端午习俗虽因地域不同而略有差异，但都寄托了人们迎祥纳福、辟邪除灾的美好愿望。端午期间人们用来祛病防疫的各种传统习俗蕴含着中国古人的生活智慧，值得代代相传。

中国剪纸

柳菁 单旭光 主编

百字说明

　　剪纸是中国民间的一种传统美术形式，至今已有1500多年历史。剪纸起源于约3000年前夏商周时代的"剪胜"技艺，最初剪刻的材料是金银箔片、布帛、丝绸、皮革等，汉代之后才过渡到纸张，称为"剪纸"。剪纸因民间祭祖祈神活动而产生，后成为人们表达美好愿望的民间艺术。剪纸创作的成本低廉，形式多样，操作简单，用途广泛。2009年，中国剪纸被列入联合国教科文组织的《人类非物质文化遗产代表作名录》。

内容提要

　　小龙从小喜欢剪纸，经常利用假期到剪纸工坊参加各种活动。暑假期间，小龙又报名去剪纸工坊学习体验，并成为一名志愿者，为前来参观的小学生讲解和示范剪纸技法。回到学校，小龙和大卫讨论中国剪纸纹样与作品中的丰富文化内涵。在剪纸集市上，小龙和大卫了解了中国剪纸的装饰用途和不同地区的剪纸艺术特色。

知识图谱

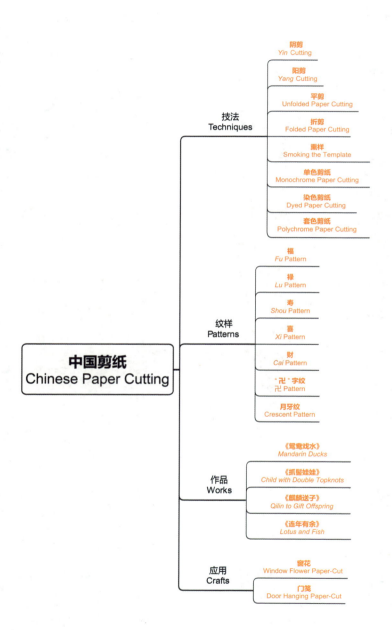

中国剪纸
Chinese Paper Cutting

技法
Techniques

阴剪
Yin Cutting

阳剪
Yang Cutting

平剪
Unfolded Paper Cutting

折剪
Folded Paper Cutting

熏样
Smoking the Template

单色剪纸
Monochrome Paper Cutting

染色剪纸
Dyed Paper Cutting

套色剪纸
Polychrome Paper Cutting

纹样
Patterns

福
Fu Pattern

禄
Lu Pattern

寿
Shou Pattern

喜
Xi Pattern

财
Cai Pattern

"卍"字纹
卍 Pattern

月牙纹
Crescent Pattern

作品
Works

《鸳鸯戏水》
Mandarin Ducks

《抓髻娃娃》
Child with Double Topknots

《麒麟送子》
Qilin to Gift Offspring

《连年有余》
Lotus and Fish

应用
Crafts

窗花
Window Flower Paper-Cut

门笺
Door Hanging Paper-Cut

1

阴剪与阳剪

小龙走进剪纸工坊，发现墙上有两幅精美的剪纸作品——《旗袍》和《平安富贵》，于是便与工坊里的剪纸老师卢老师聊了起来。

小　　龙：老师，这两幅剪纸作品真漂亮，一定很受欢迎吧。

卢老师：确实十分畅销。你知道的，旗袍是传统中式服装，特色鲜明，旗袍主题的剪纸特别受游客欢迎。

小　　龙：这张《平安富贵》的剪纸里，我只看出来象征富贵的牡丹，从哪儿可以看出平安呢？是这只花瓶吗？

卢老师：没错。"瓶"与"平"谐音，所以中国人常用花瓶喻指平安。平安富贵是中国艺术作品中常见的题材。

小　　龙：明白了。老师，这《旗袍》中的荷花和《平安富贵》中的牡丹，分别用的是阳剪和阴剪技法吧？

卢老师：对，没想到你还是个行家呢。

小　　龙：嘿嘿，我喜欢剪纸，略知一二。

卢老师：既然提到了这两个技法，那你说说如何区分阴剪和阳剪？

阴剪与阳剪

小　龙：我的理解是阴剪留白少，阳剪留白多。很明显荷花留白
　　　　多，牡丹留白少。

卢老师：你说得很对。实际上，剪纸艺术的表现手法可分为阴剪
　　　　法、阳剪法、阴阳结合法与剪影法四种。一般来说，一
　　　　幅剪纸作品通常采用以上四种方法中的两种。

小　龙：怪不得有时候难以区分呢。

卢老师：剪纸的"阴"和"阳"，重点在于互补。我来考考你。
　　　　你能不能用一个图案，剪出一"阴"一"阳"两朵
　　　　花来？

小　龙：我来试试吧。

小龙剪的两朵花

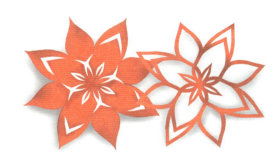

阴阳剪纹路对比

小龙很快就剪出来一朵完整的花，然后把花中少数留白的地方修剪好，剩下的空白部分正好也是花朵的形状。

卢老师：你确实剪出了两朵花，但只用到了阴剪，没有用到阳剪。

小　龙：这难道不是一阴一阳吗？

卢老师：你看，你剪下来的这第一朵花确实是阴剪。阴剪重在镂空手法，由留下的空白构成图案，效果是"线线相断，块块相连"。

小　龙：老师，为什么第二朵花也是阴剪，不是阳剪呢？

卢老师：阳剪侧重的是线条，整个图案由线条构成，保留形象的轮廓线，其造型效果是"线线相连，面面独断"。你剪的并不是以线条为主，只有图案的外轮廓，内部没有任何镂空修饰的剪纸，应该只能算作剪影。剪影这种剪纸技法在西方很流行。

小　龙：原来是这样，看来我想得太简单了。

卢老师：别看这小小的剪纸，里面门道不少呢。而且，剪纸艺术还
　　　　对其他民间艺术产生过影响呢。

小　龙：对哪些民间艺术产生过影响呢？

卢老师：比如说吧，民间皮影戏中栩栩如生的人物形象，就是采
　　　　用剪纸技法，用兽皮和纸板剪刻出来的。另外刺绣也和
　　　　剪纸有着密切的关系，许多刺绣的底样本身就是剪纸作
　　　　品。对了，你看过剪纸动画片吗？

小　龙：没有看过。

卢老师：剪纸动画片可是中国特色的动画片。中国第一部剪纸动
　　　　画片是《猪八戒吃西瓜》，拍摄于1958年。从那时起到
　　　　90年代初期，我国一共拍摄了101部剪纸动画片。

小　龙：没想到还有专门的剪纸动画片，我回去就找来看。

2

平剪

十二生肖

卢老师：小龙，你来看看这套作品。

小　龙：哇，是十二生肖剪纸，好生动形象啊！用剪刀剪出这么细致的图案可真不容易。

卢老师：这种是刻纸，是用刻刀刻出来的，线条可以刻得很细。剪纸实际上会用到两种工具：剪刀和刻刀。用这两种工具都能创作出很漂亮的作品。当然了，一般人学习剪纸，都是先从用剪刀开始的，这个相对好掌握一些。

小　龙：哦，怪不得书上说剪刻呢。

卢老师：是的，我们的专业术语叫剪刻图案或花样。

小　龙：老师，剪纸还有哪些技法呀？

卢老师：常用的还有平剪和折剪两种技法，这套十二生肖用的是平剪。

小　龙：平剪？

卢老师：嗯，平剪就是直接在平整的纸面上剪镂。

小　龙：那是不是得先把图案画出来啊？

卢老师：没错。平剪的第一步不是剪而是画。不过民间传统是不画稿而直接剪，尤其是一些技法熟练的剪纸艺人，他们不用提前画稿，可以随心所欲直接在纸上剪各种图形，这叫脱稿剪纸。

小　龙：直接剪！太厉害了。我们初学者还是从画开始吧。老师，我能体验一下吗？

平剪

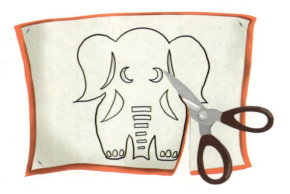

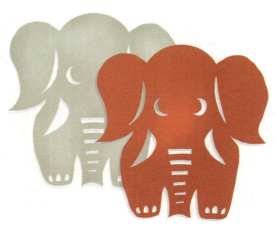

大象平剪

卢老师：好的，但动手之前，得牢记两个要点。第一，画图时注意点、线、面结合，图案要有美感。第二，剪的时候用力要均匀，线条之间不能散断，要细心。

小　龙：老师，我记住了。

卢老师：那好，我们先学个简单的图案，就剪个大象吧，你照着我这个画下来。

小　龙：好的，老师。这是阴剪的图案，对吧？有什么需要注意的地方吗？

卢老师：没错。剪的时候需要小心，这些白色镂空的部分是要剪下来的。

小　龙：老师，可以一次剪多张大象吗？

卢老师：可以呀。把这个有图的底稿和三张彩纸订在一起，这样你就能有三张不同颜色的大象了。

小　龙：太好了，一次能剪三只大象。

卢老师：你先从眼睛和耳朵开始剪吧，注意把白色镂空的地方剪出来。

小　龙：好的，老师。

卢老师：好，剪得很不错！最后，沿着外轮廓把大象剪下来。

小　龙：好可爱的大象呀！谢谢老师指点！

卢老师：不客气。

3

折剪

卢老师：怎么样，小龙，简单的平剪不难吧？

小　龙：剪大象的确不难。可是，要想剪出复杂精美的作品会运
　　　　用到多种技法吧？

折剪

卢老师：那当然，除了平剪，还要用到折剪技法。

小　龙：老师，从字面上理解，折剪是不是在折叠的纸上剪刻图案？

卢老师：是的。折剪是最早的剪纸技法之一，一般用于整齐对称的纹样，比如对折、二方连续、四方连续和团花等。基本方法是将纸从中间折叠，最多折叠四次，然后在纸上画图稿，最后沿着线条剪出形状，展开后就是对称的花纹或图案。

小　龙：老师，是不是折叠次数越多越好？

卢老师：那不一定。折叠次数不会过多，一般不超过四次。剪对称的字、人物和动物时一般只折叠一次；剪花卉时，按照想要呈现的效果折叠两到四次。另外，折剪时最好选择软薄的纸张。

小　龙：老师，我想学一个折剪图案。

卢老师：那我们就剪双喜吧！你看，先将红纸连续对折两次，然后在纸上勾勒出半个"喜"字轮廓。你可以先把需要留下的部分涂上阴影，再用剪刀沿轮廓线剪掉阴影以外的部分。我来给你演示一下。

老师拿起剪刀，不一会儿，就剪好了一个标准的红双喜。

双喜折剪

小　龙：老师好厉害呀，这么快就剪好了！

卢老师：等你对纹样烂熟于心，也可以这么快的。

小　龙：明白了，熟能生巧，我一定好好练习。

4

熏样

小龙发现工作坊桌角上放着一支蜡烛和一块木板，很是好奇。

小　龙：老师，为什么工作坊里会有蜡烛呢？这里全是纸，难道
　　　　不怕失火吗？

卢老师：当然怕了。蜡烛和木板是用来熏样的，这是一种花样复
　　　　制方法。

小　龙：明白了。我还知道一种花样复制方法，就是用很薄但有
　　　　韧性的白纸蒙着花样，然后用铅笔或者炭条轻轻涂磨，
　　　　有花样的地方颜色重，没花样的地方颜色浅，把浅色的
　　　　剪掉就能得到一张新的剪纸了。

卢老师：是的，那个叫拓样。熏样也是一样的原理，不过更古
　　　　老。将花样贴在白纸上，放在蜡烛或煤油灯上熏烤。烟
　　　　能使花样在白纸上留下痕迹，形成新的底样。

小　龙：古人可真聪明呀！

熏样

卢老师：是的，熏样颜色稳定，不易脱色，是非常传统的一种保
　　　　存剪纸花样的方法。

小　龙：老师，我可以试试做熏样吗？

卢老师：当然可以。我来说你来做。在木板上铺放白纸或宣纸，
　　　　纸上均匀洒点儿水，让纸湿润。然后把花样贴在白纸
　　　　上，上面再洒点水，这样花样和白纸在熏样过程中就不
　　　　会脱落或着火。

小　龙：懂了。下一步就该点蜡烛了吧？

卢老师：是的，现在翻转木板，把有花样的一面对着蜡烛的火梢
　　　　慢慢熏烤。等黑烟覆盖住整个花样后，慢慢揭去花样，
　　　　白纸上会留下清晰的剪纸图样。

小　　龙：这个真有意思。老师，熏黑的部分就是要剪刻掉的部分，对吗？

卢老师：没错。剩下的部分就是复制的花样。熏样一定要控制好蜡烛和木板之间的距离。距离太远，花样熏不到白纸上；距离太近，花样容易烤焦着火。

小　　龙：老师，下一步就该订纸了吧？

卢老师：没错。过去订纸是用针线缝，现在常用订书机，都是便于准确剪刻。尤其是一个图案要剪出不同颜色的时候，就要将色纸堆叠在一起。用刻刀刻的话，堆叠一二十张纸都没有问题。等剪刻结束，将样稿取下，再将剪纸一层层小心揭开，就是揭样。

小　　龙：今天又学到了新名词——熏样、揭样。谢谢老师。

老师见小龙对剪纸很感兴趣，便告诉他剪纸工坊正在招募周末志愿者，给小学生讲解剪纸的基本知识，小龙决定报名参加。

5

单色剪纸

小龙到剪纸工坊当志愿者，他的第一个任务是给七个小朋友讲解单色剪纸。

小　龙：小朋友们好。我是讲解员小龙哥哥。今天，我们要了解不同的剪纸方法。大家看看，这里有没有你们熟悉的剪纸呢？它们都是什么颜色呀？

小朋友1：我看到了红色的十二生肖！

小朋友2：还有红色的梅花和竹子！

小　龙：哇，小朋友们很厉害呀。大家想知道为什么有这么多红色剪纸吗？

小朋友们：想！

小　龙：那小朋友们仔细听啊。在古代，红色代表火。这个火呀，它能够驱赶猛兽和妖怪。慢慢地，红色就有了热情、勇敢、吉利、喜庆等多个意思。哪位小朋友来说说，我们常见的东西里有哪些是红色的？

小朋友3：有红色的大门。

单色剪纸《事事如意》

小朋友4: 新娘子穿的红衣服。

小朋友5: 国旗是红色的。

小朋友6: 红包也是红色的。

小朋友7: 还有过年贴的对联、福字和窗花都是红色的。

小　龙: 大家说得都很对。红色是喜庆的颜色，在单色剪纸中，红色最多。红色剪纸经常用在节日、婚礼、搬家、过生日等场合。用普通的红纸，就可以剪出各种图案，增添喜庆的气氛。

小朋友1: 小龙哥哥，你看，还有黑色、黄色的剪纸呢。

小　龙：是的。除了红色，传统的剪纸还有黄色、白色和黑色等
　　　　颜色。它们各自有不同的用途。黄色专用于祭祀神明和
　　　　先祖。白色一般用于葬礼，还可用来做剪纸花样。黑色
　　　　象征神圣，用黑纸剪出来的图案庄重。当然了，现在想
　　　　用什么颜色剪纸都可以。

黑色折剪

6

染色剪纸

了解完单色剪纸，小龙带着小朋友们来到染色剪纸展区。

小　龙：小朋友们，大家看看这幅剪纸和刚才的单色剪纸有什么不同呀？

小朋友1：一张剪纸上有好几种颜色。

小朋友2：颜色有的深，有的浅。

小　龙：说得很对，这种剪纸颜色很特别，用国画的晕染技巧来上色，所以叫染色剪纸。

小朋友3：原来这些颜色是染上去的呀！

小朋友4：小龙哥哥，这个剪纸好像很薄很软。

小　龙：这位小朋友说得很对。染色剪纸的另一个特点是纸张的材料。大家猜猜，这个用的是什么纸呢？

小朋友5：是透明纸。

小朋友6：不对，应该是宣纸，因为画国画要用宣纸。

染色剪纸《老鼠嫁女》

小　龙: 这位小朋友猜对了，就是宣纸，更准确地说是生宣纸。
生宣纸吸水性强，染色效果好。来，我们每个小朋友做
一张染色剪纸，好不好？

小朋友们: 好！

小　龙: 大家认真听我讲，照我说的做。

小朋友们: 好的，小龙哥哥。

小　龙：大家看到面前的材料了吗？这里有颜料、调色盘、生宣纸、卡纸、毛笔、剪刀、铅笔、酒精、固体胶。等我们做好了，可以把剪纸带回家，给爸爸妈妈看看我们今天的学习成果，好不好？

小朋友们：好！

小　龙：来，我们一起做吧。先把正方形宣纸沿对角线对折，需要折三次。折完了，再照着小龙哥哥的画样，画出花朵，然后用剪刀把阴影部分剪掉。

小朋友们：好的！

小　龙：我看大家都剪好了，下面进行第二步：上色。大家先选出自己喜欢的颜色，把颜料倒进调色盘，加一点点酒精。

小朋友1：为什么要加酒精呢？

小　龙：来帮助上色啊。现在大家用毛笔蘸上颜料，像这样轻轻地垂直上色。颜色搭配就按照自己喜欢的来。一般是中间深外面浅。上色的时候要有耐心，等一种颜色干透后再上另一种颜色。上色时如果有多余的水分和颜料，可以用刚才剪掉的宣纸吸一吸。

小朋友们：知道了！

小朋友2：小龙哥哥，我上好色了！

小　龙：不错！现在把剪纸慢慢展开，等晾干了，用固体胶粘在卡纸上，这样一张染色剪纸就做好了。

7

套色剪纸

小龙带着小朋友们来到套色剪纸展区。

小　龙：现在我们来学习套色剪纸。套色，就是将不同颜色的图案互相连接，或者重叠起来。我们先用单色纸剪出图案，再选择不同的色纸衬托图案的不同部分。将色纸剪成对应部分的形状，衬在镂空的地方就行了。

小朋友1：为什么要套色剪纸呢？

小　龙：为的是让剪纸有立体感和层次感，或者丰富它的色彩。

小朋友2：小龙哥哥，这里有好多黑色的大公鸡呀！

小　龙：这是我们今天制作套色剪纸要用的。我们一起来打扮这只大公鸡，好不好？

小朋友们：好！

小　龙：大家的桌子上有固体胶、铅笔、剪刀，还有彩色纸和白色卡纸。请小朋友们先想好用什么颜色打扮你的大公鸡，可以用一种颜色，也可以用不同颜色。然后，把大

套色剪纸

套色剪纸

公鸡翻到背面，用色纸覆盖住镂空的地方就可以了。

小朋友3：我要用红色做眼睛！

小朋友2：我要做一只绿色的大公鸡！

小　龙：好的，都可以。请大家注意：先沿着图案轮廓把这些镂空的地方用笔描一下，再按照画好的线剪出形状来，剪的要比画的稍大一些，最后用固体胶把剪好的形状粘贴在大公鸡的背面。小朋友们，明白了吗？

小朋友们：明白了，小龙哥哥。

小　龙：那就开始吧！

小朋友3：小龙哥哥，快看我的红眼大公鸡。

小　龙：你的大公鸡真神气！小朋友们，最后，请大家把大公鸡贴在卡纸上。大家的大公鸡都打扮得非常漂亮。下面，我们一起看看最有南京特色的套色剪纸。小朋友们，有谁能说说它最明显的特点是什么呀？

小朋友1：颜色很多！

小朋友2：细细的金边很漂亮！

小　龙：不错。大家都注意到这幅剪纸有多种颜色。这就是南京最有特色的套色剪纸"斗香花"。

小朋友3：小龙哥哥，这是牛，不是花啊。

小　龙：没错，这幅作品叫《春牛图》，属于"斗香花"套色剪纸。"斗香"是以前民间祭祀时用的一种香，形状像个小宝塔，有好几层，每一层都会用彩色剪纸装饰，这种装饰叫"斗香花"。后来就把这种用多色蜡光纸制作的套色剪纸称为"斗香花"。所以，斗香花其实不是一种花，而是一种剪纸，要记住哦。

小朋友3：记住了，小龙哥哥，这个斗香花剪纸真好看。

小　龙：是的。"斗香花"的特点是每件作品里会有9种颜色，其中必须要有金色，就是小朋友刚才说的漂亮金边。金边是用皱纹金纸剪成的。剪的时候还会叠上7层不同颜色的蜡光纸，一次性刻出8件统一样式的图样。图样剪好后，将这些图样的不同部分重新组合成一幅完整的图案，拼在一起贴在白纸上。最后再将贴了彩色剪纸的白纸背景剪成相同的图样。

小朋友1：小龙哥哥，斗香花剪纸有哪些图案呢？

小　龙：斗香花剪纸的图案有很多，比如戏文、历史故事、民间传说、花卉、吉祥图案等。等你们长大，学了更多的知识，就会明白斗香花剪纸的内容了。

小朋友们：小龙哥哥，我们一定好好学习。

小　龙：真是好孩子。那我们今天就先到这里，下次再见！

小朋友们：谢谢小龙哥哥，再见！

小龙结束了第一轮讲解，回到单色剪纸展台，准备迎接第二批前来体验的小朋友。

8

福

小龙和大卫约好一起欣赏自己收藏的剪纸花样。大卫如约来到小龙的宿舍，他们欣赏的第一个纹样是"福"字。

大　卫: 我知道，这个是"福"字。小龙，我看到中国人过年都会在门窗上贴"福"字，是希望过得幸福，对吧？

小　龙: 没错。"福"字纹样是剪纸中最常见的吉祥纹样。"福"字是最古老、最喜庆的汉字之一。它的象形文字写法很像一个人双手举酒祭天，意思是用美酒祭神，祈求富足安康。儒家有"五福"的说法，分别是长寿、富贵、康宁、好德、善终。

大　卫: 哇，一个"福"字里面有这么多美好的意思，怪不得过年贴"福"字呢。

小　龙: 大卫，你有没有注意"福"字的贴法？

大　卫: 我正想问你呢。我经常看到"福"字倒着贴，这是为什么呀？

小　龙: "福"字倒着贴，谐音是"福到了"，这是中国人爱听

福

的吉利话。在民间，中国人讲究倒贴"福"字，是为了
利用"倒"的谐音，"福到"了，这多吉利。

大　卫: 这可真有趣。福到了这一家，他们就有福气了。

小　龙: 对呀，说起"福到了"，还有一个传说呢。有一次快过
年了，明朝开国皇帝朱元璋在京城街头微服私访。他在
集市上看见有人在围观一幅年画，上面画着一个赤脚的
妇女怀抱着大西瓜。大卫，你知道这幅画表达什么意
思吗？

大　卫：表示西瓜丰收吧。

小　龙：是啊。可是朱元璋却想，这不是百姓在耻笑自己的马皇后脚太大了吗？马皇后是淮西人，"怀西"（怀抱西瓜）谐音就是淮西呀。

大　卫：嗨，这又是谐音啊。中文的谐音还真得好好注意，要不就不明白人家到底在说什么呢。

小　龙：是啊。朱元璋很不开心，就派人打听是谁画的。他不仅想惩罚画画的人，还要惩罚那些围观的人。你猜，他是怎么去找这些人的？

大　卫：挨家挨户搜查吗？

小　龙：没错。朱元璋的办法是，派人在那些没围观的人家门上贴一个"福"字，然后命令士兵到没贴"福"字的人家去抓人。马皇后听到此事，偷偷下令叫全城家家户户都贴上"福"字，这样士兵就无法抓人了。

大　卫：抓不到人，皇帝不生气吗？

小　龙：当然生气了，他听说有一户人家把"福"字贴倒了，就下令要杀了这家人。马皇后听说后，赶紧对皇帝说："这家人知道您今日派人去，故意把福字贴倒了，是要表示'福到'的意思。"朱元璋一听很开心，就免了那家人的死罪。

大　卫：那过年"福"字都要倒贴，对吧?

小　龙：不全是的，正确的贴法是，门上的"福"字要正贴，尤其是大门上的"福"字，必须贴正，表示"开门迎福"。而其他地方，比如窗户上的"福"字通常要倒贴。

大　卫：这下我明白了。

9

禄

讲完"福"字纹样，小龙给大卫看"禄"字。大卫不认识这个字，小龙给他讲起了"禄"字的含义。

小　龙：大卫，你看。"禄"字左边是"礻"，右边是"录"。"礻"由象形字"示"演化而来。"示"的原义是供奉祖先、神灵的木牌或石头祭台，后来被引申为神灵的象征，带有"礻"的字通常也会有祈神的含义。大卫，你还知道哪些汉字左边也是"礻"呢？

大　卫："神"字，还有刚才我们讨论的"福"字。那"录"表示什么意思呢？

小　龙："录"表示古代取水的方法，是用辘轳从水井里提水，是个好字。

大　卫：辘轳是什么？好字又是什么意思呢？

小　龙：辘轳过去在乡间很常见，是中国特有的提取井水的起重装置。在井上竖井架，装上可用手柄摇转的轴，轴上绕上绳索，绳索一端系水桶。摇转手柄，使水桶落入井中取水。说它是个好字，是因为古代农耕社会，有水灌溉农田，才能保丰收，百姓认为有水是上天赐福。后来人们就给"录"加了"礻"，表示得到神明的保佑。

大 卫：哦，我理解了。"禄"还有别的意思吗？

小 龙："禄"还可以表示"官职"和"工资"。在中国古代，读书人只有通过科举考试才能当官，当官后拿的工资叫"俸禄"。

大 卫：嗯，我了解一点儿科举相关的知识，科举考试是中国古代选拔官员的考试。

小 龙：是的。科举考试一共得通过三级。用现在的说法，有县级、省级和国家级。这科举考试可比现在的高考难多了。

大 卫：考试有年龄限制吗？

小 龙：科举考试没有年龄限制，也没有次数限制。有的人学到老，考到老。

大 卫：考生好累啊。

小 龙：所以那时人们会供奉"禄"神，或者在家中贴上"禄"字纹样的剪纸，祈祷尽早顺利通过科举考试，取得功名利禄。

大 卫：小龙，把这个"禄"字剪纸送给我吧，下周正好要考试了。我想考个高分呢。

小 龙：那不行。我这是一整套纹样，缺一不可。你看，我给你

禄

准备了什么？

大　卫：这么多剪纸啊！这有个"禄"字，谢谢。

小　龙：这可是我自己剪的，你拿回去贴到宿舍里，我相信"禄"神一定会保佑你考高分。

大　卫：太好了。等下次有时间你再教我怎么剪啊。

小　龙：没问题。

大　卫：以后每学期考试前，我都要剪一个"禄"字，让"禄"神多多保佑我。

小　龙：这个主意不错！好了，接下来，我给你讲讲"禄"的变体，也和谐音有关。

大　卫：又是谐音字，我喜欢。

小　龙：考考你，汉语里哪种动物的名字和这个字发音一样呢？

大　卫：是鹿？梅花鹿对吗？

小　龙：答对了！以鹿为主题的剪纸，就是"禄"字纹样的变体之一。

大　卫：哇，你要是不说，我根本不会把梅花鹿和"禄"字联系在一起。中国文化太有趣了。

小　龙：我来接着给你讲啊。除了这两个字谐音，在中国传统观念里，鹿是祥瑞动物，和"禄"字一样能传递美好寓意。在很多"禄"字纹样的剪纸作品中，鹿也会相伴出现，或者有的剪纸作品直接用鹿的图案指代"禄"。

说完，小龙又翻出一个葫芦纹样。

小　龙：大卫，你再看这个，能猜到这个和什么谐音吗？

大　卫：葫芦，葫芦（húlu），"芦"谐音"禄"。"葫"呢？我猜不出来。

小　龙：大卫，在有些地方的方言中，"葫芦"和"福禄"听起来很像，这也算一种谐音吧。

大　卫：我明白了，葫芦的谐音实际上包含了"福"和"禄"两个意思。

小　龙：对呀！所以，中国的剪纸作品中也经常用葫芦纹样表示福气多。另一层意思是葫芦多籽，象征多子。这也非常符合中国人多子多福的观念。

大　卫：明白了。我以后再看到剪纸中的葫芦纹样，就知道它的意思了。

小　龙：实际上，葫芦纹样不仅在剪纸中有，也经常出现在其他民间艺术中，是个很常用的吉祥纹样。

大　卫：我知道了。

10

寿

小龙接着又找出一个"寿"字纹样，大卫感觉很熟悉。

大　卫：这个是"寿"字，我认识。上次你带我去给你爷爷过生
　　　　日，你送给爷爷一个苏绣的"寿"字，是祝福爷爷长寿
　　　　的意思，对吧？

小　龙：没错。长寿的确是送给长辈最好的祝福，尤其是老人过
　　　　生日。你知道在中国古代多少岁算长寿吗？

大　卫：六十？八十？

小　龙：古人认为六十岁就算长寿，活到八十岁叫高寿。长寿在中
　　　　国传统文化中一直意义重大，还记得"五福"文化吗？

大　卫：记得呀，长寿、富贵、康宁、好德、善终。长寿排在第
　　　　一位。

小　龙：是的，我们还把过生日时的人叫作"寿星"。

大　卫：哦，我想起来了，中国神话中有个叫作"寿星"的神
　　　　仙，是一位前额宽大突出、留着长胡子的老人。是不是

寿

大家都希望像这个神仙一样长寿呀？

小　龙：是的。

大　卫：那寿纹剪纸是常见的生日贺礼吗？

小　龙：只能说它是祝寿活动里的重要装饰。给老人过生日的时
　　　　候，剪刻的"寿"字纹样可以贴在墙上，或者放在果
　　　　盘和点心盘上做装饰。最常见的是寿桃上放"寿"字
　　　　剪纸。

大　卫：对对，我知道寿桃，就是看起来像桃子的馒头。那天在你爷爷的生日宴会上看到了寿桃，我还吃了呢。他们说，寿桃是专门用来为老人祝寿的，别人吃了也会长寿。

小　龙：对，沾沾喜气。我来考考你，你知道"寿"字有多少种写法吗？

大　卫：我猜猜看，10种吧？

小　龙：哈哈，太少了。告诉你吧，有300多种写法。

大　卫：啊，这么多？

小　龙：是啊，所以才有"百寿图"的说法，寓意"多寿"。

大　卫：明白了。你这里的"寿"字纹样也不少呢。但怎么有的长，有的圆呢？

小　龙："寿"字剪纸的形状也很有寓意。长方形"寿"字表示"长寿"，圆形"寿"字表示"圆寿"，就是希望无疾而终。

大　卫：无疾而终是什么意思？

小　龙：意思是无病无痛自然死亡。这是五福中的第五项。你看，五福中的两项都和人的寿命有关呢。

大　卫：对啊。那"寿"字是不是也有谐音的动物或植物呀？

小　龙：这个好像没有。

大　卫：哦，原来"寿"字没有谐音表达。

小　龙：　"寿"字虽没有谐音，但"寿"字纹样的剪纸中有许多常见的象征元素，包括桃、松柏、仙鹤等，这些纹样也都有长寿的寓意。

大　卫：　是吗？那你快说说。

小　龙：　在中国传统文化中，桃子是长寿的象征。传说西王母①的蟠桃园里蟠桃树3000年才开一次花，结一次果，凡人吃了可以长生不老。

大　卫：　原来寿桃是这么来的呀。这种桃子吃了肯定可以长寿啦。那松柏呢？松柏代表长寿，是因为生长周期很长吧？

小　龙：　没错。松柏是中国历代文人喜欢的题材。松柏在寒冷的冬季也能郁郁葱葱，中国古诗、绘画中都很喜欢用松柏做主题。松柏的象征意义之一就是长寿。

大　卫：　仙鹤表示长寿，肯定也是因为它们活得比较长了？

小　龙：　是啊，仙鹤的寿命是50到60年。在鸟类当中，仙鹤的寿命应该算是很长的了。

大　卫：　我发现仙鹤、松柏在中国画里很常见，原来是这么一回事。

小　龙：　是的，而且这两个图案经常一起出现。仙鹤、松柏图案剪起来有些难，我今天就先教你剪一个简单的"寿"字吧。

大　卫：　太好了。下个月我爸爸过生日，正好给他剪一个"寿"字作礼物，顺便再给他讲讲中国文化。

小　龙: 好主意！我们需要长方形的红纸。这张给你。像这样先上下对折，再左右对折。

大　卫: 折好了。

小　龙: 下面先跟着我画，然后再剪。

大卫剪完打开，但是左看右看，也看不出来是个"寿"字。

大　卫: 小龙，这个图案很漂亮，可它不是"寿"字呀。

小　龙: 这不是"寿"字本字，这个叫"寿"字纹。你看，长方形"寿"字纹代表着……

大　卫: 哦，我明白了，代表长寿。太好了，我要送给我爸爸，祝他长寿。谢谢小龙！

小　龙: 不客气。

注释:

① 西王母: 中国道教至高无上的女神，民间俗称"王母娘娘"，传说她居住的昆仑山在中原以西，所以称西王母。

11

喜

接着，小龙和大卫一起看了最常见的"喜"字纹样。大卫对红双喜非常熟悉。

大　卫：这个我也认识，是中国人结婚专用的"喜"字。一到
　　　　"五一""十一"或周末的时候，许多酒店门前都能看
　　　　到这个"喜"字。

小　龙：没错，这是中国人婚礼必不可少的一种装饰。我来给你
　　　　讲讲这个字的来历。"喜"字始于商代甲骨文，上半部
　　　　分是"壴"，字形像"鼓"；下半部分是"口"，表示
　　　　人。上"鼓"下"口"，合起来的意思就是，一听到鼓
　　　　声，人们就开怀大笑。

大　卫：怪不得结婚要贴红"喜"字。这么开心的事，当然要大
　　　　笑了。

小　龙：大卫，你参加过中国人的婚礼吗？

喜

大　卫：参加过好几次呢，印象最深的就是随处可见的红"喜"字。

小　龙：是的，结婚是喜事，婚宴叫喜宴，婚宴上喝的酒叫喜酒，婚礼的糖果叫喜糖，都离不开一个"喜"字。

大　卫：好像是要反复强调结婚是个大喜事，很重要，对吧？

小　龙：对啊，婚礼期间，婚车、婚礼现场、新人的家里，以及双方父母的家里都贴满"喜"字剪纸，同时新人也会购买许多印有"喜"字纹样的新婚物件，例如梳子、镜子、床单、枕头等。对了，连送给新人的红包都会带"喜"字。

大　卫：我还记得婚礼剪纸都是两个"喜"字连在一起的！

小　龙：的确如此。我正要说"囍"这个双喜的字。我们现在通常看到的"囍"纹样和剪纸都是"喜"字纹样的变体。这源于北宋时期的一个名人故事。

大　卫：快讲讲这个故事。

小　龙：传说北宋宰相王安石年轻时进京赶考，途经一个小镇，看到一户人家门楼上挂着一盏走马灯，灯上写着半副对联："走马灯，灯马走，灯熄马停步。"原来这家姓马的人家，想通过应答下联的方式招一个有才气的女婿。

大　卫：那王安石回答出来了吗？

小　龙：王安石当时一心想着科举考试，就没把这件事放在心上，继续前往京城。到了京城，面试时主考官出了一道对联问答题。上联是："飞虎旗，旗虎飞，旗卷虎藏身。"王安石一下子想起马家走马灯上的那半副对联，就脱口而出："走马灯，灯马走，灯熄马停步。"

大　卫：那他这可是抄袭呀。

小　龙：就是个好玩的传说嘛，你别当真。

大　卫：好，你接着讲。

小　龙：那考官一听，觉得对得好，就连连称赞。考完试王安石赶到马家，套用考官出的半联对上了马家的上联。于是，马家高高兴兴地将女儿嫁给了王安石。就在成亲当日，传来喜报，王安石科举考试成功了！大家都说这是好事成双。

大　卫：我懂了，两件喜事一起就是双喜。王安石一定很开心。

小　龙：当然了。据说王安石兴奋之余，在大红纸上挥笔写下两个连体的"喜"字，贴在门上。从此以后，红"囍"字剪纸便成了结婚庆典最重要的装饰之一。

大　卫：这个故事很有趣。两个"喜"字连在一起，左右对称，确实比一个"喜"字更好看。

小　龙：没错。双喜好看，也好剪。有没有兴趣试试？

大　卫：好呀！等一下，我知道双喜该用什么形状的纸——正方形！

小　龙：对。现在把纸对折两次，然后跟着我一起在纸上画出图案。

大　卫：这个简单。画好后，沿线剪就行了，是吧？

小　龙：是的，剪完打开就能得到一个红双喜字了。

大　卫：小龙，你看看我剪的，不错吧？

小　龙：剪得真不错。

12

财

大　卫：小龙，这个字我没见过，是什么意思呢？

小　龙：哦，这个字是"财"，"财"的繁体字，难怪你没认出
　　　　来。"财"字纹样中国人都很熟悉，你在中国过春节，
　　　　一定听过大家互相祝福"恭喜发财"吧。

大　卫：这个我听过。

小　龙：有财表示生活富足，所以"财"字纹样自然比较常见。
　　　　你看，"财"字可以拆分为两半，读音来自右边的"才"，
　　　　意思取自左边的"贝"。

大　卫：那为什么"财"的意思来自贝壳的贝呢？

小　龙：中国古代，贝壳比较稀有，所以就被用作货币。慢慢地
　　　　"贝"字就表示财富了。带有"贝"的很多汉字都与钱
　　　　财、宝物有关。

大卫仔细翻看着和"财"字有关的纹样。

大　卫：让我想一想，"贵"字带贝，还有货物的"货"，资本的"资"，这些都和钱有关呢。

小　龙：在民间剪纸作品中，除了"财"字纹样本身，人们还会采用财神、元宝和铜钱等元素代表财富。

大　卫：这个是元宝，这个是铜钱。我都见过，都是中国古代的钱币。

小　龙：是的。在古代，人们通常会将黄金或者银子制成船或鞋的形状，统称为元宝。元宝是重要的流通货币，古代只有官府、有钱人家才会有元宝，老百姓常用的货币是铜钱。

大　卫：铜钱是什么时候出现的？

小　龙：哦，铜钱出现得很早，已经有2000多年历史了。中国古人认为天圆地方，所以秦朝统一货币时，选择的是这种外圆内方的钱币。

大卫看到财神的纹样。

大　卫：明白了。小龙，你看，这位一定是"财神"吧？

小　龙：对。财神是民间传说中掌管财富的神仙。每年春节的第五天，也就是农历正月初五，是迎财神的日子，也叫财

财

神日，人们会把带有"财"字或财神剪纸贴在家中。店铺通常也会在店内贴上财神剪纸，或者摆上财神像。春节假期关门的商店大多会在这一天开门迎客，重新开张。

大 卫：哈哈，顾客就是财神呀。

小　龙：你说得没错。对了，"财"字纹样中也有与谐音相关的内容。

大　卫：又有谐音呀，不难吧？

小　龙：不难。"钱"与"前"同音，铜钱上的方孔又称"眼"，这两个字在一起就是"眼前"。在中国文化中，蝙蝠的"蝠"与"福"谐音，象征幸福、吉祥、福气。蝙蝠与铜钱纹样合在一起，就是常见的吉祥图案"福在眼前"。而把另一个吉祥鸟——喜鹊与铜钱纹样组合起来，就叫"喜在眼前"。

财

大　卫：真有意思。可是在我们的文化中刚好相反，蝙蝠是凶残
　　　　与邪恶的化身。我们在万圣节时使用蝙蝠作装饰，是为
　　　　了增加恐怖氛围。英文中的喜鹊，有"爱嚼舌、传播小
　　　　道消息"的意思，不是报喜，是报凶，一般认为是不吉
　　　　的征兆。

小　龙：那你回国给朋友送剪纸礼物时，得小心点儿，选纹样的
　　　　时候看仔细了。

大　卫：没错，是得好好注意。这几个剪纸里，我最喜欢铜钱。
　　　　我来剪一个。

小　龙：铜钱剪起来简单些。你看，先把正方形的纸对折，接着
　　　　像这样画出一半铜钱的图案。剪好打开，就是一个完整
　　　　的铜钱纹样了。

大　卫：这个的确简单。看我剪的铜钱。

小　龙：剪得很不错。

13

"卍"字纹

大　卫: 小龙，这不是纳粹符号吗？

小　龙: 你仔细看看，比较一下这两个符号。"卍"是万字符，这个"卐"才是纳粹符号。两个图案开口的方向不一样。

大　卫: 哟，不仔细看，还真以为是一样的呢。

小　龙: 是的。"卍"字纹也是中国剪纸中的典型纹样。它在分类上比较特殊，既是图案纹样，又是文字纹样。作为图案纹样，"卍"象征太阳或火，因此俗称"太阳纹"。作为文字纹样，"卍"在汉语中读作"万"，意为吉祥万德。据传这个是中国古代唯一的女皇帝——唐朝的武

　　　　则天指定这样读的，一直延续到现在。这个纹样就叫万
　　　　字符。

大　卫：这么读好，不仅寓意好，还很容易记。我一下就记住了，
　　　　万字符。

小　龙：其实啊，在全世界很多文化中，都可以找到"卍"字和
　　　　它的变体。"卍"字最早见于印欧文化，非洲的古代陶
　　　　器与神庙建筑上也有类似的标志。美洲土著也有使用
　　　　"卍"字的记录。中国本土的"卍"符号最早出现在
　　　　5000多年前，但后来消失了。

大　卫：那怎么又出现了呢？

小　龙：这个和佛教传入中国有关。据说"卍"字符源于释迦牟
　　　　尼胸前的瑞相，本来分右旋和左旋两种，分别代表白天
　　　　和夜晚，意为吉祥万德。随着佛教传入中国，"卍"字
　　　　被译为"德"和"万"，取"万德圆满"的意思。你
　　　　看，武则天把它叫作"万"字还是有依据的。

大　卫：嗯，这些纹样里还真有不少学问呐。

小　龙：那当然了。"卍"字寓意吉祥如意、绵延不绝。在剪纸
　　　　作品中也会与铜钱、福字等元素叠加出现。"卍"字纹
　　　　与铜钱结合，代表无尽的财富。与"福"字相加，表示
　　　　万福永在。此外，"卍"字作为装饰图案，常用在建
　　　　筑、服装、家具、器物上。

"卍"字纹

大 卫：这下我明白了。从形状上看，"卍"字跟纳粹符号"卐"开口不一样；从寓意上讲，"卍"字是一个祥瑞符号，代表着吉祥如意。如果不看清楚，真会误会呢。

14
月牙纹

小龙拿出的最后一种纹样是月牙纹，这让大卫很纳闷。

大　卫：小龙，这小兔子算什么纹样呢？是动物纹样吗？

小　龙：你再仔细看看，小兔子的眼睛像什么？还有身上的毛像什么？

大　卫：眼睛弯弯的，像月亮吧。可是兔毛部分细细密密的，就是毛发的样子啊，看不出来像什么别的东西。

小　龙：都是月牙纹呀。那个兔毛部分的旋转花纹其实是月牙纹的变体。

大　卫：哦，是这样啊。我想起来了，前面的"福""禄""寿"纹样中也有很多这样的修饰花纹。

小　龙：是啊，月牙纹造型简单，运用灵活。形状可宽可窄，可长可短，在剪纸中十分常见。月牙纹多用于细节刻画，使画面丰富生动，比如用在人物的五官、动物的皮毛、花木的叶子上面。

月牙纹

大　卫：既然在剪纸中很常见，应该也是个古老的纹样吧？

小　龙：没错。月牙纹从源头上说，来自古人对月亮的崇拜。在中国有一个人人皆知的神话故事，传说月亮上的广寒宫里有一只玉兔。兔子剪纸就和这个神话故事有关。

大　卫：是不是陪伴嫦娥[①]的那只兔子？

小　龙：是啊。大家剪兔子时喜欢用月牙纹，因为月牙纹线条柔和，表现力特别强。月牙纹可以衍生出多种组合纹样，如首尾连接的月牙纹像水波一样，叫波浪纹。旋转成圈的月牙纹用于修饰动物毛发，叫旋转花纹。在人物剪纸中，月牙纹常用来剪人物的眉毛和眼睛，弯弯的眉毛和眼睛表现愉快的情绪。

大　卫：明白了。按照中国的生肖来算，我属兔子。我想学剪生肖兔。小兔子的造型是不对称的，所以应该不需要对折，直接在纸上画，然后再剪，对吗？

小　龙：对的。这种剪法叫平剪。稍微补充一下。很多月牙纹很细，所以剪月牙纹非常考验你的耐心和细心。像耳朵上和腹部对称的月牙纹，要对称剪，不能有差别。实际上，剪纸纹样很多，比如说，太阳纹和绣球纹等等，都有象征意义。这里我就不一一说了。

大　卫：明白了。我喜欢中国剪纸。

小　龙：你这么喜欢剪纸，我推荐你看几部中国剪纸动画电影，里面可以看到各种剪纸形式和纹样，比如《猪八戒吃西瓜》《渔童》《葫芦兄弟》等，都挺好看的。

大　卫：剪纸还能拍成电影？真稀奇，我一定要看看。

小　龙：你可以在网上搜索。

大　卫：好的，我先剪个月牙纹的兔子，以后再找剪纸动画片看。

注释：

① 嫦娥：中国古代神话中的人物，因偷吃了长生不老药而飞升至月宫。

15

窗花

为了让大卫了解剪纸在中国人日常生活中的用途，小龙带他去了几家剪纸商店。

大　卫：小龙你看，这么多漂亮的剪纸。咦，这不是你说的"喜在眼前"吗？这里还有个葫芦。

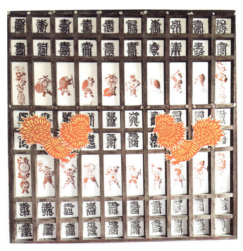

窗花

小　龙：大卫，这种剪法叫阳剪。你看镂空的面积多，图案是用线条连接起来的。

店铺老板：这位同学说得很对，这是阳剪。这些剪纸都是用来贴在窗户上作装饰的，统称"窗花"。窗花多采用阳剪，镂空面积大，这样不影响室内采光。

小　龙：过年的时候，几乎家家户户都会贴窗花。红色窗花会给家里增添年味，显得格外喜庆。

大　卫：红色窗花红红火火，的确很符合中国年气氛。

店铺老板：其实，民间过年张贴红色窗花的习俗，来源于年兽的传说。

大　卫：是吗？老板，给我们讲讲吧。

店铺老板：相传古时候有一头怪兽，叫"年"。每逢寒冷的冬天，它就出来伤害村民。有一年，它看到一户人家晾晒了红色衣服，就吓跑了。于是，民间便流传出年兽害怕红色的说法。春节期间，家家户户贴红色对联和窗花，就是要吓跑年兽。

大　卫：哦，最初是为了吓跑年兽啊。我也要买几个红色的窗花，等过年的时候贴在宿舍窗户上。

小　龙：那你就选这个生肖虎，今年是虎年。

福

虎

大　卫：还有这个"福"字，我也要。

店铺老板：你们还挺会挑的呢。春节窗花的题材虽然广泛，但最

　　　　　受欢迎的还是"福"字和生肖窗花。

16

门笺

大卫发现剪纸商店的门楣上张贴着一排五颜六色的长方形剪纸，觉得很有趣。

大　卫：老板，这门上贴的一排剪纸，是什么呀？

店铺老板：这是门笺，是北方一种常见的剪纸。北方农村过春节时，大家会在门楣上贴上一套门笺，增添节日气氛。

小　龙：这个我在书上看过，贴门笺主要是在北方，南方并不多见。

大　卫：过年祈福为什么贴门笺呢？

小　龙：这种过年习俗应该也是为了驱邪祈福吧。我记得书上介绍说，门笺有单色和多色两种。图案多是规整的几何纹，并组合吉祥文字和纹样，表达美好寓意。

店铺老板：没错。你们知道门笺该怎么挂吗？

小　龙：不是贴上就行了嘛？

门笺

店铺老板：贴门笺还是有讲究的。一般挂单数，而且一门挂五
　　　　张。门笺上面的字样多是表示吉祥安康的，比如"风
　　　　调雨顺""国泰民安"等等。

大　卫：这一排门笺看上去像一串剪纸小旗子。

店铺老板: 可以这么说。关于挂门笺的习俗,中国民间有许多传说。其中有一个是说姜子牙①在封神的时候给穷神立了个规矩,叫"见破就回"。人们因害怕穷神进自己家门,就特意将纸剪破贴在门楣上,穷神看见就会转身离开。挂门笺起源于南北朝时期,到宋朝已经形成了风俗。明清时期,除夕家家户户挂门笺。门笺花式很多,但主题一般都是祈祷富裕平安的。

小　龙: 2008年北京奥运会期间,主体育场上悬挂过一套运动主题的门笺,很多人是从那次奥运会才认识和了解门笺的。

店铺老板: 是的,奥运会对门笺做了知识普及,给剪纸做了全球性的推介。

大　卫: 当时那套运动主题的门笺是祝福北京奥运会圆满成功吧。

小　龙: 没错,剪纸主要用来祝福人们吉祥如意、平安顺遂。

大　卫: 2008年北京奥运会的确非常成功。

注释:

① 姜子牙:约公元前1128—约公元前1016,西周开国功臣,政治家、军事家。

17

《鸳鸯戏水》《抓髻娃娃》

看过了窗花、门笺后，小龙和大卫又逛了其他剪纸商店，他们给亲朋好友和自己买了几幅畅销题材的剪纸作品。

店铺老板：喂，小伙子，要买剪纸吗？我这里的剪纸大都是我自己剪的。

小　　龙：老板，我想挑两幅剪纸送给将要结婚的朋友。

店铺老板：那就送《鸳鸯戏水》吧。你看这幅五彩套色剪纸怎么样？相比常见的单色剪纸，这个更有特色。我再给你配个漂亮的相框，就是件很特别的新婚礼物了。

小　　龙：这个看起来真不错，的确很有特色。

大　　卫：小龙，这一对鸟好漂亮啊，我在公园里见过。

小　　龙：这是鸳鸯，体型像野鸭，羽毛五颜六色，特别漂亮。鸳鸯总是成双成对，在中国象征着夫妻和睦、相亲相爱，寓意婚姻幸福美满。

大　　卫：那《鸳鸯戏水》真的很适合作结婚礼物。

《鸳鸯戏水》

店铺老板：没错，"鸳鸯戏水"这个主题不光会出现在剪纸里，
　　　　在其他艺术形式中也很常见，比如摄影和绘画中。新婚
　　　　家庭中的很多生活用品，像床单、茶具等上面，往往都
　　　　会有鸳鸯戏水的图案。

小　龙：老板，这个《鸳鸯戏水》我要了。请帮我再挑一个。

店铺老板：这幅《抓髻娃娃》怎么样？也是赠送新婚夫妇的好礼
　　　　物，寓意早生贵子。

小　龙：好的。那就这个吧。

大　卫："髻"是什么意思？

小　龙："髻"指盘起来的头发，"抓髻"是古时候的一种发
　　　　式，是将头发挽在头顶或者两侧的一款发型。

店铺老板：抓髻娃娃是剪纸中最古老的图案之一。娃娃梳两个发
　　　　髻，有的头顶上还立着双鸡或戴着花冠；有的双手各
　　　　抓一只鸡或者举着莲花；也有的双脚蹬兔，或者脚踩

《抓髻娃娃》

莲花。

大　卫: 这个发型现在也不过时啊。

小　龙: 是的。这可不是一个简单的人像。我看书上说，这个形象是一种原始文化遗存，代表的是中国上古神话中的创始女神女娲。

店铺老板: 是的，抓髻娃娃是生命之神，生殖之神，是吉祥和幸福的象征。

大　卫: 这神管的事还不少呢，不过寓意都很好。

小　龙: 好，那我就选这两幅了。

18

《麒麟送子》

小　龙: 老板，我还想送我姐姐一幅剪纸——她马上要做妈妈
　　　　了。请再帮我挑一个。

店铺老板: 那送《麒麟送子》再合适不过了。祝你姐姐的宝宝聪
　　　　明伶俐。

小　龙: 谢谢您。

大　卫: 小龙，你看，这个动物看着好特别，我还没见过呢。这
　　　　也是中国特有的吗?

小　龙: 没见过就对了，麒麟是中国人想象出来的动物。你看，
　　　　它有龙的头、狮的眼、鹿的身、鱼的鳞片、马的蹄子，
　　　　还有牛的尾巴。

大　卫: 原来是很多动物的组合，有意思。

小　龙: 在中国文化中，麒麟是神话传说中的神兽，雄性称"麒"，
　　　　雌性称"麟"。据说麒麟长寿，能活2000年，口能吐
　　　　火，吼声如雷。它们也是代表吉祥的动物，相传只在太
　　　　平盛世或有圣人降世时才会出现。

大　卫: 太平盛世我懂。圣人是指像孔子那样的人吗?

《麒麟送子》

小　龙: 是的。你知道的还真不少啊！相传孔子出生前一夜，有
　　　　一头麒麟来到他家院子里，从嘴里吐出一方玉书，上面
　　　　记录着孔子的命运，说他虽然不会成为帝王，却有帝王
　　　　的品德。第二天，麒麟不见了，孔家传出婴儿啼哭。这
　　　　婴儿就是中国历史上伟大的思想家和教育家孔子。

大　卫：这个挺神奇的。

小　龙：民间传说嘛，人们总要把圣人说得与普通人不一样，总得有些离奇的人生经历。中国历史上有很多这样的记录，都是为了强调这些人和常人不一样，大多是不可信的，或者是把一些偶然事件做了夸张。

大　卫：明白了，那《麒麟送子》就是期盼孩子成功吧。

店铺老板：是的，新婚夫妇或者家里有孕妇的人家，往往会在门上贴《麒麟送子》，祈求顺利得子，并期盼孩子长大后有出息。

大　卫：这个寓意很美好，买这一幅送你姐姐很合适。

小　龙：嗯，我也是这么想的。

19

《连年有余》

店铺老板又给小龙和大卫推荐了《连年有余》剪纸。

店铺老板： 我再给你们推荐一幅剪纸，这是《连年有余》，寓意
　　　　　 吉祥富足，很有中国特色，能增添新年的喜庆气氛。

大　卫： 老板，我看到这上面有鱼，还有莲花，这也是谐音吗？

店铺老板： 是的，这个外国小伙子不简单，很在行啊。在这幅剪
　　　　　 纸里，莲花的"莲"与连续的"连"同音，鲇鱼的
　　　　　 "鲇"与过年的"年"同音，"鱼"与富余的"余"
　　　　　 同音，合在一起就是"连年有余"。

小　龙： "莲"和"鱼"都是我们传统文化中常见的意象。古典
　　　　　 文学中莲花不仅代表美好的事物，而且还有独特的寓
　　　　　 意。一谈到莲花，中国人就会想到"出淤泥而不染"。

大　卫： 这是什么意思？

《连年有余》

小　龙：是说莲花生长在泥塘里，但长出来后开的花没有沾染任
　　　　何泥巴，干干净净。中国人喜欢用这个比喻君子不受不
　　　　良环境的影响。莲花一直深受人们喜爱，在各种艺术作
　　　　品中很常见。

大　卫：我喜欢莲花，很漂亮，不过我更想做个"出淤泥而不染"的君子。我学过一首中国古诗，诗里有"莲"和"鱼"，我还记得"莲叶何田田""鱼戏莲叶东，鱼戏莲叶西"说的是一片莲花生机勃勃的样子。老师讲解时，特别强调这首诗的意境，有很多美丽的姑娘在开心地采莲。

小　龙：你真厉害，说得头头是道。咱们再说说鱼吧。鱼因为繁殖能力强，成了繁衍子孙的象征。汉字"鱼"和富余的"余"是谐音字，我们常用"鱼"来表达对富足生活的追求，"连年有余"就是这个意思。

店铺老板："连年有余"是年画中比较受欢迎的主题。比如贴在婚房里的年画中，就常见抱鱼的胖娃娃坐在莲花上的意象。人们借莲蓬和鱼多籽这一特点，祈求婚姻美满、多子多福。

大　卫：对呀，莲蓬里有很多莲子，确实很适合拿来祝福新婚夫妇和准备要小孩的人家。小龙，把这一幅也买下吧。

小　龙：没问题。老板，谢谢您的推荐。

结束语

中国剪纸艺术历史悠久，风格独特，是中国人日常生活中喜闻乐见的传统艺术形式。它的主题包罗万象，以小见大，体现了中国人丰富的精神追求；它的寓意吉祥美好，代表了中国人乐观积极的生活态度；它的技法独具匠心，彰显出中国人的心灵手巧。作为非物质文化遗产，中国剪纸艺术得到了很好的传承，也在不断创新中，焕发出旺盛的生命力。

京 剧

单旭光　耿云冬　主编

百字说明

京剧是中国传统戏曲的重要代表，迄今已有近200年的历史，在海内外影响广泛，知名度高。京剧表演体现在唱、念、做、打四方面，演员角色分生、旦、净、丑四大行当。2010年，京剧被联合国教科文组织列入《人类非物质文化遗产代表作名录》。

内容提要

小龙邀请大卫一起陪爷爷去听戏。京剧神秘的脸谱、精美的服装和优美的唱腔深深吸引了大卫，使他对京剧产生了浓厚的兴趣。为了帮助大卫和小龙深入了解京剧，龙爷爷请一位京剧老师给他们讲解京剧。经过几天的学习，大卫和小龙对京剧的角色、服装、道具以及表演流派有了比较全面的认识。

知识图谱

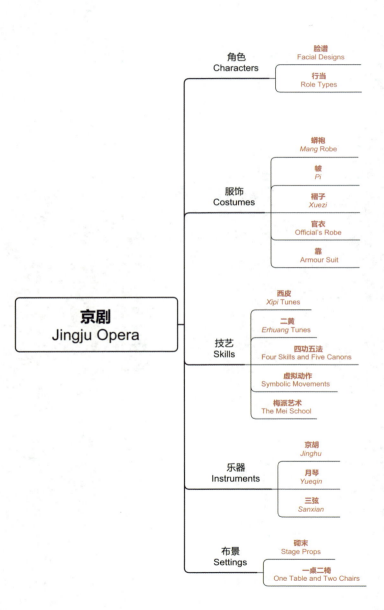

京剧
Jingju Opera

角色
Characters

脸谱
Facial Designs

行当
Role Types

服饰
Costumes

蟒袍
Mang Robe

帔
Pi

褶子
Xuezi

官衣
Official's Robe

靠
Armour Suit

技艺
Skills

西皮
Xipi Tunes

二黄
Erhuang Tunes

四功五法
Four Skills and Five Canons

虚拟动作
Symbolic Movements

梅派艺术
The Mei School

乐器
Instruments

京胡
Jinghu

月琴
Yueqin

三弦
Sanxian

布景
Settings

砌末
Stage Props

一桌二椅
One Table and Two Chairs

1

脸谱

小龙和大卫一起陪着龙爷爷去看京剧《霸王别姬》。一进剧院，大卫就被墙上挂的京剧脸谱吸引了。

大　卫：龙爷爷，您看，他们脸上化的妆都不一样啊，这么多颜色。

爷　爷：这叫脸谱，是中国戏曲特有的化妆方式，不同颜色的脸谱代表不同的角色。

大　卫：可每一张脸谱都不止一种颜色啊。

爷　爷：是的。脸谱颜色通常是指主色，也就是额头和两颊的颜色。比如"黑脸"，它主要包括红、黑、白三种颜色，因为额头和两颊都是黑色，所以叫"黑脸"。

大　卫：黑色看起来很严肃。

爷　爷：是的，黑脸表示这个角色的性格耿直无私、刚正不阿。

小　龙：爷爷，俗话说，"一个唱红脸，一个唱白脸"，这"红脸""白脸"是不是来自脸谱？

脸谱

爷　爷：是的。一般来说，京剧中的红脸代表正面角色，白脸代
　　　　表反面角色，黑脸代表中性角色。除了颜色，京剧脸谱
　　　　图案也是分类的。

小　龙：怎么分呢？

爷　爷：脸谱的图案有"整脸""三块瓦脸""十字门脸""六
　　　　分脸"。

大　卫：这些名字好奇怪呀。

爷　爷：这是根据脸谱图案特点起的名字。比如说"整脸"，指
　　　　脸谱基本上是一种颜色，只是局部有小变化。"三块瓦
　　　　脸"，指脸谱的额头和两颊是同一种颜色，看上去就像
　　　　三块瓦片。"十字门脸"的图案就像汉字"十"，竖的
　　　　部分是从额头到鼻尖，横的是双眼周围，这个"十"字
　　　　形部分用的是同一种颜色。

小　龙：那"六分脸"就是把脸画成六小块不同的颜色吗？

爷　爷：不是的。"六分脸"指的是额头中间和眼睛，还有眼睛以
　　　　下的部分用同一种颜色，大约占整个脸的百分之六十，
　　　　所以叫"六分脸"。

大　卫：原来是这样。我今天要仔细看看《霸王别姬》里有哪几
　　　　种脸谱。

爷　爷：好。你再注意观察一下项羽的脸谱。

　　　　散场后，小龙、大卫和龙爷爷继续聊着戏里的脸谱。

爷　爷：我来考考你们，刚才戏里项羽画的是什么脸？

小　龙：项羽的脸上只有黑白两种颜色。额头和两颊是白色，眉
　　　　毛、眼睛和鼻子周围是黑色，三大块白色特别突出，那
　　　　应该是"三块瓦脸"吧。

爷　爷：看来你真的明白了。这种脸谱黑白分明，显得非常威严。
　　　　项羽是花脸霸王。你们有没有注意到，项羽脸谱的额头

　　　　　两边还有花纹?

大　卫：对，好像是有黑白的花纹。那是什么花纹?

爷　爷：那是"寿"字纹。

大　卫：表示长寿的意思吗?

爷　爷：正好相反，大卫。汉语中"眉"和"没"同音，眉毛部
　　　　　位有"寿"字纹样，谐音"没寿"，暗示这个角色不
　　　　　长寿。

小　龙：项羽兵败，在乌江边自杀时才三十岁左右，确实不长
　　　　　寿呢。

大　卫：我正好理解反了。看来还得好好学习汉语的谐音呢。

爷　爷：嗯。我请个专业老师给你们好好补一补京剧知识。

大　卫：太好了，谢谢龙爷爷。

2

行当

龙爷爷请了京剧院的白老师为小龙和大卫讲解京剧艺术的基础知识。这一天，小龙和大卫去剧院拜访白老师。

小　龙：老师好！谢谢老师抽空为我们讲解京剧艺术知识。

白老师：你们好！听说你们看了《霸王别姬》后，对脸谱特别感兴趣。

大　卫：是的，老师，京剧脸谱太有意思了，每个角色的脸谱都很有特色，一看就知道这是什么样的人物。

白老师：京剧脸谱的确跟角色有关，我们行话叫"角色行当"，或者就叫"行当"。

大　卫：行当是什么？

白老师：行当是中国戏曲特有的角色分类方法。不同行当的演员，通过化妆、服装和舞台表演等多种程式化的形式，表现不同角色的年龄、性格和身份等特征。

小　龙：老师，什么是程式化？

白老师：程式化是中国戏曲的最大特色，就是同一类的角色穿同一种服装，画同一种脸谱。同一类的场景用同样的道具。同一个曲牌采用相似的旋律，只是唱词不同。京剧界有一句行话，叫"宁穿破，不穿错"，说的就是一个行当不可以穿错服装。穿错衣服，不仅同行会笑话你，连看戏的都会说你是外行。

小　龙：明白了。所以一看服装、脸谱就知道这个演员演的是什么角色。那京剧都有哪些行当呢？

白老师：简单说，京剧行当分生、旦、净、丑四大类。每个行当都有一套特定的表演程式，特色鲜明。你们看这张图，上面是京剧行当的大致分类。

大　卫：好像生和净都是男性角色，旦都是女性角色。

白老师：对的，只有丑角不分男女，不过女的丑角比较少。我们先看生行吧。你们看，生行可以分为老生、小生和武

行当

生，当然还可以再细分。

大　卫：老师，老生就是扮演年龄大一点儿的男人吧。我看他们都戴着胡须呢。

白老师：没错。老生又叫"须生"或"胡子生"，多扮演中老年男子。老生有以唱为主的，也有以表演为主的。你们再看小生和武生有什么特点?

小　龙：小生看起来很英俊，化妆简单，干净利索，应该扮演的是青年男子。

白老师：是的。小生扮演的角色，有手持扇子的扇子生，头戴官帽的纱帽生，也有没钱没权的穷书生。

大　卫：我更喜欢武生，他们看起来很威风。

白老师：没错，武生大多扮演英雄人物。

小　龙：老师，旦行怎么分呢?

白老师：旦行可以分为青衣、花衫、花旦、武旦、老旦。

小　龙：老师，青衣是最重要的旦角吗?

白老师：是的。青衣多扮演端庄、正派的中青年女性。

大　卫：老师，花旦和花衫有什么区别呢? 是花衫扮演的角色更年轻吗?

白老师：这两个角色很像。花旦多扮演性格活泼、动作伶俐的青年女子。花衫出现得较晚，算是新行当，糅合了青衣和花旦两种行当的表演特色，《霸王别姬》里的虞姬就是由花衫扮演的。

小　龙：京剧一直在不断发展创新呢。老师，净行主要扮演什么
样的角色呢？我看这些净行的脸谱特别夸张，服装也很
特别。

白老师：净行俗称"花脸"，他们的脸谱夸张，扮演的人物性格
突出。演唱和表演都需要充分突出人物个性。他们要么
豪迈，要么刚烈，要么鲁莽，要么奸险。净行有正净、
副净和武净三类。正净和副净又叫"大花脸"和"二
花脸"。

大　卫：老师，我明白了。看《霸王别姬》时，龙爷爷说项羽是
花脸霸王，原来是这个意思。

白老师：对，在《霸王别姬》里，扮演项羽的是净行，更准确地
说是正净。

小　龙：老师，我觉得丑行的脸部也很花。

白老师：没错。丑行俗称"小花脸"，演员化妆时要在鼻梁上抹
白粉，看上去滑稽可笑，所以取名"丑"。

大　卫：丑行扮演的都是下层人物，或者是坏人吧？

白老师：不全是。丑行是指演员的扮相不漂亮，并不一定专指坏
人。丑行既有正面人物，也有反面形象。丑行角色在舞
台上动作滑稽、语言风趣，多数是男性角色。

小　龙：老师，感觉生旦净丑各行当的角色都很鲜明。

白老师：说得对。看来今天的行当学习很有效果。明天我带你们
去剧场看戏服，深入理解一下角色。

3

蟒袍

白老师：你们先来看看这件戏服。

小　龙：这件黄色的戏服应该是皇帝穿的吧？

白老师：是的，这上面绣着蟒纹，叫蟒袍，是皇帝皇后、文武官员穿的礼服。

大　卫：老师，皇帝不应该穿龙袍吗？怎么叫蟒袍呢？而且这蟒看上去和龙很像啊。

白老师：看上去的确很像，但蟒和龙脚趾的数量不同。龙有五个脚趾，而蟒只有四个。

大　卫：原来是这样。那舞台上的皇帝为什么不穿龙袍呢？

白老师：不能穿呀。过去，只有皇帝才能穿五趾龙袍。舞台上的皇帝不是真皇帝，所以只能穿蟒袍了。还有，蟒袍的不同颜色也是为了显示地位和性格不同。

蟒袍

大　卫: 老师，您是说蟒袍不一定都是黄色？也不光是皇帝穿，
　　　　是吗？

白老师: 是的。角色需要穿什么颜色的蟒袍，要根据性格和地位
　　　　来定。具体来说，皇帝穿黄色，高官穿红色，性格豪放
　　　　的穿黑色或宝蓝色，青年官员、年轻书生穿白色、粉红
　　　　色或湖蓝色，长者多穿茶褐色。

小　龙: 蟒袍的颜色这么讲究，那蟒袍上的纹样也有很多种吧？

白老师: 是的。蟒袍有男蟒和女蟒之分。男蟒的蟒纹可以分为团
　　　　龙蟒、行龙蟒和大龙蟒三种，对应的是不同的角色，如

文官穿团龙蟒，武官多穿行龙蟒。女款蟒袍上绣凤、牡
丹等纹样。除了蟒纹、凤纹，蟒袍上还有一种纹样，叫
海水江崖纹。

小　龙：海水江崖纹？

白老师：你们来看这件蟒袍的下摆，是不是有海水波浪形纹样，
　　　　而且水中还有山石？这里表达的寓意是"福山寿海"或
　　　　"一统江山"。

大　卫：这个纹样真气派。老师，这蟒袍上的刺绣图案很精美，
　　　　蟒袍是用什么面料做的？

白老师：京剧蟒袍一般选用大缎面料，有的甚至会用贵重的云锦，
　　　　上面纹样都很漂亮。

海水江崖纹

4

帔

小　龙：老师，这件戏服也是蟒袍吗？袖子看起来特别长。

白老师：这不是蟒袍，它叫帔（pī）。帔是一种很像斗篷的长
袍。你们再仔细看看帔和蟒袍有什么不同的地方。

大　卫：嗯……它不仅袖子长，下摆也长。

白老师：确实如此。你们看，男帔长及脚面。女帔短一些，两侧
开衩。

小　龙：老师，好像还有一个地方不一样。您看，帔的领子是长
形的。

白老师：没错。帔的领子是齐胸长领，蟒袍是圆领。

大　卫：老师，什么时候穿帔呢？

白老师：通俗一点说，帔是家常服装。用现在的话说，蟒袍是正
装，帔是休闲装。

小　龙：明白了。老师，我看帔的颜色很多，是不是也和蟒袍一
样有讲究？

白老师：有讲究，但不那么严格，帔有黄、红、粉、蓝、紫等颜
色。黄色当然是皇家专用，但年轻女子可以穿淡黄色的

帔

帔，用来衬托角色的活泼可爱。

大　卫：那就是说，帔的配色更丰富灵活些。

白老师：是的。而且帔的穿着场合也更多样。比如说，红蟒只有
　　　　高级官员在正式场合才能穿，而红帔可以用于结婚大
　　　　礼、家庭团圆等各种喜庆场合。

小　龙：老师，这件浅蓝色的女帔真好看，是什么角色穿的？

白老师：浅蓝色一般是活泼可爱的年轻女子穿。说个有趣的事情。

如果舞台上一对男女角色穿的帔颜色相同、纹样成对，那不是夫妻，就是情侣。

大　卫：哇，没想到古人也穿情侣装。那情侣装上会有哪些纹样呢？

白老师：常用的有男女团花帔、龙凤对帔。你看，皇帝的帔绣团龙，皇后的帔绣团凤，寓意"龙凤呈祥"。

小　龙：这样一看就知道是一对。老师，从纹样上还能看出什么呢？

白老师：还能看出来是否已婚。

大　卫：这个有趣。怎么看呢？

白老师：比如，绣有团花纹样的团花帔，一般是已婚女性穿的。枝子花形则用于未婚女子。

小　龙：老师，请您再讲讲其他纹样吧。

白老师：其他纹样也都有美好的寓意，比如常见的牡丹、梅花纹样。牡丹象征大富大贵，梅花代表品格坚强。

小　龙：纹样里面的学问还真不少。老师，您看，这些女帔的图案为什么有的对称，有的不对称？

白老师：对称和均衡的图案能突出女性的端庄秀雅，而不对称则突出了年轻女孩的活泼可爱。

小　龙：看来蟒袍和帔的颜色和纹样寓意都很丰富。

白老师：是的。了解京剧服装，可以更好地了解角色特点。我们再看看其他系列的戏服吧。

5

褶子

小　龙：老师，您前面说的蟒袍和帔都是有身份、有地位的角色穿，那普通人穿什么呢？

白老师：穿褶（xué）子。褶子一般不分地位、身份，很多角色都可以穿。你看，这两件就是褶子。

大　卫：可它们看上去和帔很像啊。

白老师：从长度上看都一样，但褶子更宽松。褶子和帔还有一个不同之处，你们注意到了吗？

小　龙：也是领子吗？我看领子有些不一样。

白老师：是的。区别也在领子上。你们看，男性和老年女性穿的褶子是交领、大襟右衽，其他女性穿的褶子是对襟小立领。

小　龙：明白了。老师，褶子都有哪些类型呢？

白老师：褶子一般分为花褶子和素褶子两大类。

小　龙：老师，我猜女演员穿花褶子，男演员穿素褶子。

白老师：不能这样简单地从字面上理解。花褶子的"花"指的是衣服上的刺绣纹样，不一定都是花儿。花褶子也分男款、女款，纹样不太一样。

大　卫：男花褶子有哪些纹样？

白老师：简单来说，男花褶子分文武两类，小生的花褶子上多绣
　　　　梅、兰、竹、菊纹样；武生的花褶子一般是黑底儿，绣
　　　　飞蝶或飞燕。

小　龙：那女花褶子有什么特点呢？

白老师：女花褶子颜色淡雅，多绣散枝花卉纹样。通常，大家闺
　　　　秀外穿帔，内穿花褶子，形成套装。

褶子

大　卫：原来是套装呀。老师，那没有绣花的就是素褶子吧？

白老师：是的，素褶子又分为色褶子和青褶子，这里的青指的是黑色。色褶子一般为中年以上老百姓穿，青褶子一般为年轻的穷书生穿。你们跟我来看这一件。

大　卫：这件青褶子上面有补丁，应该是穷人穿的。

白老师：这可不是普通穷人穿的。青褶子上面加红、黄、蓝的补丁，是有讲究的，不能随便穿。在京剧里穿这种戏服，意味着这个角色最终会改变命运，大富大贵，所以它叫"富贵衣"。

小　龙：我还以为是人穷衣服破呢。

白老师：这种角色到后面会换上另外一种衣服。我们到那边去找找看。

6

官衣和靠

白老师：你们看，刚才我说穿富贵衣的角色，最终都会穿上这种紫色袍子。

大　卫：这是什么戏服？

白老师：你们猜猜看？

小　龙：看上去像官员穿的。

白老师：是的，这叫官衣。你们说，穿上这种衣服，意味着什么呢？

小　龙：是说那些穿富贵衣的角色最后都当官了吗？

白老师：没错。京剧里有很多类似的故事，描述穿富贵衣的穷书生，通过苦读，考取功名并当了官，最终穿上这种紫袍，大富大贵了。

大　卫：当官的人都穿紫色袍子吗？

白老师：紫袍是最高等级的官衣。京剧里官的等级可以从官衣的颜色上看出来。从高到低的顺序是紫、红、蓝、黑。你们再比较一下，这个官衣和前面看到的戏服有什么不同？

仙鹤补子

小　龙：嗯，官衣看上去很像蟒袍，不过没有绣蟒纹，也没有海
　　　　水江崖纹。

白老师：是的，官衣形制与蟒袍类似，不同之处在于官衣前后片
　　　　各有一块"补子"。海水江崖纹绣在补子上。

大　卫：补子是什么？

白老师：补子是明清两代官员服装上特有的标志。从图案上能看
　　　　出官大官小，文武不同。文官补子上绣的是飞禽，比如
　　　　仙鹤；武官补子上绣的是走兽，比如麒麟。

小　龙：这个好，一看就知道是哪一级官员，是文官还是武官。

官衣

靠

大　卫：老师，我还有个问题。武官如果上战场，是不是有专门的服装呀？

白老师：当然有，武官上战场穿"靠"。你们来看，这就是靠，也叫甲衣。

大　卫：这不是《霸王别姬》里项羽穿的衣服吗？

白老师：对，这就是霸王靠。男靠是黑色，用金线绣鱼鳞形或丁字形纹样，靠肚下挂着网子穗。

小　龙：有男靠，那就是说还有女靠了？

白老师：对。这件粉色靠就是女将穿的。女靠纹样以凤凰、牡丹居多，颜色是红色、粉色为主。这些都是用来衬托女将的英气飒爽的。但女靠靠肚较小，下面缀有两层彩色飘带，垂在腿部。

小　龙：你们看，这个靠分成很多块呢。

大　卫：原来靠不是一整件衣服呀。

白老师：没错，和其他戏服不一样，靠是由靠领、靠身、靠肚、靠腿等部分组成，要一件件分开穿。

小　龙：连靠领也是和靠身分离的呢。

白老师：是的，靠可以整套穿，也可以分开穿。如果穿蟒袍围靠领，表明这个角色是武将。如果单用两块靠腿，那就意味着打了败仗。

小　龙：老师，您要是不说，这些我们可看不明白，真的是"外行看热闹"。

白老师：很快你们就会"内行看门道"了。

大　卫："内行看门道"是什么意思呢？

小　龙：我来给你解释一下。汉语有个习语叫"内行看门道，外行看热闹"，是说对于很专业的东西，只有行家能看明白到底是怎么回事儿，而外行人只会看到一些外在的东西。

大　卫：太好了，又学到一个汉语习语。咦，这里的四面三角旗是干什么用的？

白老师：这叫靠旗。靠分硬靠和软靠。硬靠要在背后插上四面靠旗，插上靠旗表明这个角色全副武装，正在战斗中。软靠则不插靠旗。

大　卫：插上靠旗好威风呀。老师，我可以穿上试试吗？

白老师：当然可以。来，让我们看看大卫挂帅出征的样子。

穿戴好整套靠，大卫对着镜子看。

小　龙：大卫，你看上去真威风。

白老师：扮相不错。好了，今天我们就学习到这里。明天和你们说说京剧伴奏用的乐器吧。

7

京胡

小　龙：老师，这二胡还有大小之分吗？

白老师：这把小的可不是二胡，是京胡。京胡是中国传统的拉弦
　　　　乐器，也是京剧最重要的伴奏乐器。可以说，没有京胡，
　　　　演员就唱不成戏。今天，我们就从京剧的第一伴奏乐器
　　　　京胡说起吧。

小　龙：好的，老师。

白老师：京胡和二胡是两种不同的乐器。你们仔细比较一下。

大　卫：可我觉得长得差不多呀。

小　龙：是啊，都有一个琴弓，两个琴轴，两根弦，只不过一个
　　　　大一些，一个小一些。

白老师：它们的演奏方法基本上一样，通过拉弓擦弦后振动琴皮，
　　　　带动琴筒中的空气震动。你们再仔细看看，能不能发现
　　　　具体不一样的地方。

京胡

小　龙：好像京胡的琴筒小一些，琴杆也短一些，整体比二胡尺
　　　　寸小。

白老师：是的，再看看琴头部分有什么不一样的。

大　卫：二胡琴头有一点儿弯曲，京胡是直的。好像用的材料也
　　　　不一样。

白老师：没错。京胡的琴杆一般用上等的紫竹或白竹。二胡的琴
　　　　杆是硬木的。

小　龙：京胡的琴筒也是竹子做的吧？

白老师：是的。京胡的琴筒是毛竹做的。你们看，二胡就不同了，它的琴筒是木头的，而且大很多。

小　龙：琴筒上的皮看起来像蛇皮。

白老师：过去确实是用过真蛇皮，但现在用的都是人工合成琴皮，仿蛇皮的。

大　卫：老师，琴皮和琴弦之间的这个木头叫什么？

白老师：叫"琴码"。琴码能把琴弦的振动传递给琴皮，带动琴筒发出声响。京胡的音色又高又清亮，穿透力很强，能完美配合演员唱腔。

小　龙：您桌上其他两件乐器是什么？

白老师：一个是月琴，一个是三弦。

8

月琴

老师拿起第三件乐器。

白老师：京胡、月琴和三弦俗称京剧伴奏乐器"三大件"。你们
　　　　看，我手上这件像什么？

小　龙：琴身像个满月，应该是月琴吧。

白老师：没错，叫它月琴，正是因为它的琴腔像个圆圆的月亮。
　　　　当然，月琴还有别的形状，比如八角形。月琴是弹拨乐
　　　　器，需要有个很好的琴腔。

大　卫：琴腔？是不是和京胡的琴筒一样，也是共鸣箱？

白老师：对。我们来看看月琴的其他部分。你们看，最上端是琴
　　　　头，由硬木或者牛骨雕刻，纹样通常是如意、龙凤或花
　　　　朵，起装饰作用。

小　龙：雕工好精细呀。

白老师：这是琴颈。琴颈连着琴头和琴腔，正面有琴品，上端有
　　　　弦轴和山口。

月琴

大　卫：老师，山口有什么作用？

白老师：山口是固定琴弦的。你们看，顺着琴颈往下，经过琴腔，
　　　　琴弦最终固定在指板的弦孔上。

小　龙：老师，月琴到底是几根弦呢？我看这把琴上有四个弦孔、
　　　　四个琴轴，可是怎么只装了三根弦呢？

白老师：这是因为京剧伴奏只需要三根弦，而民乐演奏就需要四
　　　　根弦了。

大　卫：老师，这些小横条是什么？

白老师：是琴品。

小　龙：那琴品有什么功能呢？

白老师：确定音高。琴品一般用细竹片或木片做成，安装在琴颈和指板上，是弹拨乐器中不可缺少的部分。

大　卫：琴品有十几个吧。

白老师：是的。月琴原来只有几个琴品，后来不断增加，现在是17个。有了更多的琴品，月琴可以自由转调，伴奏效果更好。

小　龙：那月琴的声音有什么特点呢？

白老师：月琴声音清脆，和京胡的穿透力形成鲜明对比，可以丰富京剧伴奏的层次。

大　卫：老师，在京剧表演中，月琴伴奏有什么具体特点呢？

白老师：月琴伴奏要考虑剧情、行当，还有唱腔和板式。比如，为老生伴奏，应该干净利落；为花脸伴奏，则要粗犷豪放；为青衣伴奏，就要柔和细腻。

大　卫：这里面的讲究还不少呢。

小　龙：老师，您能推荐一些月琴伴奏的片段吗？我们回去好好听听。

白老师：你们可以先听《空城计》里诸葛亮①"城头抚琴"那一段，体会一下月琴优美清脆的音色。还可以听《霸王别姬》，找虞姬舞剑最后那部分的月琴独奏，体会一下它如何表达复杂的情绪。

小　龙：谢谢老师。回去我们一定认真听，好好领会。

大　卫：谢谢老师。

注释：

① 诸葛亮：公元181—234，三国时期蜀汉丞相，中国古代杰出的政治家、军事家、发明家和文学家。

9

三弦

白老师：我们再了解一下京剧乐器三大件的最后一件——三弦。三弦和月琴一样，也是弹拨乐器。

大　卫：这个三弦的琴杆可真长呀。

白老师：是的，比起京胡和月琴，三弦是高个子乐器，差不多有1米长。京剧伴奏用的是小三弦中的曲弦，是高音乐器，特别适合为京剧里高亢刚劲、清脆而富有弹性的唱腔伴奏。

小　龙：三弦也是由琴头、琴杆和琴鼓三部分组成的，对吗？

白老师：完全正确。

大　卫：这个三弦的琴头也是雕刻的，真好看。

白老师：和月琴一样，三弦的琴头也是装饰性的，一般是骨雕或木雕，两侧有三个琴轴。三弦的琴颈是木质的，正面的平面叫指板，上端嵌有山口，下端连接琴鼓。你们看，三弦的指板和月琴的有什么不同？

小　龙：好像缺了什么，哦，没有琴品，一个都没有。

三弦

白老师：对。月琴面上有十几个琴品，而三弦上一个也没有，倒是和京胡一样，有个琴码。

大　卫：老师，您不是说琴品是弹拨乐器上的重要部件吗？那没有琴品，怎么演奏呢？

白老师：问得好。中国传统弹拨乐器很少没有琴品的，不过这正是三弦的独特之处。没有琴品，三弦的高低音变化就很自由，表现力特别强，可以弹出各种美妙的滑音。

大　卫：原来是这样。

小　龙：老师，琴杆下端连接的就是琴腔吧，看起来像一面鼓，这和别的弹拨乐器也不一样。

白老师：没错。这是因为三弦从鼓演变而来，琴鼓是三弦的共鸣箱。

大　卫：那三弦的声音有什么特点呢？

白老师：三弦的音色坚实而清脆，有穿透力。

小　龙：我们回去仔细听听三弦的片段，体会一下。

白老师：好的。别忘了最重要的一点，乐器伴奏是为了突出唱腔。时间有限，所以今天只讲演唱伴奏的主要乐器。以后有机会再讲其他乐器。我们先休息一会儿，听一下《霸王别姬》里"劝君王饮酒听虞歌"的选段，然后我们聊聊唱腔。

小　龙：好的，老师。

10

西皮

小龙、大卫和老师一起听了《霸王别姬》里"劝君王饮酒听虞歌"选段。

白老师：你们听了有什么感觉？

大　卫：真好听，伴奏与演唱配合得很完美。

白老师：是啊，乐器的伴奏就是为了更好地配合演员演唱。那我们就来说说唱腔吧。京剧也叫"皮黄"或"皮黄戏"，这是因为"西皮"和"二黄"是京剧里两种主要的唱腔。

大　卫：什么叫唱腔呀？

白老师：唱腔是中国戏曲演唱方法的总称，是一些程式化的曲调。有独唱、对唱、齐唱等不同形式。同一种唱腔可以填上不同内容的词，主要功能是发展故事情节、刻画人物性格。

小　龙：那为什么唱腔又分"西皮""二黄"呢？

白老师：有一种说法是，这里的"西"表示地理位置。因为京剧起源于中国西部的一种古老戏曲——秦腔①。

小　龙：那"皮"是什么意思？

白老师：这要从京剧的起源说起。京剧原来是湖北、安徽一带的
地方戏曲，后来到北京发展，最终成为中国最有影响的
戏曲。在湖北方言中"皮"是"唱"的意思，"西皮"
就是从西部传到湖北的唱腔。

大　卫：这种唱腔有什么特点呢？

白老师：西皮整体音区偏高，其调式多以"宫"调②为主，这应
该与它起源于秦腔有关系。

西皮

小　龙：嗯，秦腔音调特别高。

白老师：西皮唱腔一般是弱拍入唱，增强旋律的流动性，给人婉
　　　　转流畅、行云流水的感觉。

小　龙：那它可以表现心情愉快，对吧？

白老师：不仅如此，西皮唱腔可以细分成十多种。如果用的是平
　　　　缓节奏，多表现明快、抒情的情节和人物愉快的情绪。
　　　　如果用轻快或强劲节奏，多表现热闹或激烈的场面，体
　　　　现人物活泼的性格或者激动的情绪。

小　龙：听上去西皮唱腔的表现力很丰富呢。那二黄唱腔有什么
　　　　特点呢？

白老师：二黄又是另外一种风格。

注释：

① 秦腔：中国最古老的戏曲之一，古时陕西、甘肃一带属秦国，所以
　　称为"秦腔"。秦腔声音高亢、表演粗犷、豪放。

② 宫调式：基于五声宫音系统的基本调式，其基础是五声，即宫商角
　　徵羽。

11

二黄

小　龙：老师，"二黄"这个名称是怎么来的？也和地方有关吗？

白老师：二黄的起源有很多种说法，我就说其中和地方有关的一种吧。有种说法是这种唱腔起源于湖北的黄冈和黄陂，所以叫"二黄"。

大　卫：哦，这个好记。

白老师：二黄的唱腔特点是整体音区偏低，其调式多以"商"调为主，旋律凝重、平静。

小　龙：那应该是表达悲愤的情绪吧？

白老师：是的。和西皮一样，二黄也分快慢节奏。节奏缓慢时，多用来表现压抑的情节和忧郁的情绪；节奏强劲时，多表现悲壮的场面和悲愤的情绪。

小　龙：看来，这两种唱腔各具特色。老师，那京剧节奏怎么掌握呢？

白老师：唱腔节奏靠的是"板式"。西皮和二黄各有自己常规搭配的板式。"原板"是两种唱腔的基础，节拍相当于简谱中的2/4拍。

二黄

小　龙：那就是中速了，不紧不慢。

白老师：是的，但也有例外。旦角的原板节奏更慢，常用4/4拍。
从"原板"可以变化出各种板式，比如"慢板""流
水"。京剧的声腔与板式搭配，形成了完整的唱腔体
系，功能大致分为三种：抒情性、叙事性和冲突性。

大　卫：这听上去有些抽象。

白老师：简单来说，抒情性唱腔的特点是字少声多，旋律性强，用于抒发情感。字多声少的是叙事性唱腔，用于叙述和对答场面。冲突性唱腔，用于人物之间的情感冲突，表达强烈情绪。

小　龙：我知道了，声腔要和板式配合，才能变化出不同的情节和丰富的情绪。

白老师：是的。但不管什么板式，唱腔的结构是不变的，上下句的结构、每句的落音是一样的。京剧中很多传统剧目之所以能家喻户晓，主要得益于唱腔优美。

大　卫：老师，二黄唱腔还有什么其他特点呢？

白老师：二黄的另一个特点是强拍入唱，节奏扎实、稳定，能够增强旋律的凝重感，给人沉静、悲凉的感觉。

小　龙：那要认真听，才能体会戏里的悲欢离合。

白老师：是啊。西皮和二黄各有特定的唱腔结构、旋律模式和调性特征。不过，除了唱腔，演员的舞台表演也非常重要。明天晚上剧院有《霸王别姬》上演，你们可以再看一遍，好好留意服装和唱腔特点。

小　龙：太好了。看过服装，听老师讲了唱腔，我们可以"看门道"了。老师，明天见！

大　卫：老师，再见。

12

砌末

第四天晚上，小龙和大卫兴致勃勃地来到剧院，跟着老师再看一遍《霸王别姬》。

白老师：小龙，大卫，《霸王别姬》这部戏你们以前和爷爷一起看过，我们也聊过，今天我们再看一遍。你们注意演员的服装、唱腔和表演，观察一下舞台上的道具。

小　龙：好的，老师。我们准备仔细看看项羽的霸王靠，还要看看虞姬的服装，听听西皮和二黄。

看完《霸王别姬》，小龙和大卫跟老师聊起看戏的体会。

大　卫：老师，听您讲了京剧的服装、乐器和唱腔后，再看《霸王别姬》，确实能看出点儿门道。

白老师：很好嘛。有一定的理论知识再去听戏，是不是感觉很不一样？

小　龙：是的，感觉太好了。我看出来项羽在营帐里穿的是软靠，他的背后没有插靠旗。虞姬穿的女靠也很漂亮。

白老师：虞姬穿的比较特别，专业术语叫"鱼鳞甲"。这是梅兰芳先生专门为虞姬设计的，专用于《霸王别姬》这出戏。

小　龙：是吗？是梅大师设计的，太厉害了。

白老师：我们明天专门讲一下梅大师和他的京剧改革。

小　龙：这次重看《霸王别姬》，服装、脸谱都弄清楚了，表演也看明白了。通过虞姬的表演，知道了花衫行当能文能武。

大　卫：老师，还有个问题。我还是分不清西皮和二黄两种唱腔。

白老师：不用着急。一开始听京剧，确实不容易弄清楚不同唱腔的区别，要多听，多体会。

小　龙：好的，老师，我们以后一定多听戏。我很喜欢虞姬舞剑的那一段，轻松利落。她把握得真好，把舞蹈和武术糅合在一起，又美又有力度。真精彩！

大　卫：是的，她手里拿的居然还是两把宝剑呢。一开始都没看出来。

白老师：确实，我们这位女演员武功基础非常扎实。你们想看宝剑吗？

小　龙：想呀。

白老师：走，带你们到后台去看看。

小龙和大卫随老师来到后台，看到各种各样的服装、
道具，有的挂在架子上，有的放在台子上。

大　卫：哇，这么多道具！

白老师：你们看到的只是一小部分。用行话说，这些道具叫
　　　　"砌末"。

小　龙："砌末"是什么意思呢？

白老师："砌末"来自蒙古语"砌末克"，意思是帐篷里的摆设。

大　卫：真有意思！老师，京剧里主要有哪些道具呢？

砌末

白老师：京剧的道具分两种。一种是实物道具，比如普通的生活
　　　　用具、刀剑这样的兵器，是一些具体物件。这些道具，
　　　　观众一看就明白。另一种道具是象征性的。

小　龙：咦，这是虞姬用的宝剑，还挺沉的。这宝剑是实物道
　　　　具吧。

白老师：没错。这是一对鸳鸯剑。两把一模一样的剑，可以并在
　　　　一起，也可以双手各持一把。

大　卫：鸳鸯剑？

白老师：是的。这对鸳鸯剑是有寓意的。戏里的两个主角是中国
　　　　戏曲里经典的英雄和美人，鸳鸯剑暗指这一点。

大　卫：两把剑原来还有这一层意思。老师，这些是马鞭吧？我
　　　　刚刚在戏里也看到了，它们也是实物道具吧？

白老师：正好相反，马鞭属于象征性道具。你们想一下，这马鞭
　　　　能象征什么？

小　龙：应该是马吧？这马鞭上的穗子，看起来很像马的鬃毛。

白老师：确实是这样。我拿的这个是项羽的马鞭，穗子是黑色的，
　　　　因为项羽骑的是一匹黑马。穗子的颜色代表马的颜色，
　　　　也和马主人的性格、性别，乃至戏服颜色相关。

大　卫：对，戏里面项羽穿着黑色的靠。老师，我猜黄穗马鞭代
　　　　表皇帝的马，对吗？

白老师：说得不错。你们再看看这些马鞭都有几绺穗子？

小　龙：有三绺、四绺，还有五绺的，有什么讲究吗？

马鞭

白老师：有，三绺、四绺的马鞭一般是文人用，五绺的马鞭是武生、小生用。

大 卫：一根马鞭居然也有这么多门道，真没想到。看来京剧的道具很不简单呢，还真需要借助想象力好好理解。

白老师：是的。说完马鞭，我们再说说车。

小 龙：我看那边有一面画着车轮的旗子，那是代表车吧？

白老师：对。京剧里的旗帜可以表现很多场景。如果旗子上画着车轮，就代表车，叫车旗。中间绣"帅"字的代表统帅的营帐。再考你们一个，你们知道船用什么道具表示吗？

大　卫：是用一面绣着船的旗吗？

白老师：不对，是用船桨代表船。你们看，京剧道具的象征意义
　　　　是不是很强啊？

大　卫：真是这样。老师，京剧的道具不是简单地复制实物，挺
　　　　有创意的。

白老师：说得对。京剧道具是一种源于生活、高于生活的艺术设
　　　　计，其中最有代表性的就是"一桌二椅"。这个我们得
　　　　好好说说。

船桨

13

一桌二椅

一桌二椅

小　龙：老师，一桌二椅，不就是一张桌子，两把椅子吗？这个
　　　　还有什么特别意义？

白老师：一桌二椅确实是简单道具，但它们代表着中国戏曲舞台的传统：布景简洁、象征性强。在简单的道具背后，蕴含着巨大的表演潜力和丰富的想象空间。

大　卫：老师，这桌子、椅子有什么别的功能呀？

白老师：当然有。比如，桌椅用来区分室内和室外空间。舞台上如有桌椅，多代表这是一个室内空间；没有桌椅，则表示是室外场景。

小　龙：这个不难理解。但一定有很多不同的室内场景吧？

白老师：是的。这些室内场景，可以是皇帝的宝殿，也可以是书生的书房；可以是热闹的地方，也可以是安静的场所。

大　卫：老师，那怎么用一桌二椅来区别这么多不同的室内场景呢？

白老师：这个问题问得好！区别的方法之一就是看桌椅的帷幔设计。黄色帷幔绣着金龙图案，表示这里是皇宫；红色代表官府；淡绿或浅蓝色的帷幔上绣着兰花，就是书生的书房了。

小　龙：这是个好办法，之前我只看到桌椅帷幔上不同的颜色和漂亮的图案，可没想到它们代表着不同的场景呢。

白老师：你们可以这样理解，帷幔就是桌椅的衣服。简单的桌椅，穿上不同的服装，就扮演不同的角色。还记得刚才《霸王别姬》里的一桌二椅是什么颜色吗？

小　龙：好像是红色，代表项羽的营帐吧？

白老师：没错。其实不仅是帷幔，桌椅摆放的位置也同样有象征性。将椅子摆在桌子后面，是表示皇帝上朝、官府升堂。假如来了客人，桌子两边各摆一把椅子，表示主人招待客人。

大　卫：老师，舞台上只能摆一张桌子和两把椅子吗？

白老师：不一定。一桌二椅是基本布局。桌椅的实际数量及摆法根据剧情需要而定。比如，两张桌子并排，上面摆一把椅子，代表"小高台"。演员可以爬上去，演出登上山坡、走进楼阁等情景。

小　龙：小高台？那还有大高台吧？

白老师：有啊。两张桌子叠放，就是"大高台"，代表更高的地方，或者代表"元帅升帐"。如果三张桌子放在舞台的左、中、右三个位置，后边各放一把椅子，那就表示举办宴会或审案子的大场面。

大　卫：老师，那怎么知道是在设宴还是审案子呢？

白老师：那就要看演员的唱词和动作了。借助故事情节和演员表演，桌子可以指代桥梁、城墙、山体等不同事物。

小　龙：看来京剧把桌子的功能发挥到极致了。老师，那椅子有什么作用呢？

白老师：椅子代表什么，要看演员的具体表演。椅子除了基本功能，还可以当隔断空间的墙体。如果演员从放倒的椅子上跳过去，可以代表越过墙头，也可以表示跳井自杀。

大　卫：如果是坐在椅子上呢？

白老师：如果演员坐在椅子上，配合道具"轿旗"，那就代表坐轿子。

大　卫：这京剧道具的象征性和演员的表现力太强大了，居然能把简单的桌椅变成各种各样的场景。

白老师：是啊，这就是京剧的特色之一。象征性的道具简化了布景，就是想让观众把注意力放在演员表演和故事情节上。

小　龙：所以，京剧对演员的表演能力要求很高。

白老师：是的。要想表演得生动逼真，吸引观众，需要刻苦训练，"台上一分钟，台下十年功"，说的就是这个道理。明天，我们再说说京剧演员如何才能练出一身好功夫。

14

四功五法

第五天上午，小龙和大卫来到京剧院，继续跟着老师学习京剧知识。

四功五法

白老师：今天，我们说说京剧演员的"四功五法"。这是中国传统戏曲表演的基本功。"四功"指的是唱、念、做、打，"五法"说的是手、眼、身、法、步。

大　卫：听起来很复杂，有点记不住呢。

白老师：你们可以这样理解，四功是舞台表演的基本功，也是观
　　　　众能直观看到的四个方面，而五法是完善四功的基本
　　　　方法。

小　龙：这样就明白了。老师，这四功里的"唱"是演唱，
　　　　"打"是武打。可是"念""做"是什么功夫？

白老师：在京剧中"念"指的是念白，就是念台词。

大　卫：念比唱要简单吧？

白老师：没这么简单。难就难在念也要和唱一样漂亮。演员不仅
　　　　要唱得美妙，还要念得动听。

小　龙：是说要带着感情去念吧？

白老师：不仅要用感情念，怎样念也有具体要求。念台词必须字
　　　　正腔圆，优美动听。京剧中的"念白"有的接近生活语
　　　　言，有的更接近于演唱，是艺术化的口语表达。演员需
　　　　要用独特的腔调去念，带有很强的音乐节奏。

大　卫：还真不是一般的念台词。老师，那"做"又是指什么呢？

白老师："做"是指做功。和"打"一样，是程式化的舞台表演。

小　龙：老师，您能举个"做"的例子吗？

白老师：好的。比如，京剧里武将上战场前整理盔甲的一整套动
　　　　作，叫"起霸"，是非常程式化的做功，要由腿、手、
　　　　身协调完成十个连贯动作。

小　龙：老师，四功我们了解清楚了。感觉五法里的"手、眼、
　　　　身、步"四法都很具体，就是"法"本身不太好理解。

白老师："法"可以理解为戏曲表演的规矩和程式。演员的手势、
　　　　眼神、身体以及行走姿态，已经形成比较固定的姿势和动
　　　　作，比如起霸里的十个动作，每一个都有规定的样式。

小　龙：我明白了。就是既要让人看得懂，又不能照搬生活里的
　　　　具体动作，得把它们美化、艺术化。

白老师：是的，就是要按照程式，训练手、眼、身、步，最终让
　　　　它们相辅相成，融为一体。据说五法来源于中国武术。

大　卫：没想到武术对京剧表演也有影响。但是，武术重肢体动
　　　　作，好像和四功里的唱、念没关系吧？

白老师：问得好。一个好演员必须既能唱，也能演，才能做到"浑
　　　　身是戏"。所以，戏曲表演特别重视演员基本功的全面
　　　　训练。

大　卫：要求这么高，真不容易做到。

白老师：挺难的，就拿"手、眼"来说，女演员用兰花指配合美
　　　　妙的唱腔，能充分表达女性的柔美与矜持。眼神变化可
　　　　以看出喜怒哀乐。只有唱、念、做、打完美结合，才能
　　　　更好地传达故事情节、表现人物情绪。

小　龙：老师，那"步"也能体现出不同的人物性格或故事情
　　　　节吗？

白老师：能啊。我们得先说说步法的基本概念。步法是演员在舞

台上站立和行走的方法。京剧有近百种不同的步法。

大　卫：这么多啊！

白老师：是的。我们就从最基本的步法——"站丁""行八"
　　　　讲起。

小　龙：怎么"站丁""行八"呢？

白老师：这是京剧的基本步法。"站丁"是指演员双脚"丁"字
　　　　形站立，"行八"指的是走八字步。

小　龙：这听起来不难。我来试试站丁。您看我做得怎么样？

白老师：不错，还可以。站丁要站得稳，立得住。运动中突然停
　　　　住脚步，身体也不能摇晃。

小　龙：这个可就不容易了。老师，为什么要站成"丁"字步呢？

白老师：站丁是戏曲舞台上最基本的亮相方式。这和中国传统的
　　　　舞台形式有关。你们见过传统的戏台吗？

大　卫：没见过。

白老师：传统戏台的正前方和两侧都面向观众，三面都能看戏。
　　　　演员以"丁"字步站立，可以从正面和侧面的三个方向
　　　　展示身段，增强形体表现力。

小　龙：明白了。那行八肯定更不简单了。

白老师：是的。"行八"就是八字步，讲究"重起轻落"和"远
　　　　抬近落"。"重起"就是抬脚离地的动作要夸张。我示
　　　　范一下。你们看，高抬左脚，一直抬到与右膝同高，
　　　　随后朝外远远地迈出去，落地时向右脚靠近，落脚要

台步

轻。你们看，这样迈步和落脚，是不是像走了一个汉字
"八"呀？

小　龙：是的。要走好这种台步，应该需要长时间训练吧？

白老师：少则几个月，多则几年。

大　卫：看来练台步也很辛苦。

白老师：要不怎么说学戏又苦又难呢。不过演出成功，掌声四起，
　　　　就是苦尽甘来的时候。

大　卫：我觉得行八的步法很威风。

小　龙：确实很威风！老师，女性角色不用这种步法吧？

白老师：行八是一种基本步法，男女都用，但女性角色的行八更多见于刀马旦①的表演，展现女将的刚劲之美。其他的女性步法多表现女性的轻盈之美。比如最常见的圆场脚步，就必须轻快小步前行，好像脚下有车轮转动，或者像船在水上顺流漂动。

大　卫：老师，您这么一说，还真很形象。那台步怎样体现人物性格和情绪呢？

白老师：为了细致刻画人物性格特征，需要根据身份、年龄、情境不同而设计台步。比如说，丫鬟走步轻快，老生四平八稳。总之，京剧对不同行当、人物和情境，都规定了基本的程式化步法。

小　龙：我明白了，观察脚步动作可以帮助我们很好地理解角色和情景。

白老师：对。演员的动作能帮助观众了解他们扮演的角色以及故事进展。在各种动作中，虚拟动作是京剧表演的亮点。

注释：

① 刀马旦：中国戏曲里的一种女性行当名称，戏中角色顶盔穿靠，骑马持刀，所以叫刀马旦。

15

虚拟动作

大　卫：老师，什么是"虚拟动作"？

白老师：我们前面说过，京剧舞台上常常没有真实的布景，而是
　　　　通过演员的模拟动作使观众想象出一种场景。这种表演
　　　　就是虚拟动作。

小　龙：老师，那怎么虚拟呢？

白老师：你们看，舞台上没有门窗布景，怎么显示打开门窗呢？就
　　　　得通过演员的表演来显示。演员做推门的动作表示出门
　　　　或者进门。做开窗的动作，稍微往前探一下头，就表示
　　　　正在从室内向外看。

小　龙：老师，演员是通过舞台上的简单道具和虚拟动作，把观
　　　　众带入想象中的情境，对吧？

白老师：是的。以马鞭为例，作为道具的马鞭，只能虚拟出眼前
　　　　有马的情境。如果要虚拟出人马互动，就需要演员用虚
　　　　拟动作表现。

小　龙：明白了。马鞭只能代表静态的马，只有人的动作才能让
　　　　马活起来。

白老师：是的。再比如说"船桨"。如果是简单划船，只需有船桨作道具，但要表现乘风破浪，演员得通过步法等虚拟动作，帮助观众构想出乘风破浪的场景。

大　卫：哦，原来这些虚拟动作，还需要观众一起发挥想象力。

白老师：还有典型的跑"圆场"。演员在舞台上绕圈跑圆场，可以表示穿街过巷，也可以表示长途跋涉。如果演员手持马鞭做骑马状跑圆场，就表示骑着马跋山涉水。

虚拟动作

小　龙：真不可思议。简单的虚拟动作就可以把观众带入千变万化的想象空间。

白老师：确实是这样。在舞台上，虚拟动作可以展现时空变化。演员的表演可以激发观众的想象力，使其与演员共同沉浸在剧情中。

大　卫：太有趣了。老师，您能推荐一出戏吗？我们想回去看看典型的虚拟动作。

白老师：那你们就看梅兰芳大师演的《贵妃醉酒》吧。仔细看他的"闻花"表演。舞台上并没有花，但梅大师通过不同姿态、手势、眼神、呼吸等动作，充分调动起观众的想象力，让大家也在花香中陶醉。这就叫"无形胜有形"。

小　龙：那可是艺术的最高境界。老师，我们一定认真看。梅大师是京剧四大名旦之首，表演功夫一定很厉害。

白老师：梅大师是中外闻名的京剧演员，他的故事可不少。明天给你们讲讲梅大师和他代表的梅派。

大　卫：好啊。

16

梅派艺术

白老师：今天我们主要讲京剧旦角四大流派^①中的"梅派"，其他的流派，我们以后有时间再讲。

小　龙：好的。老师，我听说梅大师祖孙三代都唱旦角。

白老师：是的，梅兰芳出生在北京的京剧世家，祖父和父亲都是名旦。

小　龙：梅大师创造了梅派，应该是青出于蓝而胜于蓝。

白老师：是呀。家庭影响很重要，但更重要的是他本人努力学戏，勇于创新，才成长为一代京剧大师。我给你们讲一个他演戏的故事吧。过去北方的京剧演员出名后，有南下到上海演出的传统。1913年他第一次到上海演出，反响很一般。后来，他对传统京剧进行了改良。第二年再去上海，演出很受欢迎，引起了轰动。

小　龙：为什么呢？上海的京剧与北方的京剧有很大不同吗？

白老师：对。梅兰芳代表的是京派京剧，而上海是海派京剧的大本营。

大　卫：我明白了。梅大师代表的是京派京剧，上海人不喜欢京派，所以梅大师到上海演出，一开始反响一般。

白老师：是的。但上海的新舞台让他很受启发，他在唱腔、念白、动作、音乐、服装等各方面大胆创新。第二年，他以全新的面貌再到上海演出，赢得了观众的认可，引起了巨大的轰动。

大　卫：老师，梅派的特点是什么？

梅派

白老师：从唱腔上看，梅派的音色甜、脆、清、亮，能充分表现
　　　　女性的优雅端庄、温柔可爱。

大　卫：一个男演员演女性角色很不容易吧？

白老师：的确不容易，能演得美就更不容易了。梅派非常善于表
　　　　现女性的柔美。为了演好角色，梅大师花了很多心思琢
　　　　磨，最终创造了梅派四十八种眼神和五十三式指法。

大　卫：这么多种眼神和指法？

白老师：是的。为了使眼睛有神采，他就观看鸽子飞翔。为此，
　　　　他专门养了一群信鸽，每天努力辨认不同的鸽子，练习
　　　　灵活的眼神。

小　龙：老师，我以后也试试看鸟儿练眼神。

白老师：用梅大师的方法，你肯定能练出一双灵活有神的眼睛。
　　　　梅大师还通过细致观察生活，了解女性的眼神。他曾经
　　　　反复琢磨女性吃惊的神态，却总也掌握不好。一天，他
　　　　突然想到一个主意，就在妻子全神贯注做家务时，故意
　　　　打碎一个瓷盆，妻子吃了一惊。就这样，他捕捉到妻子
　　　　一瞬间吃惊的眼神。

大　卫：梅大师真用心啊。那梅派的指法又是怎么练成的呢？

白老师：老一辈的青衣表演很少露出手来，大家认为不露手才显
　　　　得端庄。可是梅大师认为手能够表现人物的内心活动，
　　　　所以他苦练手势和指法。为了指法更美，他还认真研究
　　　　古代绘画和雕塑中的手势。

大　卫：看来是眼神和指法让梅大师的女性角色这么美的。

白老师：大卫，你只说对了一部分。梅大师还善于通过舞蹈设计、服饰搭配等辅助手段表现女性美。他新编古装歌舞戏，对角色的服装和舞蹈进行创新。比如，在《天女散花》中，梅大师舞动长长的绸带，创造了"绸子舞"这一全新的舞台表演形式。在《霸王别姬》中，他还运用水袖表演，充分表现虞姬的妩媚飘逸，成为梅派的一大特色。

大　卫：这么说，舞蹈也是梅派的亮点。

白老师：是的，梅派在京剧表演中创造了多种舞蹈，比如绸舞、剑舞、袖舞。为了演好虞姬舞剑，他特意去学习太极拳和太极剑，平时早晚认真练习。

小　龙：梅花香自苦寒来，说的一点儿都没错。老师，我听说不少外国人喜爱京剧，主要是因为看了梅大师的表演。

白老师：是的，梅大师是向海外传播京剧艺术的先行者，在促进我国与其他国家文化交流方面贡献卓越。他先后多次访问日本、美国和苏联。他的精湛演技使国外观众领略了京剧的魅力，他的名字曾一度成为中国戏曲的代名词。

大　卫：老师，梅大师海外演出一定有很多故事吧？

白老师：是的，我们就说说他访美演出吧。1930年他访问美国，在西雅图、华盛顿等地演出了两个多月，为美国观众带去了《贵妃醉酒》《霸王别姬》《天女散花》等经典的梅派剧目，受到了热烈欢迎，演出常常一票难求。

大　卫：这么轰动呀。

白老师：是的。当时美国评论界称赞他的表演跨越了东西方文化障碍。你知道吗，梅大师还和著名电影演员卓别林一起讨论表演艺术。

大　卫：梅大师还和卓别林见过面？

白老师：不只见过面，他们还建立了深厚友谊。梅兰芳从卓别林的无声电影里借鉴了如何利用手势、动作和面部表情，细腻地表现人物的内心活动和展开剧情。

小　龙：老师，外国观众能看懂中国京剧吗？

白老师：梅兰芳在访美演出前做了大量的准备工作。他的团队编写并翻译了多部介绍京剧的书，专门画了京剧图谱，详细地向美国观众展示京剧艺术的全貌和梅派艺术的精华。

大　卫：他是怎么让美国人听懂的呢？

白老师：大卫，这个问题很关键。京剧的服装、脸谱、动作相对容易理解，但唱腔不容易听懂，所以他的团队编写了《梅兰芳歌曲谱》，把京剧曲谱转换成五线谱，让美国人能够用钢琴、小提琴演奏，从而熟悉京剧的音乐。

小　龙：工作做得真细致。

白老师：为了便于观众更好地欣赏京剧，他们还编写戏曲说明书，详细介绍每出戏的历史背景和相关内容，并对梅兰芳演出的精彩之处，专门做了标注。细致的准备工作，也是演出成功的重要因素之一。

小　龙：老师，我还有个问题。为什么观众对梅大师的演出那么痴迷？剧情大家都很熟悉，有的人甚至连台词都背得下来，可他们还是一遍又一遍地去看他的戏。这是为什么呀？

白老师：这就是京剧的魅力。梅大师在程式化的角色里注入了真情实感，与观众形成一种共情交流，因此可以吸引观众一遍又一遍地看戏。更了不起的是，他创立的梅兰芳表演体系，汇聚了中国传统戏曲文化的精华，他是二十世纪最有影响的戏剧家之一。

小　龙：他可是真大师呀！

白老师：可他从来不骄傲。他认为梅派的成功是汲取了其他流派的优点。他说自己从其他京剧艺术家身上学到了很多。梅大师还尽心尽力帮助新人。程派的创始人程砚秋，就从梅大师那儿得到不少帮助。

小　龙：老师，谢谢您的讲解，以后我们还要继续深入学习，再向您请教。

白老师：京剧艺术博大精深，的确要花很长时间去学习和体验。
随时欢迎你们来讨论京剧。有机会我们再一起看戏。

大　卫：好的，老师。谢谢您。

注释：

① 京剧旦角四大流派：指"梅派""程派""尚派""荀派"，分别由四大名旦梅兰芳、程砚秋、尚小云和荀慧生创立。各派的唱腔、舞蹈各具特色，擅长饰演的人物也各不相同。

结束语

　　在300多个中国传统戏曲剧种中，京剧是最具影响力的一个，有着极其重要的地位。京剧艺术被誉为中国的"国粹"，积淀了中国人的审美习惯与文化传统。京剧的魅力体现在一系列程式设计和创意中，包括脸谱、服饰、音乐、唱腔、道具和舞台表演。作为世界级非物质文化遗产，京剧具有独特的艺术魅力和文化内涵，代表了中国的优秀传统文化，也是世界文化艺术的宝贵财富。

昆曲

刘韶方　尹婵杰　主编

百字说明

　　昆曲是中国最古老的传统戏曲之一，被誉为"百戏之祖"。昆曲原名"昆（山）腔"，又称"昆剧"，发源于江苏昆山，距今已有600多年的历史。它行腔婉丽，曲词典雅，表演细腻，歌舞合一，唱做并重。2008年，昆曲被联合国教科文组织列入《人类非物质文化遗产代表作名录》。

内容提要

　　小龙和大卫到昆剧院了解昆曲表演艺术。他们观看了折子戏《游园·惊梦》，听昆剧院李老师讲解了昆曲的历史、昆曲表演中的行当以及"四功五法"，还了解了昆曲的记谱方式和唱腔等基础知识。两人又跟着李老师参观了后台，熟悉了昆曲的服装道具。

知识图谱

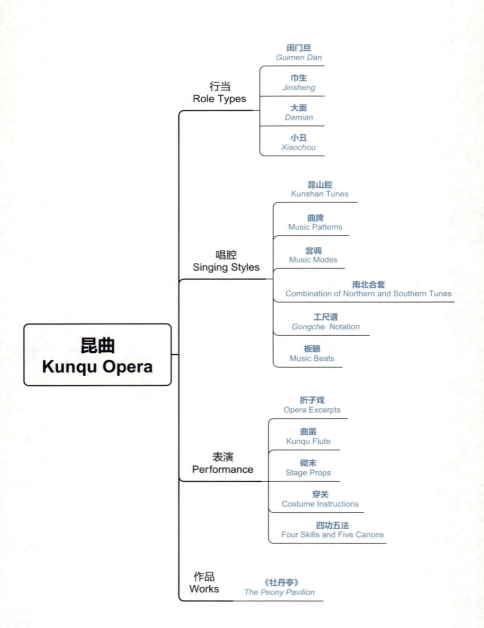

昆曲
Kunqu Opera

行当
Role Types
- 闺门旦 *Guimen Dan*
- 巾生 *Jinsheng*
- 大面 *Damian*
- 小丑 *Xiaochou*

唱腔
Singing Styles
- 昆山腔 Kunshan Tunes
- 曲牌 Music Patterns
- 宫调 Music Modes
- 南北合套 Combination of Northern and Southern Tunes
- 工尺谱 *Gongche* Notation
- 板眼 Music Beats

表演
Performance
- 折子戏 Opera Excerpts
- 曲笛 Kunqu Flute
- 砌末 Stage Props
- 穿关 Costume Instructions
- 四功五法 Four Skills and Five Canons

作品
Works
- 《牡丹亭》 *The Peony Pavilion*

1

《牡丹亭》

在昆剧院的小花园里，老师带着小龙和大卫一起观看演员们排练昆曲折子戏《游园·惊梦》。

大　卫：老师，这个花园真漂亮啊。我们是在这里听昆曲吗？

小　龙：我觉得是。老师，您说要让我们在实景中体验昆曲艺术，是在这儿吗？这里还真有大户人家花园的感觉呢。

老　师：没错，最初的昆曲就是在私宅中演出的。正好今天我们要在花园里排练折子戏，请你们实地观赏。

大　卫：太好了！

老　师：你们以前听过戏吗？

小　龙：我们和爷爷去看过京剧《霸王别姬》。

老　师：那是经典的京剧剧目。今天，我们看一出经典的昆曲。

小　龙：老师，是《牡丹亭》吗？

老　师：是啊。我们今天要看的就是选自《牡丹亭》的折子戏《游园·惊梦》。

小　龙：我听爷爷说《牡丹亭》是昆曲的经典曲目。

牡丹亭

大　卫：昆曲和京剧有什么不同呢？这些服装、化妆和我们看过
　　　　的京剧差不多呀。

老　师：从服装和化妆上看，的确很相似，但它们是两种不同的
　　　　戏曲。简单说，京剧是板腔体，昆曲是曲牌体，它们的
　　　　音乐表现形式不一样。

小　龙：它们哪个知名度更高呢？

老　师：应该是京剧。京剧融合了多种戏曲的特点，更大众化，

普及程度更高。昆曲地域文化色彩浓厚，汇集了音乐、诗歌和舞蹈元素，相对比较小众。我们马上要听的《游园·惊梦》，里面就有优美的音乐、经典的唱词，演员的扮相也很雅致。

小　龙：明白了。《牡丹亭》这个故事我倒是了解一点儿。

老　师：那你先说说看。

小　龙：《牡丹亭》是明代戏曲家汤显祖创作的一部戏剧。牡丹亭是女主人公杜丽娘和男主人公柳梦梅在梦中相会的地方。

大　卫：是不是就像这个美丽的花园？

小　龙：应该差不多吧，是男女主人公梦中谈情说爱的地方。梦醒后，杜丽娘因思念过度，生病去世。临终前，她请求家人把她葬在花园的梅树下，还嘱咐将她的自画像藏在园中的太湖石底下。

大　卫：这是为什么？是她梦中的安排吗？

小　龙：这我不太清楚。我知道的是，三年后，柳梦梅路过这个地方，借住在花园里。他发现了藏在太湖石底下的画像，认出画中的女孩正是他三年前的梦中人。就在这时，杜丽娘魂游花园，与柳梦梅再度相会。柳梦梅掘开坟墓，使杜丽娘起死回生。这对有情人终成眷属。

大　卫：太浪漫了。这就是中国版的《罗密欧与朱丽叶》呀！

老　师：说得不错，《牡丹亭》是中国古典爱情剧作中影响最大、最浪漫的一部，还真有人把它誉为东方的《罗密欧与朱丽叶》，把汤显祖称为"中国的莎士比亚"呢。

小　龙：《牡丹亭》算得上是昆曲的代表作。

老　师：没错，提到昆曲，大家自然会想到《牡丹亭》，它已经成为昆曲的代名词了。

大　卫：《牡丹亭》最初是为昆曲而创作的吗？

老　师：这倒不是。《牡丹亭》之所以成为昆曲中最受欢迎的剧目，不仅是因为故事神奇，还因为剧作本身语言优美。

小　龙：老师，您给我们讲讲吧。

老　师：《牡丹亭》这个剧本很符合昆曲的艺术特点。故事动人，情真意切，唱词诗化，委婉雅致。

小　龙：我明白了，汤显祖的文字优美华丽，生动传神，本身就同昆曲唱词的艺术风格十分契合。

老　师：没错。汤显祖是杰出的诗人。这个剧本不仅唱词讲究平仄和押韵，就连念白也多是完整的绝句诗或韵文体，而且语言表达完美结合了人物个性和情节发展。

大　卫：这一点与莎士比亚的作品比较像。

小　龙：没错。这就是《牡丹亭》风靡中国400多年的重要原因，是吧？

老　师：是的。汤显祖不仅文学功底深厚，而且戏曲造诣也高。他本人还会亲自解释曲意、指导演员排戏。戏要开演了，我们先看戏吧。

2

昆山腔

看完《牡丹亭》的排演，小龙、大卫兴致勃勃地和老师继续聊着昆曲。

小　龙：老师，有人说京剧起源于昆曲，真是这样吗？

老　师：昆曲确实比京剧出现得早。600多年前，昆曲诞生在苏州昆山一带。大约400年后，京剧才出现在北京。从渊源上来讲，京剧受昆曲的影响很大。当然，京剧的发展对昆曲也有一定的推动作用。

大　卫：老师，昆曲对京剧具体有哪些影响呢？

老　师：大多数京剧的剧目源自昆曲。还有，昆曲表演中身段训练的程式化规范对京剧影响深远。不过它们是不同的剧种，差异还是很大的。

大　卫：可是我怎么就感觉不出来呢，还是请老师讲讲吧。

老　师：要说两者的不同，关键在于声腔不同，各具特色。昆曲优雅婉转，京剧通俗酣畅。

大　卫：声腔是什么意思？

老　师：一般来说，声腔是基于当地音乐传统形成的腔调和唱法，有着鲜明的地方特色。

小　龙：昆曲源于苏州昆山，所以就是昆山的声腔了？

老　师：没错。昆曲还有个名字，叫"昆山腔"，简称"昆腔"。我们现在听到的昆曲是经过魏良辅改良过的。

小　龙：魏良辅是谁啊？为什么要改良昆曲呢？

昆山腔

水磨调

老　师：魏良辅是明代著名戏曲家，对昆曲的发展贡献很大。他
　　　　将当时江南流行的民歌小调和北曲的唱腔进行融合，创
　　　　造了水磨腔。魏良辅改革昆山腔之后，昆曲很快传播到
　　　　了全国各地。

大　卫：哇，这么多新名词。"水磨腔"是什么意思？

老　师："水磨腔"也叫"水磨调"。这种改良后的曲调婉转绵
　　　　长，唱词华美典雅，唱法细腻舒缓，就像江南人制作爱
　　　　吃的水磨年糕时细细研磨米粉的感觉。

大　卫：哦，原来"水磨腔"的名字是这么来的，就像细细打磨
　　　　米粉做的年糕一样，真有意思。

老　师：是啊！改良后的昆曲可以清唱，即使没有乐器伴奏，也非常清雅动听。

小　龙：听说昆曲是"百戏之祖"，为什么这么说呢？

老　师：这种水磨腔风靡了600个春秋，对其他戏曲种类的发展有很大的影响，因而被誉为"百戏之祖"，魏良辅也被后世尊为"昆腔鼻祖"。

小　龙：老师，改良后的昆山腔有什么特色呢？

老　师：主要有两个特色。第一是"依字行腔"。这里的"字"指的是昆曲的唱词。

小　龙：是说演唱时要让唱腔的旋律变化配合唱词的发音和声调，对不对？

老　师：对。传统昆曲行腔是"依声填词"，也就是说，唱腔的音乐旋律不变，按曲谱填词。而依字行腔更有利于发挥唱词的语言特色，唱腔的旋律要配合唱词的音调，让情感表达更丰满。

大　卫：那第二个特色呢？

老　师：第二是"南北融合"。改良后的昆山腔融合了南北唱腔的特点，不仅保留了原来南方小调的轻柔婉转，还吸收了北曲的高亢明快。

小　龙：这么说来，南曲和北曲融合后增强了昆山腔的音乐表现力。

老　师：的确如此。据说魏良辅花了十多年的功夫研究南北声调旋律和发音吐字方法。他放慢了昆山腔的节奏，使它更便于抒情。

小　龙：刚才听《游园·惊梦》，杜丽娘的唱腔就给人细腻悠长的感觉。

老　师：是的，有一段是杜丽娘在诉说春色满园却无人共赏，柔情似水却无人可诉，声音细腻绵长，唱出了她内心的无奈和苦闷。这一段唱腔细腻绵软，很有水磨腔的代表性。

小　龙：难怪要叫水磨腔呢，的确是和水磨米粉一样细腻。看来昆山腔真的是经戏曲家反复琢磨、不断改良才完善成熟的。

老　师：这是个漫长的过程，一代代曲家在音乐和咬字发音方面不断打磨，才使得它更加精致细腻。

3

折子戏

小龙和大卫意犹未尽，继续向李老师请教问题。

小　龙：老师，刚才的排演好像只演了《牡丹亭》故事的一小部分。

老　师：没错，戏曲演出分全本戏和折子戏两类。我们刚才听的是出自《牡丹亭》的折子戏，叫《游园·惊梦》。这也是昆曲最受欢迎的折子戏。

大　卫：为什么要单独演折子戏呢？折子戏是怎么来的？

老　师：折子戏的来源，有不同的说法。其中一种说法是，以前的昆曲艺人常把脚本抄写在"折子"上，也就是用纸折起来的册子上。一折是指一个有相对独立的故事情节和戏剧高潮的片段。久而久之，这种相对独立的片段戏就叫折子戏了。

小　龙：那"折"是不是就相当于我们今天说的"场"或"幕"呀？

老　师：可以这么理解。"折"是传统戏曲中划分演唱场次的单位，但"折"比"场"或"幕"的内涵更丰富。它和曲调有很大关系，可以单独演出。

大　卫：我明白了。这和我们西方的歌剧不一样，我们的是一部戏可以按情节分场次，但不拆开演出。

小　龙：刚才的《游园·惊梦》里既有杜丽娘在花园游玩赏春，又有在梦里和爱人相会的情节，应该是两折，对吧？

老　师：对，《游园·惊梦》是两个故事，是二折连演。这是个二折戏，它串起了多个连贯的故事情节。昆曲还有四折、八折，甚至十折连演的折子戏呢。

折子戏

大　卫：那《牡丹亭》有多少折啊？

老　师：《牡丹亭》全本戏共有55折。

大　卫：这么多啊。要是全本戏连续演出肯定要很长时间啰？

老　师：对。戏太长，不适合全本演出，于是人们就在全本戏的基础上，选取精彩部分，加工提炼出可以单独演出的折子戏。《牡丹亭》常演的折子戏就有十几出，情节精彩，戏剧性强，大家都很爱看。

小　龙：这么做肯定有利于经典曲目的传播。

老　师：没错。折子戏最早出现在昆曲中，后来逐渐被京剧等其他剧种采纳。折子戏的另一个特点是，角色分工更加明确，而且演员表演程式化。

大　卫：什么是程式化呢？

老　师：程式化就是把戏剧中角色的服装、道具、化妆、动作和唱腔等规范化，比如说杜丽娘这个角色，怎样走步，怎样抬手，都得按规矩来。

大　卫：老师，杜丽娘太漂亮了，我喜欢这个角色。昆曲是不是和京剧一样也有各种行当？扮演杜丽娘的是哪个行当？能给我们讲讲吗？

老　师：没问题。扮演杜丽娘的这个行当叫闺门旦。

4

闺门旦

小　龙：我知道戏曲表演一般分为生、旦、净、丑四行，每行还有细分。大多数女性角色属于旦行，对吧，老师？

老　师：对，此外还有少量属于丑行。昆曲里除了生、旦、净、丑，还保留了另外一个行当——末。这个行当在有些剧种里已经和生行合并了。

大　卫：末行是什么？

老　师：实际上就是扮演中老年男性的行当，特点是蓄胡须，带髯口，很好辨认。昆曲行当还做了进一步细分，生、旦、净、末、丑可以细分出二十多个不同的人物类型，叫家门。闺门旦是旦行的一个家门。

大　卫：京剧里没有闺门旦吧？

老　师：是的。闺门旦是昆曲旦行中的一个细分，与京剧中的青衣或花旦相似，但又不完全一样。

大　卫：那闺门旦就是扮演杜丽娘这类年轻女性吗？

老　师：是的。以前闺门指女子居住的内室，而闺门旦主要扮演年轻女性。她们一般都是爱情故事的女主角，性格比较

闺门旦

腼腆，妆容秀丽，衣着华美。

小　龙：要体现出年轻女性的性格特点，闺门旦在表演上有什么
　　　　具体的要求呢？

老　师：闺门旦扮演青春靓丽的年轻女性，首先要求嗓音清丽圆
　　　　润、唱念细腻。应该说，闺门旦最能体现昆曲水磨腔的
　　　　特色。

大　卫：除了唱腔，表演上有什么特色呢？

老　师：闺门旦不仅重唱，还重做。我们刚才看到的杜丽娘，是
　　　　不是台步轻盈、身段优美、表演含蓄？

大　卫：还真是。我喜欢她甩长长的袖子，一甩一收，特别美。

小　龙：那叫水袖。戏曲服装中的蟒袍、褶子等多在袖口上缝有
　　　　一段白绸，甩动时形似水波，所以叫水袖。我也喜欢杜
　　　　丽娘舞的水袖，行云流水一般。

老　师：小龙解释得非常准确。利用水袖的舞动，演员可以增加
　　　　形象的美感，丰富剧中人物的情感表现。

大　卫：确实很美，像舞蹈表演一样。

老　师：水袖的确来自古代舞蹈，相传源于汉代，盛行于唐代。

大　卫：甩袖子应该不那么难吧。不就使劲甩一下，再收回来吗？

老　师：可不像你看到的那么简单，它可是闺门旦的基本功之一。
　　　　演员在表演时，水袖必须收放自如，舞动轻盈，这里面
　　　　技术含量很高，是昆曲里水袖的程式有数百种，比如抖
　　　　袖、翻袖、扬袖等等。每一种方法又有更细的分类，比
　　　　如抖袖又分双抖袖和单抖袖两种。

小　龙：老师，我也注意到杜丽娘的抖袖动作有好几种，不同的
　　　　抖袖动作含义不一样，对吧？

老　师：是的。比如，《游园·惊梦》里杜丽娘的双抖袖动作，
　　　　她左右手先后分别抖袖，表示她心绪烦乱。此外，还有
　　　　杜丽娘的扬袖动作。在梦中，杜丽娘和柳梦梅把水袖轻
　　　　轻扬起，互相搭在一起，表达的是两人喜悦相拥。

小　龙：就相当于现代人的拥抱吧？

大　卫：为什么不直接拥抱呢？

小　龙：大卫，这你就不懂了。在古代中国，如果不是夫妻，身
　　　　体是不能亲密接触的，两人相拥不符合中国传统礼法。

大　卫：哈哈，那水袖可以解决这个问题了。我明白了，同样是水袖，不同的动作可以表达不同的情感。

老　师：是的，了解这些程式有助于欣赏剧情。了解多了，就会看得更明白。

小　龙：老师，我刚才注意到，杜丽娘的手势动作也很多，她一翘兰花指，特别娇媚。

老　师：是啊，闺门旦的手势很丰富，同样可以用来表达不同的情感。兰花指是闺门旦最常用的手势。你们看，就像这样，大拇指捏住中指的最后一个指节，其余三个手指上翘。

大卫和小龙试着练习兰花指，发现做一个漂亮的兰花指很不容易。

大　卫：老师，您看，是这样吗？

老　师：对的。

小　龙：这个兰花指看起来很柔美，但还挺费力的呢。

老　师：是的。这个手势看上去很柔软，但实际上食指、手腕和手臂都要用力。兰花指是中国舞蹈和戏曲中特有的一种基本手型，可以演变出多种不同的翘法，有的难度非常大。

小　龙：没想到兰花指有这么多讲究。

老　师：兰花指的角度可以不同，出手的动作也有快有慢。

大 卫：兰花指有什么功能呢？

老 师：兰花指的功能很多，可以指物，也可以持物，造型又因
　　　　所持物品不同而有所区别。比如，持剑的兰花指和拿扇
　　　　的兰花指就不一样。光是拿扇这个动作就有不同的程
　　　　式，有正着拿、侧着拿、反着拿等等。更重要的是兰花
　　　　指要和眼神配合好。一般来说，眼神必须随着手指的移
　　　　动而转向。

小 龙：就是戏曲里强调的手眼一致吗？

老 师：没错。这些表演细节不仅能体现角色的形体美，更能表
　　　　现其内心世界。和水袖一样，兰花指有独特的传统审美
　　　　特征。

大 卫：中国戏曲和我常看的歌剧、话剧很不一样。话剧是以说
　　　　为主，歌剧是以唱为主，而昆曲既要说，也要唱，表演
　　　　还要美。

老 师：你说的非常对。表演是昆曲的重要组成部分。水袖和兰
　　　　花指都是闺门旦表演的重要基本功。

小 龙：老师，京剧和昆曲都很强调程式化。程式化为什么这么
　　　　重要？

老 师：程式化是中国戏曲的重要特征之一。它的重要性主要有
　　　　三点：第一，程式本身经过抽象和凝练，最能表现某一
　　　　类人物或情境特征；第二，程式化在表演者和观众之间

　　　　建立了一套稳定的、便于解码的符号系统。

小　龙：程式化有利于观众的欣赏，观众从程式来判断演员表演
　　　　得精彩不精彩。

大　卫：那第三点呢？

老　师：第三点是便于传承，有利于师傅传授和徒弟学习，便于
　　　　演员钻研这类角色的表演特征。昆曲每一种家门，或者
　　　　说每一个具体的角色，在表演上都有程式规范。

大　卫：老师，除了闺门旦，昆曲的其他行当在表演上又有什么
　　　　特点呢？比如刚才戏里的那个男主人公柳梦梅。

老　师：问得好。我们再说说柳梦梅这个角色所属的家门。

5

巾生

老　师：小龙，知道柳梦梅这个角色属于哪个行当吗？

小　龙：我想想。生、旦、净、末、丑，应该属于生行吧。我记得京剧里男性角色按年纪又可以分为老生和小生，他应该是小生。

老　师：没错。不过，昆曲里生行分得更细。扮演柳梦梅这样书生角色的小生叫巾生。

大　卫：老师，我有个问题，什么是书生？是读书的小生吗？为什么扮演书生的叫巾生呢？

老　师：书生是古代对那些尚未参加科举，并且未获得功名的年轻读书人的称呼，和演员行当没有关系。至于巾生，你们还记不记得柳梦梅头上戴着一顶帽子？那种帽子叫软巾，也叫方巾，是书生特有的装扮，书生戴头巾就称作巾生了。昆曲很多戏是以男女爱情故事为主线，男主角一般是书生，女主角是小姐。

小　龙：那巾生有什么特色呢，比如说唱腔方面？

老　师：和京剧一样，昆曲唱腔可以准确表达人物个性。昆曲故事里的青年书生年轻有活力，向往爱情，他的唱腔要清亮甜润。

小　龙：我印象中，柳梦梅手里拿着一把折扇，一招一式，很有书卷气，和他的唱腔搭配起来，儒雅潇洒。

老　师：对啊，折扇可以说是巾生表演的主要道具。昆曲里巾生扮演的角色大多是青年书生，一把折扇有助于凸显读书人的文雅气质。我们也把拿扇子的巾生称为"扇子生"。

巾生

小　龙：手拿扇子的小生，这个好理解。

大　卫：老师，我注意到杜丽娘手里也拿折扇啊。

老　师：大卫观察得很仔细。折扇是古代文人雅士喜爱的物件。昆曲中，不光巾生，一些女性角色也会用到折扇。杜丽娘是有文化修养的大家闺秀，拿折扇符合她的形象，不过巾生使用折扇更多一些。

小　龙：那折扇有哪些基本功要掌握呢？

老　师：借助一把扇子，可以做出多种动作，反映人物在不同的情境下特定的心情和状态。生、旦、净、末、丑，各个行当都有用扇子表演的程式和技巧。小生的扇子可以表现潇洒；旦角用扇子能表示捕蝶、望月；扇子能给净角添其威武；丑角的扇子可以让他的表演更显滑稽。

小　龙：这个扇子真是个万能的道具。

老　师：你说的太对了。戏曲表演中的扇子确实被称为"万能道具"。扇子功要求干净利索，表达准确，符合角色特点。比如说巾生用折扇轻轻敲打自己的头，表示在思考问题。这个动作很简单，但表演起来要端端正正，温文尔雅。

大　卫：看来巾生的表演就是要表现他的文雅和潇洒。老师，您能不能再给我们介绍一些其他家门呀？

老　师：可以呀。那我们就说说大面和小丑吧。

6

大面

小　龙：老师，从名称上来看，小丑肯定是丑行，但大面是指什么呢？

老　师：从行当上讲，大面属于净行，俗称大花面。昆曲净行里不仅有大面，还有白面。

小　龙：大面、白面，听上去好像是根据角色的面部造型划分的。

大　卫：白面？是不是涂着白色脸谱的角色？

老　师：对，就是涂着白色脸谱，白面一般扮演像奸臣之类的坏人。

小　龙：那大面是不是很像京剧里的大花脸呀？

大　卫：我特别喜欢大花脸的脸谱。

老　师：的确比较像。说说看，你们知道哪些人物是由大花脸扮演的？

小　龙：有红脸的关公、黑脸的张飞。他们不仅面部化妆个性突出，表情也很夸张，比如说关公，生气时用力皱眉，眼睛睁得很大。

大　卫：老师，那昆曲也和京剧一样，用脸谱表现人物性格吗？

大面

张飞三笑

老　师：是的。脸谱本身就起源于昆曲，不同颜色的脸谱突出角
　　　　色的身份和性格。脸谱的魅力就在于以形写神，你们应
　　　　该知道，脸谱上的色彩都有特定含义。

大　卫：这个龙爷爷和我们讲过，红色脸谱代表忠义正直，一般
　　　　扮演忠臣、帝王，黑色脸谱的角色威武勇猛，一般是英
　　　　雄好汉。

老　师：大卫说得很对。一看脸就知道这是个什么角色。

小　龙：老师，昆曲里大面的脸谱也以红、黑两色为主吗？

老　师：是的，不过也有其他颜色。比如《牡丹亭》有一出戏叫
　　　　《冥判》，里面有个地府判官的角色，叫胡判官，也属
　　　　于大面。为了突出地府判官的形象，营造恐怖气氛，这
　　　　个脸谱就用了绿、紫等颜色。

大　卫：嗯，在脸上画上这些颜色确实很可怕。老师，除了脸谱
　　　　造型，大面在扮相上还有什么其他特点吗？

老　师：当然有。大面另一个突出的形象特点是戴髯口，也就是
　　　　假须。昆曲表演里的髯口多达十几种，最长的叫满髯，
　　　　须长及胸。

大　卫：这胡子可真够长！

髯口

小　龙：髯口这个道具在表演时有什么特殊作用呢？

老　师：作用还很多呢，演大面要会耍髯口。借助各种髯口动作，可以展现人物的情绪。比如唱念时，可以配合声腔、念白甩动髯口，更好地表现喜、怒、哀、乐各种情绪。

大　卫：这和京剧里大花脸的形象挺像。

老　师：昆曲里的大面涂着花脸，留着髯口，身段动作幅度很大，走起路来步子稳健，不像巾生那样轻手轻脚，文质彬彬。大面的唱腔粗犷洪亮、铿锵有力。

大　卫：有机会一定要欣赏一下。

7

小丑

大　卫：老师，您再给我们讲讲小丑吧。

老　师：没问题。小丑主要扮演一些市井小人物，像酒保、店小
　　　　二这样的角色。

大　卫：小丑都是当配角吧？

老　师：也不一定。可不要小看小丑。实际上，昆曲里有不少以
　　　　小丑为主的折子戏。比如，《牡丹亭》中有一出《问
　　　　路》的戏，主角就是小丑。

小　龙：《问路》演的是哪一段啊？

老　师：《问路》的故事情节很简单，主要是由一个叫癞头鼋的
　　　　孩子讲述自己如何帮助柳梦梅掘墓，之后被捕受刑，最
　　　　后又逃脱的故事。

大　卫：那扮演这个癞头鼋的应该是很滑稽的吧？

老　师：是的。小丑动作麻利滑稽，身段灵巧，而且模仿能力很
　　　　强。比如，在这出戏里，癞头鼋叙述时一会儿模仿公
　　　　差，一会儿模仿判官，甚至还模仿柳梦梅和杜丽娘。

小　龙：听起来小丑是十项全能啊。

小丑

老　师：没错。昆曲中的丑行，有不可替代的作用，正所谓"无丑不成戏"。

大　卫：听龙爷爷说，丑角扮演的虽然是小人物，但都特别受欢迎。

老　师：是的，丑角一般扮演的是插科打诨、滑稽幽默的喜剧角色，无论扮相、身段，还是唱腔、动作，都别具一格。这类角色大多幽默率真，有正义感。

大　卫：丑角是不是也有细分呀？

老　师：有呀。除了小丑，另一个丑行叫副丑。

大　卫：副丑和小丑有什么区别呢？

老　师：从角色扮演上来说，小丑一般扮的是好人，副丑演的是坏人。

小　龙：那脸谱有区分吗？

老　师：有的。丑角都会在脸上涂白块，小丑和副丑的区别在于白块的大小不同。小丑脸上的白块较小，只从鼻梁勾到两眼中间，而副丑的白块则会涂到眼梢，面积较大。

大　卫：这样画的话，一看就知道谁是好人，谁是坏人。

老　师：是的。对了，我这里有《问路》的演出录像，你们感兴趣的话，我可以发送给你们，回去找时间好好看看。

大　卫：好的，谢谢老师！

小　龙：晚上我们一定认真看，等明天给您汇报，看看我们理解得对不对。

老　师：好的，明天我们聊聊表演的基本功和音乐知识。

8

四功五法

第二天一早，小龙和大卫如约来到昆曲老师办公室，听她讲解昆曲表演的基本功和音乐知识。

大　卫：老师，早上好。昨晚我和小龙一起观看了《问路》。那个小丑表演得太出彩了。

小　龙：尤其是他的身段非常有特色，一出戏里一直弯膝下蹲扮演小孩，还经常踮脚快走，既敏捷又滑稽。

老　师：看来你们抓住重点了。那是丑角的矮子功，是靠天天苦练才练就的功夫。

大　卫：我试了一下，根本没法蹲着走路，看来演员真的很有功夫呢。

小　龙：那当然了，"台上一分钟，台下十年功"嘛。

老　师：我们今天就来聊聊昆曲的基本功——四功五法。

小　龙：昆曲也有四功五法？是不是和京剧的一样，也是唱、念、做、打？

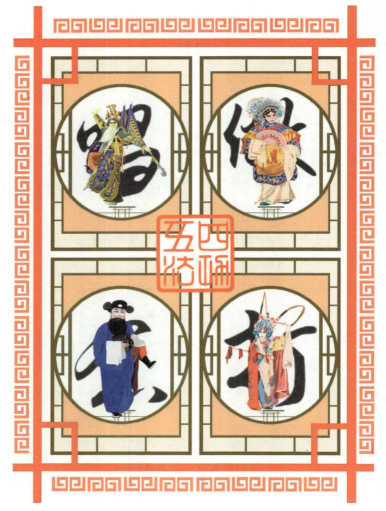

四功五法

老　师：对，叫法上是一样的。中国传统戏曲都讲究四功，只是不同剧种的四功各有重点和特色。我们先说说昆曲的"唱"功吧。

大　卫：噢，那就是水磨年糕腔了！

小　龙：哈哈，大卫，那是水磨腔。

老　师：在昆曲表演中，除了要严格遵循依字行腔的唱法，还要求字清腔纯，也就是说要启口轻圆、收音纯细。这种唱腔非常细腻，令人回味，如同细细打磨年糕的感觉。

小　龙：嗯，那一定得刻苦训练吧。

老　师：对，尤其是以唱功见长的闺门旦和巾生必须刻苦训练，才能有扎实的唱功。再说说"念"功。"念"也叫念白，与"唱"相互补充，要求吐字清晰准确。

小　龙：这个我知道一点儿。京剧里的念白，和我们平常说话不一样，得有一定的韵律节奏。

老　师：是的，像昆曲丑角的重头戏就是念白。行话里"千斤念白四两唱"，说的就是丑角在舞台上高超的语言能力。丑角有一套自身特色的念白，比如"自报家门""报菜谱""绕口令"。这些都是丑角常用的，说起来得清爽明快、干净利落。

大　卫：《问路》里的小丑说话，虽然我听不太懂，但特别有韵律感和节奏美。

老　师：他们幽默风趣，常常反话正说，正话反说，给观众带来无穷的乐趣。

小　龙：怪不得大家爱看小丑表演呢。老师，昆曲和京剧的念白
　　　　有没有不一样的地方？

老　师：有啊。比起京剧来，昆曲中的念白所使用的语言更多元
　　　　一些，有时会用到苏州方言，叫"苏白"，有时采用中
　　　　州韵。

大　卫：中州韵？中州是哪里？

小　龙：老师，"中州"应该是古代的叫法，指现在的河南地区，
　　　　对吧？

老　师：对。我之前讲过，昆曲的声腔最初采用的是昆山方言，
　　　　这就限制了它的传播范围。后来，魏良辅结合中州方
　　　　言，也就是当时的官话，在原先昆山腔的基础上进行革
　　　　新，创造出中州韵。

大　卫：中州韵有什么特点呢？

老　师：中州韵以北方话为基础，读音抑扬顿挫，节奏感很强，
　　　　后来被许多传统戏曲采用。

小　龙：哦，原来是这样。把中州韵引入昆曲，懂的人多了，昆
　　　　曲也就普及开了。

老　师：是啊。除了苏白和中州韵，有时根据角色需要，昆曲念
　　　　白还会用到北京方言，称为"京白"。以后有机会你们
　　　　可以欣赏一下昆曲的另一部经典作品《长生殿》。那里
　　　　面高力士用的就是京白。

大　卫：原来念也是要有功夫的呀。老师，那"打"是指真功夫
　　　　了吧？

老　师：是的，"打"就是指武功。有些昆曲剧目里面有不少翻
　　　　跟头、对打等武打动作。

小　龙：那"做"功是身段动作了？

老　师：是的，"做"功也很看演员的功夫。比如《问路》里的
　　　　小丑矮子功、《游园》里杜丽娘的水袖、《惊梦》里柳
　　　　梦梅的台步，还有大面的髯口功等，都是这些家门的代
　　　　表性"做"功。

小　龙：老师，和京剧相比，昆曲的"做"功有什么特色？

老　师：昆曲演员表演时特别强调动作的协调美，也就是说，
　　　　"做"功要与人物的身份、个性、情感相吻合。另外，
　　　　经多年演变，昆曲的唱、念、做始终体现婉转柔美的风
　　　　格，这是它的最大特色，所以有"昆曲无它，唯一美
　　　　字"的说法。

大　卫：老师，我明白了，昆曲最大的特点就是"美"。那昆曲
　　　　的"五法"也是为了演员演得美，对吧？

小　龙："五法"应该是对表演的具体要求吧？

老　师：是的，是为了演得美的具体要求。但关于"五法"的具
　　　　体说法不一，一直都没有定论。

大　卫：京剧老师说，不同的说法中都提到了"手""眼"
　　　　"身""步"？

老　师：是的，"手""眼""身""步"需要协调统一，那就是"法"。

小　龙：我明白了。老师，您也认为"五法"是"手""眼""身""步""法"？

老　师：是的，我觉得这样解释比较合理。比如在唱的时候，要兼顾手势、眼神、身段和台步。

大　卫：老师，请您再具体说一说"手""眼""身""步"。

老　师：好，我们先讲讲"手"吧。"手"就是手势指法，比如我们之前看过的兰花指。

大　卫：我喜欢杜丽娘的兰花指，好美呀。

老　师：兰花指的确是旦角的典型指法，不过这可不是女性角色专用的。

大　卫：难道男生也用兰花指？

老　师：是的。它是生、旦常用指法。《牡丹亭》里柳梦梅也用兰花指。男性角色的兰花指，往往是为了表现儒雅的气质。

大　卫：啊，我以为只有旦角才用这么妩媚的手势。长见识了。

小　龙：老师，我有个问题。不同类型的角色表示相同意思时，指法的规范要求是不一样的吧？

老　师：对。比如伸手示意时，文人角色会用单指，武将则用双指。

大　卫：手势和眼神要配合协调，是吧？

老　师：说得对，眼神非常重要。表演时眼神要跟着手势走，做到眼随手走，身心合一。而且眼睛本身的戏就很重要。我们有句行话，叫"一脸之戏在于眼"。昆曲要求演员训练多种眼神，充分表现喜、怒、悲、哀、惧、恐、惊等不同情绪。

小　龙："手"和"眼"应该是细致的表演，不同家门中的"身"和"步"在程式规范上差异更明显吧？

老　师：确实如此。"身"是指形体动作，"步"是台步。昆曲表演中各个行当对于形体动作和台步都有具体的程式规范。

大　卫：都有哪些要求呢？

老　师：比如，武生应该身姿矫健，年轻的旦角必须婀娜多姿。这意味着演员在打好基本功的前提下，要用心揣摩角色差异，才能在舞台上成功地塑造鲜活的人物形象。

小　龙：昆曲的台步有什么要求呢？

老　师：不同人物有不同的步法，比如武生的步伐肯定要比小生的大；同一个人物在不同心境下步法也会有明显差异，比如，忧心忡忡时步子会变得细碎凌乱。

大　卫：老师，听您这么一讲，我就清楚多了。下次看戏时我一定会多多留意演员的"四功五法"。

老　师：很好。"四功五法"是中国传统戏曲表演的纲领性要求。

不同剧种在表演特点上既有共性，也有不同。这方面你
们还需要多多看戏，慢慢体会。接下来，我们来了解一
下昆曲的乐曲常识。

小　龙：我觉得音乐是戏曲中最难懂的一部分，我就分不清京剧
里的"西皮"和"二黄"。

老　师：理解戏曲中的乐曲需要有一定的音乐常识，而且要坚持
长期听、反复琢磨，才能欣赏它的美，理解其中的喜怒
哀乐。昆曲的乐曲和京剧不一样，有自己独到的特色。

9

曲牌

老　师：同一部戏可以反复表演，而又不乏新意，很大程度上得
　　　　益于昆曲的乐曲。

大　卫：昆曲乐曲的最大特点是什么？

老　师：是曲牌，这是昆曲的乐曲常识中最基本的概念。

小　龙：曲牌？我记得在中学语文课上学过，但记不太清楚了。

老　师：曲牌可以简单地理解为"曲子"，是由词牌演变而
　　　　来的。

小　龙：我知道词牌，那是古代诗歌创作的一种形式，根据不同
　　　　词牌规定的字数和音律，可以填写一首新的词。

老　师：曲牌的功能也一样。在昆曲里，每一个曲牌实际上就是
　　　　一首乐曲，有一套相对固定的曲调。

小　龙：那诗歌的词牌和昆曲的曲牌有什么关系呢？

老　师：这个问题问得好。在我国古代，诗歌创作和音乐创作经
　　　　常不分家，一直都有"曲乐以定词""选词以配乐"的
　　　　艺术创作传统。词牌原来都是可以演唱的，后来有的词
　　　　牌则演变成为曲牌。曲牌是昆曲的基本演唱单位，有

《牡丹亭》曲牌

2000多个，不过常用的只有400多个。

大　卫：那也很多了。

小　龙：是不是说，昆曲演员在演唱时，不能随意发挥，而是要依照一定的曲调？

老　师：对，这种用来唱词的曲牌称为唱腔曲牌。比如《游园·惊梦》中的【皂罗袍】就是大家熟悉的唱腔曲牌。除了用来给唱词定调，曲牌还可以展示环境，烘托气氛，衬托念白，比如"混牌子""清牌子""干牌子"，这些曲牌有各自不同的功能。

大　卫：混牌子和清牌子有什么功能呢？

老　师：混牌子适合表现热烈宏大的场面，通过和唱腔配合，能够加强力度，加快节奏。

小　龙：清牌子应该多用于营造舒缓平和的场景吧？

老　师：没错。清牌子的特点是悠扬雅致，主要用于宴会、乐舞和迎送等场合。《游园·惊梦》中柳梦梅和杜丽娘梦中相会的场景，用到的正是清牌子【万年欢】。

小　龙：那这些曲牌用的主奏乐器也不一样吧？

老　师：当然，比如混牌子的主奏乐器有唢呐、锣鼓等。

大　卫：那干牌子是什么曲牌？

老　师：干牌子也叫"干念牌子"，是专门用来衬托念词节奏的曲牌。

大　卫：明白了。

老　师：对。这种曲牌只用锣鼓等打击乐器演奏，常用在赶路和战场打斗情节中，锣鼓点可以配合演员的动作，营造紧张的气氛。

小　龙：密集的锣鼓点确实会给人紧张的感觉。

老　师：中国戏曲离不开锣鼓点。

小　龙：那昆曲的音乐也是程式化的吗？

老　师：对，也是严格的程式化组合。昆曲的音乐结构是组曲，也就是说，一折戏里，往往需要若干曲牌按照一定次序组合起来，而宫调就是调动这些曲牌的依据。

10

宫调

小　龙: 老师，您说的宫调就是昆曲的音乐旋律吧？

老　师: 可以这么理解。宫调涉及乐曲的音阶和音高两个基本要素。

小　龙: 音阶我知道，就是"宫、商、角、徵、羽"。

老　师: 你说的这种五声音阶常见于南曲，北曲中则多了"变徵、变宫"两个音阶。

大　卫: 那音高呢？

老　师: 昆曲用的是中国传统音乐中的十二律音高体系，就是按特定分法将一个八度分为十二个音，相邻两律之间是半音关系。

小　龙: 这样看来，宫调其实相当于现代音乐的各种调，比如A调、C调、G调。

老　师: 是的。宫调通过限定乐曲的音高，来确立一出戏的音乐色彩。每种宫调都有大致的情感倾向，有的清新飘逸，有的伤感悲切。

大　卫: 老师，您可以举个例子吗？

宫调

老　师：比如说，商调一般用来表达哀怨的情感。《游园》这出
　　　　戏中，曲牌【皂罗袍】的宫调就是商调，用在这里非常
　　　　符合杜丽娘伤春的情绪。

小　龙：那宫调和曲牌是什么关系呢？

老　师：这么说吧，一部戏往往包含不同的宫调组合，在同一宫
　　　　调下，若干个曲牌可以连缀成一个套曲。也就是说，需
　　　　要结合剧情发展合理安排一套曲牌。

小　龙：就是说，若干个套曲可以组合成一部完整的戏。

老　师：是的，我们通常所说的"曲牌联套"，是昆曲独特的音
　　　　乐结构，需要北曲和南曲组合成套。

11

南北合套

大　卫：老师，您刚刚提到的北曲和南曲有什么不同呢？

老　师：确切地说，北曲流行于北方中原地区，南曲流行于长江
　　　　以南地区。两者最明显的差异体现在曲调上，北曲采用
　　　　七声音阶，而南曲采用五声音阶。整体而言，北曲雄放
　　　　粗犷，南曲温婉细腻。

小　龙：北曲、南曲的风格不一样。

老　师：没错。北曲的节奏比较明快，旋律高亢。南曲则相反，
　　　　节奏缓慢，旋律悠扬。就每折戏而言，北曲的一折戏里
　　　　往往使用同一个宫调，非常严谨；南曲的一折戏里可能
　　　　使用多个宫调，随剧情的转变而转换宫调。

小　龙：老师，您讲过，改良后的昆曲集合了南北曲不同的声
　　　　腔。曲牌联套是昆曲的基本音乐结构。那就是说，在一
　　　　部戏里既有南曲又有北曲？

老　师：是的。昆曲中典型的联套结构就是南北合套。也就是
　　　　说，由音律相互和谐的南曲和北曲联合组成套曲，交替
　　　　演奏，规律性很强。

南北合套

小　龙：这样就形成了一种新的音乐风格，既有南曲的婉约，又有北曲的激昂。

老　师：小龙总结得不错。南北合套见证了历史上南北戏曲音乐的交流融通。南北合套的目的在于通过音律变化突出人物性格、凸显戏剧冲突。

大　卫：明白了，老师。那南北合套有什么具体的表现形式？

老　师：比较传统的形式是一北一南依次组合，穿插使用，但选用的曲牌必须是同一宫调。

小　龙：这里面有什么规范要求呢？

老　师：在一出合套的折子戏里，主角一般唱北曲，南曲则可以根据情节需要分配给不同的配角。

大　卫：老师，您能举个例子吗？

老　师：比如《长生殿》的《絮阁》一出戏，采用的就是南北合套形式，女主角杨贵妃主唱【醉花阴】全套北曲，唐明皇、高力士等其他角色唱南曲【画眉序】。

大　卫：那有没有以南曲为主唱的南北合套方式呢？

老　师：这在传统昆曲里很少见。

大　卫：那南北合套是不是有很多种呢？

老　师：不多。流传下来的有十多种，但常用的只有五六种。南北合套可以根据剧情做出合理的音律变通，从而凸显人物性格，烘托角色情感。

小　龙：看来这里面也是有严格规范的。

老　师：是的。

12

工尺谱

昆曲老师拿出几张谱纸，大卫和小龙对上面的标记方法很好奇。

老　师：要深入了解昆曲，还得认识昆曲的记谱方式。

小　龙：老师，这是昆曲的谱纸吗？怎么都是文字呢？

老　师：这是中国音乐的传统记谱方式，叫"工尺谱"。

大　卫：小龙，你看右边这些斜着写的小字，里面真有好多个"工"字和"尺"字呢。

老　师：不错，大卫观察得很仔细。这就是人们称它"工尺谱"的原因。

大　卫：这些小字有什么作用呢？

老　师：你们再仔细看看，这里除了"工"和"尺"，还有"上""凡""六""五""乙"这几个字。这些字用来标注主干音的音高。左边和它们对应的这些大字，就是唱词。

工尺谱

小　龙：只标主干音吗？那就是说昆曲演员演唱时可以根据个人
　　　　条件进行发挥，对吗？

大　卫：只有主干音没法唱呀，唱歌得知道每个音的准确位置才
　　　　行呢。

老　师：你俩说的都对。工尺谱中的"上、尺、工、凡、六、
　　　　五、乙"，相当于简谱中的"do、re、mi、fa、sol、la、
　　　　si"，但不同的是，工尺谱没有把演唱的每个音都标出
　　　　来。中国戏曲最原始的教唱方法是口传心授，年轻演员
　　　　得跟着师傅一字一句地学唱。

小　龙：那有曲谱比口传心授是进了一步呀。

老　师：是的，工尺谱是学唱昆曲必不可少的记谱工具。中国其
　　　　他传统音乐的记录也是使用相似的文字谱，比如古琴用
　　　　的减字谱。

大　卫：这种记谱方式很古老吧？

老　师：它的确历史悠久。工尺谱的源头距今已有1000多年。
　　　　400多年前的明朝是昆曲发展的鼎盛时期，但实际上，
　　　　我们现在看到的工尺谱，300多年前在清朝才广泛用于
　　　　戏曲当中。

小　龙：为什么明朝时没有普遍使用工尺谱呢？

老　师：说来话长。在明代，文人、士大夫阶层流行在自己家里
　　　　养戏班，叫"家班"，那时候有家班才显得很富有，才
　　　　是真正的贵族生活。而且很多文人墨客直接参与昆曲的

创作。他们非常熟悉文字的平仄格律，对工尺谱的依赖并不强。

小　龙：那为什么到了清朝工尺谱开始广泛应用了呢？

老　师：到了清朝，政府不允许文人、士大夫养家班，很多文人墨客也不再主导戏班里的昆腔创作。原先的家班，慢慢演变为独立营业的专业戏班。戏班里的演员一般没有文人那么好的学问，不会进行昆腔创作，只能学唱原有的唱腔。

小　龙：那就是说，需要借助工尺谱来记录和传唱昆曲的唱腔和曲调了，是吗？

老　师：是的，所以工尺谱的广泛应用和昆曲的昌盛程度并不是同步的。

板眼

大　卫：老师，您看，工尺谱上有的小字右上角还有些奇怪的符
　　　　号，它们表示什么意思呢？

老　师：这些是板眼符号，用来标记音长和节奏。其中，"×"
　　　　和"、"代表板位，"."和"。"代表眼位。

小　龙：这是不是类似于简谱中的节拍？

老　师：对，只不过叫法不同。"板"和"眼"是中国传统戏曲
　　　　术语，相当于现代音乐中的强拍和弱拍。

小　龙：昆曲中一般用什么乐器来控制节拍？

老　师：用檀板和皮鼓。打檀板表示强拍，敲单皮鼓表示次强
　　　　拍、弱拍。关于这个"板眼"，还有很多成语呢，你们
　　　　知道吗？

小　龙：我想想，"一板一眼"和"有板有眼"。

大　卫：这两个成语是什么意思啊？

小　龙：前一个是说一个人做事非常认真，或者还有点儿刻板，
　　　　不太灵活。

老　师：对。"有板有眼"指的是曲调唱腔符合节拍、富于节
　　　　奏，可以用来形容一个人说话做事井井有条。这两个成
　　　　语表明戏曲文化已经融入人们的日常生活。

小　龙：老师，在昆曲表演中，应该会有一些常见的板眼节
　　　　奏吧？

老　师：当然。常见的板眼节奏有"一板一眼""一板三眼""有
　　　　板无眼""无板无眼"，分别与简谱中的拍子相对应。

大　卫：这么多"板眼"啊。

小　龙："一板一眼"对应的是哪种拍子呢？

老　师："一板一眼"相当于简谱中的2/4拍。用"一板一眼"

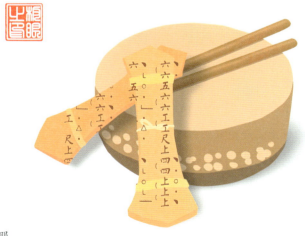

板眼

这种节拍的曲子旋律简洁明快。

小　龙：这和京剧中的"原板"一样，"原板"也相当于2/4
　　　　拍。那"一板三眼"呢？

老　师："一板三眼"又称"慢三眼"，相当于简谱中的4/4拍。

大　卫：这个节奏舒缓优美。

老　师：是的，"一板三眼"的乐曲旋律节奏舒缓、婉转缠绵，
　　　　通常用于抒情曲目。像《游园》中的【皂罗袍】就用了
　　　　"一板三眼"，细腻地表达主人公杜丽娘的伤春自怜。

小　龙："有板无眼"又是什么呢？

老　师："有板无眼"又叫"流水板"，相当于简谱中的1/4拍。
　　　　这种拍子每小节只有一拍，而且是强拍，节奏短促。这
　　　　种节奏在昆曲里通常表现情况紧急。

大　卫：那"无板无眼"是什么？既没板也没眼，那不就没节奏
　　　　了吗？

老　师：嗯，实际上这是一种自由节拍形式。演唱这类曲子时，
　　　　节奏自由。不过，这可不是说你想怎么唱就怎么唱。每
　　　　个乐音的长短、节拍的强弱，还要取决于演唱时要表达
　　　　的情感。一些需要表达激动情绪的戏往往要用到"无板
　　　　无眼"，便于演员自由发挥。

大　卫：看来每个板式都和特定的乐曲风格有关。

老　师：是的，了解板眼是识唱工尺谱的基础之一。下面我们再
　　　　来认识一下昆曲演奏用的主要乐器。

14

曲笛

老师放了一段昆曲音乐，然后问小龙和大卫。

老　师：你们能听出来这里面的主要乐器是什么吗？

大　卫：老师，是笛子吗？

老　师：确切说，这种笛子叫曲笛，是昆曲的主要伴奏乐器。

大　卫：曲笛和一般的笛子有什么不同呢？

老　师：曲笛的管身要粗一些，演奏起来声音更圆润。

小　龙：那该不会是因为常用在昆曲伴奏里，才叫曲笛的吧？

老　师：你猜对了。曲笛在音色、音域上能很好地配合昆曲演唱。
　　　　也正是这个原因，曲笛成为昆曲中最重要的伴奏乐器。

大　卫：曲笛演奏的特点是什么？

老　师：你们还记得昆曲"依字行腔"的唱腔特点吗？其实曲笛
　　　　伴奏也有"依字行腔"的特点。

小　龙：音乐伴奏怎么能做到"依字行腔"呢？

曲笛

老　师：从演奏效果来看，笛师与演唱者得保持相同的步调，呼吸停顿要一致，保证伴奏与唱腔旋律完全贴合。笛师除了要掌握"依字行腔"的演奏技巧，还要根据不同家门角色的演唱风格，演奏出不同的曲风。

大　卫：具体该怎么做呢？

老　师：比如，旦角的伴奏要求细腻温婉，生角的伴奏需要稳重平和，净角的伴奏应该粗犷有力，丑角的伴奏则要诙谐有趣。

大　卫：明白了，就是要和演唱者保持高度一致。

老　师：除了曲笛，昆曲还有其他伴奏乐器，比如曲弦和鼓板。今天没时间，留着以后慢慢了解吧。稍后我带你们去剧场转转，认识一下昆曲常用的乐器和服装道具。

大　卫：太好了！中国戏曲的服装很漂亮，我还喜欢看那些虚拟道具。

小　龙：大卫，说的很专业嘛。

大　卫：谢谢夸奖。我还要再努力学习。

15

砌末

老师带着小龙和大卫来到昆剧院的剧场，舞台上工作人员正在布置道具。

小　龙：老师，昆曲中的道具也叫"砌末"吗？

老　师：是的，和京剧里的叫法一样，也分为大砌末和小砌末。

砌末

大　卫：那它们怎么区分呢？

老　师：以道具的大小来区分。像这戏台上的桌椅，算是大砌末。有名的"一桌二椅"你们应该知道吧？

小　龙：嗯，知道，"一桌二椅"是中国戏曲中最经典的砌末。

老　师：那你来说说看，这一桌二椅有什么用途？

小　龙：听京剧老师讲，这桌子和椅子不仅仅表示桌椅，还是台上演员虚拟动作表演的重要道具。根据情节需要，一桌二椅可以用来表示很多不同的场景。

老　师：是的。那你举例来说一下吧。

一桌二椅

小　龙：好的。如果这两把椅子放到桌子后面，那一定是表现比
　　　　较庄重的场合，比如皇帝上朝。演员的表演就得让观众
　　　　感受到金銮殿的辉煌和上朝的庄严。

老　师：说得不错。简单的道具得靠演员的精湛表演，加上观众
　　　　的充分想象，才能生动地演绎各种故事。

大　卫：老师，那小砌末又有哪些呢？

老　师：小砌末用来辅助刻画人物形象，用得好的话，能鲜明地
　　　　表现人物的性格和情绪。比如《游园·惊梦》里杜丽娘
　　　　和丫鬟春香拿的扇子就是小砌末。

大　卫：对，我记得她们一个拿的是折扇，一个拿的是团扇，是
　　　　不是？

老　师：没错。道具安排上的细微差别体现的是两人身份的不同。

小　龙：杜丽娘是能写会画的官家小姐，所以拿折扇。

老　师：是的。折扇是表示身份的一种特殊道具，只有文人雅
　　　　士、夫人小姐才会手拿折扇。男子的折扇上常画水墨山
　　　　水或书法文字，女子的折扇上一般是花鸟图案。

大　卫：那团扇呢？

老　师：一般是性格活泼的丫鬟和年轻姑娘拿团扇。当然，团扇
　　　　也象征着团圆和吉祥。

小　龙：原来团扇还有这样的含义。在这个戏里的团扇是暗示杜
　　　　丽娘和柳梦梅能够终成眷属吧？

老　师：应该有这个意思。

16

穿关

看完舞台上的砌末，老师带小龙和大卫来到后台了解昆曲的戏服。

小　龙：老师，这些戏服好漂亮啊。

老　师：是啊，戏服是昆曲穿关的重要组成部分。

大　卫：穿关是什么意思?

老　师：穿关是传统说法，是指角色上场时穿戴的衣冠、髯口，还有手中拿的小道具和其他器械的说明。

小　龙：昆曲里的术语还真多。老师，您看这件戏服，可真气派！是蟒袍吧?

老　师：是的。确切地说，是十团龙老生蟒。

大　卫："十团龙"是指衣服上绣了十条龙吗?

老　师：没错。你们看，衣服的前后、两侧都绣有团龙图案，左右对称，共有十条。

大　卫：老师，我知道龙在中国文化中是权势和高贵的象征，这

穿关

件蟒袍应该也是有权有势的人才能穿吧？

老　师：当然了。在传统戏服中，"蟒"分男蟒和女蟒。男蟒是戏中帝王将相、文武百官的朝服，也是参加重大礼仪活动的礼服。女蟒则是后妃、女将等角色穿的朝服和礼服。

小　龙：这和京剧一样，地位尊贵的角色才能穿蟒袍。

老　师：你们看，这件十团龙老生蟒稳重大方，是老生扮演的文臣或武将穿的。

大　卫：戏服上有团龙的都是蟒服吗？

老　师：不一定。听说过帔吗？

小　龙：听说过，京剧里也有帔，是那种长领的对襟长袍，对吧？

老　师：是的。帔上也会绣团龙。你们知道蟒和帔的区别吗？

大　卫：知道，最明显的差异在领口上，蟒是圆领，帔是长领。团龙帔应该也是地位尊贵的人才能穿吧？

小　龙：记得京剧老师说，蟒是正式场合穿的，帔是非正式场合穿的。

老　师：对的。除了团龙，戏服常用的团形图案有团鹤、团花等。这些图案代表着人物不同的身份：团龙帔是皇帝在后宫穿的，官吏在府内穿团鹤帔，团花帔是退休官员的常服。

小　龙：看来，要知道角色的身份，还得关注戏服的纹样和颜色

呢。老师，您看，这件戏服上绣了凤凰，而且是长领，
应该是女性角色穿的帔吧？

老　师：是的。而且明黄色多为皇室成员专用，《长生殿》中女
　　　　主角杨贵妃就穿这件，她和男主角唐明皇穿的明黄团龙
　　　　帔合称黄对帔，算是昆曲里的情侣装。

大　卫：小龙，你看这件。这是《游园·惊梦》里杜丽娘穿的
　　　　帔吧？

老　师：是的。在《游园·惊梦》里，杜丽娘穿的就是闺门帔。

小　龙：老师，这么多戏服，平时就挂在后台吗？

老　师：不是的，平时这些戏服都收在衣箱中，刚才给你们介绍
　　　　的蟒和帔都收在大衣箱中。除了戏服，《牡丹亭》里用
　　　　到的折扇和团扇等文扮行当用的饰物配件也收在大衣箱
　　　　中。大衣箱是昆曲演出最重要的衣箱，专收文戏用的
　　　　服装。

小　龙：还有别的衣箱吗？

老　师：有啊，昆曲的戏服道具管理采取衣箱制，既方便携带，
　　　　也便于取用。昆曲演出共有六个衣箱。不同行当的戏服
　　　　道具收在特定的衣箱中，比如，巾生戴的方巾就收在盔
　　　　甲箱中。

大　卫：分得好细呀。老师，我不明白戏服为什么要放在衣箱
　　　　里。挂在后台或者用专门的衣帽间，取起来不更方

便吗？

老　师：是这样的，衣箱制是中国戏曲服装管理的一个传统。过去演戏要在不同的场地转换，这个星期在这个剧场演，下个星期可能就要去另外一个剧场，甚至去另外一个城市。戏服放在衣箱里，搬运起来方便。

大　卫：原来是这样。

老　师：嗯，而且，戏曲界服装穿戴的原则是"宁穿破，不穿错"。每个角色都有严格而具体的服装和饰品规定，程式化的装扮能够交代人物的社会地位和年龄身份，也能更精确地刻画人物性格。

大　卫：我觉得这个很有趣。中国戏曲和歌剧很不一样，舞台布景特别简单，象征性特强。戏服使用率很高，一类角色可以统一用某种服装，不用演一出戏，换一批服装。

老　师：大卫的这种比较很有意思。你们还记不记得《问路》里小丑癞头鼋的服装？

大　卫：记得，他好像穿了一件短上衣。

老　师：是的。小丑家门表现的是市井小人物，穿短衣符合他们的社会身份，而且这些角色动作幅度大，穿短衣也方便演员演出。

小　龙：没想到穿关也有这么多讲究。

老　师：还不止这些呢，服饰和表现人物角色的情感也有关系。你们还记得《游园·惊梦》里丫鬟春香在出场时穿的是什么颜色的衣服吗？

小　龙：好像是很亮的颜色，是红色吧？

老　师：没错。是红坎肩和蜜黄色绣花袄裤。色彩鲜艳的红色和黄色表现出春香的天真活泼。杜丽娘去世后，春香服装的颜色和纹样都发生了变化。

大　卫：换成什么颜色了？是黑色吗？

老　师：那倒不是。杜丽娘去世后，春香出场的服装就变成了灰蓝、银灰，纹样也换成了朴素的式样，这是为了表现她很伤心。

大　卫：哦，明白了。昆曲服装上的纹样和色彩也要配合剧情而变化。

老　师：没错。其实，昆曲里学问很多，这两天我们也只能先学习一些基础知识。

小　龙：是的，谢谢老师。我们以后要多接触不同的作品，深入了解昆曲的方方面面。

大　卫：是的，以后我们还要来拜访老师，向老师请教。

老　师：欢迎你们常来，有空我们再一起看戏。

小　龙：好的。谢谢老师。

大　卫：老师，再见。

结束语

　　通过观看昆曲折子戏，听昆曲老师耐心讲解，小龙和大卫对昆曲的历史渊源、唱腔和表演特色以及音乐特点有了基本认识。他们还了解了昆曲服装道具使用的规范和程式。昆曲独特的艺术和美学品位让他们进一步体会了中国戏曲的魅力，也让他们意识到正是昆曲严格的规范和程式，极大地影响了中国其他戏曲的形成和发展。

古琴艺术

黄鑫宇 刘润泽 主编

百字说明

　　古琴是中国传统乐器，也是世界上最古老的拨弦乐器之一，至今已有3000多年的历史。传统古琴取材于桐木与蚕丝，指法多变，音色独特，意境幽远。抚琴被古代文人雅士视为寄情咏怀、修身养性的方式。隋唐时期，古琴艺术及其文化思想传入东亚各国，影响深远。2003年，古琴艺术被联合国教科文组织列入《人类非物质文化遗产代表作名录》。

内容提要

　　小龙和大卫相约拜访一位老琴师。他们向老琴师请教古琴的历史文化知识，还应邀参观了老琴师的琴馆。在琴馆，小龙和大卫了解了古琴的形制和音律，认识了世界上最古老的古琴乐谱和乐曲，也在琴音茶香中体会了古琴丰富的文化内涵。

知识图谱

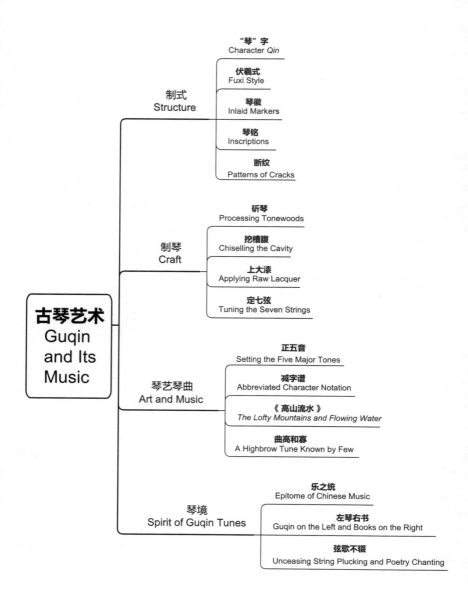

"琴"字
Character *Qin*

制式
Structure

伏羲式
Fuxi Style

琴徽
Inlaid Markers

琴铭
Inscriptions

断纹
Patterns of Cracks

斫琴
Processing Tonewoods

制琴
Craft

挖槽腹
Chiselling the Cavity

上大漆
Applying Raw Lacquer

定七弦
Tuning the Seven Strings

古琴艺术
Guqin
and Its
Music

正五音
Setting the Five Major Tones

琴艺琴曲
Art and Music

减字谱
Abbreviated Character Notation

《高山流水》
The Lofty Mountains and Flowing Water

曲高和寡
A Highbrow Tune Known by Few

乐之统
Epitome of Chinese Music

琴境
Spirit of Guqin Tunes

左琴右书
Guqin on the Left and Books on the Right

弦歌不辍
Unceasing String Plucking and Poetry Chanting

1

琴

小龙和大卫相约去古琴馆拜访一位老琴师。古琴馆位于竹林中。他们在琴馆外就听到低沉悠扬的琴声。只见老琴师正在神情专注地抚琴，完全沉浸在音乐之中。一曲结束后，二人上前问好。

小龙、大卫： 老师，您好。我们想向您请教古琴相关的知识。

老琴师： 欢迎，欢迎。

小　龙： 老师，这个琴看上去和古筝挺像的，但听声音又不太一样。

老琴师： 古筝的声音清脆，古琴的声音低沉。古筝要比古琴大一些，琴弦也多。

小　龙： 明白了，古筝跟古琴从外形到声音都有差别。

大　卫： 这两种都是中国传统乐器吧？

老琴师： 是的。古筝与古琴都是中国传统拨弦乐器，属于八音中的丝类乐器。

大　卫： 八音是什么？

老琴师： 八音是中国传统乐器的分类。3000多年前，古人就根据材质，将乐器分为八大类：金、石、土、革、丝、木、匏、竹①。比如，打击乐器编钟，是青铜铸造的，属于金类。古琴和古筝都是用蚕丝做弦，所以被划分为丝类。

大　卫： 蚕丝还能做琴弦？

老琴师： 古时候可没有尼龙钢丝，古筝和古琴的弦都是用蚕丝做的。

小　龙： 刚才您说到古琴和古筝形制上的差异，您能再讲讲吗？

老琴师： 好。古筝和古琴尺寸不同，古筝的尺寸一般比较大，大

古琴

概有1.6米长，30多厘米宽，有个专门放置古筝的琴架。古琴尺寸相对较小，一般长约1.2米，宽20多厘米，演奏时直接放在桌上。古琴体积小，可以装进琴袋，背在身上，携带方便。

大　卫：老师，刚才您说古筝琴弦比古琴多？

老琴师：对的，古筝一般有21根弦，古琴只有7根。古筝和古琴的最大区别是在音色上。古筝音色清脆响亮，音量较大。古琴音色低沉厚重，音量较小。

小　龙：哦，这是不是和它们的体积和形状有关系呀？

老琴师：对。古筝腔体较大，演奏时发出的声音自然也更大。

大　卫：这个古琴看上去比较小，音量自然就小了？

老琴师：不错。还有，古琴一般横置在桌上弹奏，琴的面板和漆层会压制琴腔的振动，琴音也就更加深沉浑厚。

小　龙：看来，古琴应该在安静的环境里弹奏，就像您选的这个幽静的竹林。

老琴师：是的。在抚琴人眼里，对月、对花、临水都是理想的弹奏环境。琴音律动得细细品味，慢慢感受。

大　卫：可是声音小，别人听不太清楚啊。

老琴师：古琴跟古筝不一样，一般不在大庭广众之下演奏。常言道，"古琴悦己，古筝悦人"。

小　龙：您的意思是说，古琴是弹给自己听的？

老琴师：不完全是，这句话主要强调两者的功能与性质不同。

大　卫：具体有什么不同呢？

老琴师：上古时期，古琴是古人与祖先和神灵沟通的法器。随着古代礼乐制度的完善，古琴多出现在祭祀、朝贺等庄重仪式里，后来又成为文人雅士寄情咏志的乐器，属于所谓的"雅乐"。

大　卫：那古筝呢？

老琴师：古筝最初多为民间宴会助兴演奏，在民间更流行，"民乐"特色鲜明。

大　卫：这样看来，古琴与古筝的弹奏环境不一样。

老琴师：没错。古筝经常会在大众娱乐场所演奏。古琴弹奏的场景更多是为了修身养性。曾经有一部琴谱里专门列出了14种适合弹琴的条件，比如居船中、息林下、憩幽谷。

小　龙：也就是说，古筝是大众化的乐器，古琴比较小众，是吧？

老琴师：的确如此。

注释：

①金、石、土、革、丝、木、匏、竹："金"指金属制作的乐器，如锣、编钟；"石"指石头或玉石制作的乐器，如磬；"土"指陶土制作的乐器，如埙、陶笛；"革"指动物皮革制作的乐器，如鼓；"丝"指丝弦制成的乐器，如古琴、古筝；"木"指木制的乐器，如木琴；"匏"指葫芦制成的乐器，如笙；"竹"指竹子制成的乐器，如竹笛。

2

高山流水

小　龙：老师，您刚才弹的是什么曲子？很好听，是不是传说中
　　　　的《高山流水》？

老琴师：没错，我弹的就是古琴曲《流水》。

大　卫：流水……嗯，听起来确实有流水的感觉。

老琴师：这首曲子呈现的就是流水的不同形态。你们来听听这
　　　　段，觉得像什么？

老琴师又给小龙和大卫弹了一段轻松明快的曲子。

小　龙：嗯……感觉像是泉水溪流的声音，空灵清亮。

老琴师：很好。再听听这段，有什么感觉？

老琴师又弹了一段，音乐节奏明显快了起来。

流水知音

大　卫：听起来……像是流水冲击石头的声音，又有点像瀑布的声音。

小　龙：听上去很有气势。

老琴师：说得对。这首曲子通过不同的演奏技法，模仿自然界的流水之声，传达流水生生不息的意象。

小　龙：您弹奏得真好，让我们能感受到这些流水的意象。

老琴师：你们悟性不错。其实，能闻琴声知"流水"并不容易。这琴曲背后，就有"高山流水遇知音"的故事。

小　龙：这个故事我知道一些。

老琴师：你说说看。

小　龙：“高山流水”说的是春秋战国时期俞伯牙和钟子期成为知音的故事。俞伯牙琴艺高超，声名远扬。可惜的是，没有人能真正听懂他的琴声，这让他感到十分落寞。有一天，他终于遇到了他的知音钟子期。具体是怎么一回事儿，我说不太清楚。您再给我们讲讲吧。

老琴师：行，那我就说说。一天晚上，风清月明，伯牙乘船在河上游览，兴之所至，便抚琴弹奏。岸上恰巧有一个砍柴的人路过，听懂了他的琴声。

大　卫：这个人是谁？

老琴师：这个人便是钟子期，他称赞伯牙的琴艺高超。于是伯牙又弹奏了一曲，请他辨识曲中深意。

大　卫：又弹了什么曲子？

老琴师：《高山流水》。这首琴曲到唐代之后才分为《高山》和《流水》两首曲子。

小　龙：就是说，当时的曲子里既有流水，又有高山。

老琴师：钟子期听曲时，就感叹道“巍巍兮若泰山”，“洋洋兮若流水”。

大　卫：这是什么意思？

小　龙：是说听到这曲子，感觉就像看到了雄伟的泰山，听到了滔滔的流水一样。

老琴师：小龙解释得很对。这正是俞伯牙要表达的意思。

小　龙：子期听懂了，所以伯牙就把他视为知音。

老琴师：没错。两人相见恨晚，于是以兄弟相称，约定来年再见。然而，没等到两人再次相见，子期就去世了。伯牙悲伤至极。他在子期坟前弹奏一曲后，尽断琴弦，从此不再弹琴。

大　卫：太感人了。原来"高山流水遇知音"是这样的故事。

老琴师：是啊。到今天，此曲已经成为寻觅知音的象征。你知道吗？1977年美国国家宇航局发射到外太空的"旅行者"号飞船上有一张《地球之音》的唱片，精选了27首各大洲主要的代表性乐曲，其中就有古琴曲《流水》。

小　龙：这个曲子选得好。应该是希望我们人类能找到地球外的知音吧！

3

曲高和寡

小　龙：老师，刚才您讲到，伯牙因为失去了知音，便不再弹琴。那他苦练多年的琴艺岂不可惜了吗？

老琴师：确实很可惜。但人们常说，"知音说与知音听，不是知音莫与弹"。

大　卫：这是什么意思呢？

老琴师：这是说，对于琴师来讲，知音难觅，所以失去知音的感受，别人难以理解。

小　龙：嗯。知音的故事让我联想到成语"曲高和寡"。

老琴师：是的。这个成语源于两首古琴曲《阳春》和《白雪》。

说罢，老琴师又坐下开始轻拨琴弦，弹起古琴曲《阳春》。
小龙和大卫听得入神，似乎有所感悟。

大　卫：这首曲子听起来清新流畅，活泼轻快，好像描绘了冬去春来、大地复苏的景象。

老琴师：不错，你听懂了。我刚才弹的正是《阳春》。战国时期，楚国有位歌者，他唱《下里》与《巴人》时，会有数千

人唱和；但他要是唱起《阳春》和《白雪》，能应和的
人就很少。

小　龙：　"下里巴人"和"阳春白雪"？这又是两个跟古琴有关
的成语吧？

大　卫：　"下里巴人"和"阳春白雪"这两个成语是什么意思？

老琴师：　因为《下里》和《巴人》是两首老百姓能听得懂的歌
曲，所以"下里巴人"就表示普通人或者俗人，也成为
通俗艺术的代名词；"阳春白雪"原来是两个琴曲名，
之后成了高雅艺术的代名词。

曲高和寡

小　龙：既然有雅乐，那就一定有俗乐了吧?

老琴师：在古人眼里，古琴弹奏的音乐同市井场所演奏的音乐有
　　　　着本质的不同。前者为雅，后者为俗。其实，所谓的
　　　　"俗"，应该说是更有民间特色。

大　卫：我明白了。那个时候雅乐和俗乐是完全不同的两种音
　　　　乐，对吧?

老琴师：是的。所以就有了"曲高和寡"这个成语，指言论或作
　　　　品不通俗，多数人不能理解和欣赏。

小　龙：那现在这些古曲还在演奏吗?

老琴师：很可惜，实际上，除了《高山流水》在唐朝分化为《高
　　　　山》和《流水》两首曲子并得以保留外，其他几首曲子
　　　　都没有保存下来。现在还在演奏的最古老的古琴曲就是
　　　　《碣石调·幽兰》。我刚才演奏的《阳春》不是原来的
　　　　古曲，是后人作的曲。

4

"琴"字

大　卫：老师，古琴这个名称里有个"古"字，是因为它历史悠
　　　　久吧？

老琴师：可以这么理解。古琴是世界上最古老的拨弦乐器之一，
　　　　已有3000多年的历史。不过，"古琴"是现代叫法，早
　　　　先人们叫它"琴"。后来，现代汉语把一些有弦的乐器
　　　　统称为琴类乐器，比如小提琴、马头琴等，于是就把琴
　　　　改称为"古琴"了。

大　卫：原来如此。

老琴师：你们来看，"琴"这个字像什么？

小　龙：看起来有点像古琴的外形？您是说，这是一个象形文
　　　　字吗？

老琴师：是的。你们看，从小篆的"琴"字上看，象形特点尤其
　　　　突出。

　　　　说着，老琴师在纸上写了一个大大的琴。小龙和大卫
　　　　凑过去仔细看。

大　卫：这"琴"字和古琴的外形确实有点儿像。

老琴师：这"琴"字上半部分的两个"王"，代表两块玉。有人
　　　　说是指两块玉相碰时的悦耳声音，以此说明琴声美妙。
　　　　你们知道吗？唐代有一种名琴叫"九霄环佩"，意思是
　　　　说，它的琴声像天上仙女缓步慢行时环佩轻碰的美妙
　　　　声响。

小　龙：古人起的琴名真有想象力。我们现在还能看到唐朝的
　　　　琴吗？

琴字

老琴师：能，不过全球不超过20张，大多是由博物馆收藏。"九
　　　　霄环佩"是国内存世最久的古琴之一，据说在国内有
　　　　四张。

大　卫：那可真是千年古琴，现在保存在哪儿呢？

老琴师：一张保存在故宫博物院，一张在中国国家博物馆，一张
　　　　在辽宁博物馆，还有一张是私人收藏的。

大　卫：真希望以后能有机会亲眼看看"九霄环佩"。

老琴师：其实，历史上不少名琴都是以音色特点命名的。比如古
　　　　代四大名琴①里的第一张琴叫"号钟"，据说声音洪亮，
　　　　犹如钟声激荡或号角长鸣。第二张琴叫"绕梁"……

小　龙：是"余音绕梁"的意思吧？

老琴师：是的。古琴又称为"瑶琴"，说的就是琴声优美，犹如
　　　　来自天上瑶池的音乐。关于"琴"字上半部分的两个
　　　　"王"字，也有其他解释，有人认为指的是用玉做的
　　　　琴轸。

老琴师指着琴头下方琴轸的位置，并旋转给小龙看。

小　龙：琴轸是什么？

老琴师：就是这些柱状部件，位于凤额的下方，和琴弦连接。旋
　　　　转琴轸可以调整琴弦的松紧。

琴轸

雁足

大　卫：那就是调节琴弦的音高了？

老琴师：你理解得没错。

大　卫：我和小龙都学过吉他，吉他上的弦纽也有类似的功能。

老琴师：你们再来看看这小篆"琴"字"𤪌"的下半部分，像
　　　　不像两个支脚？这是指古琴底部的支撑部件，叫作
　　　　"雁足"。

大　卫：大雁的脚？这名字有趣。

老琴师：雁足有两个功能：支撑琴体和固定琴弦。

小　龙：这"琴"字还真是反映了古琴设计的精妙。

老琴师：看来你们对古琴挺感兴趣的。我的琴馆里有不少好琴，
　　　　我带你们来看看。

小　龙：太好了。

大　卫：谢谢老师。

注释：

① 四大名琴：古代中国有名的四张古琴，即齐桓公的号钟、楚庄王的
绕梁、司马相如的绿绮和蔡邕的焦尾。四大名琴已成为历史的陈迹，
但它们对后世影响深远。

5

伏羲式

小龙和大卫跟随老琴师看琴馆墙上挂着的十几张古琴。

大　卫：老师，您这里好多张古琴啊！我们想了解更多的古琴
　　　　知识。

老琴师：好的。那我们今天就好好说说古琴。先说古琴长宽的意
　　　　义。刚才我们说了古琴长约1.2米，按尺来算是3尺6寸5
　　　　分。这数字3、6、5可不是随意取的，而是象征一年365
　　　　天。古琴的宽度一般是4寸，表示一年有四季。

小　龙：原来古人造琴都很有寓意啊。这些古琴的样子不完全一
　　　　样啊。

老琴师：是的。3000多年来，古琴也在不断演化，已经形成了一
　　　　套丰富的样式谱系。据资料记载，到清朝时，古琴已经
　　　　有50多种样式了。

大　卫：样式真多啊。

老琴师向大卫和小龙一一介绍古琴的制式。

老琴师：你们瞧，这是仲尼①式，是最常见的古琴样式。

小　龙：仲尼？用的是孔子的名字？

老琴师：对。孔子是古琴高手。据说这种琴式是他创制的。桌上这张琴，是伏羲②式，我平常用得最多。前面我说的"九霄环佩"也是伏羲式。

小　龙：伏羲？就是神话中的伏羲吗？

老琴师：是的。古琴起源的传说之一是"伏羲造琴"。

大　卫：老师，给我们讲讲这个传说吧。

老琴师：相传天帝伏羲巡查西山，走到一片梧桐树林，看到祥云四起，随后两只美丽的大鸟降落在一棵最大的梧桐树上。一时间百鸟纷纷飞来，朝着两只大鸟齐鸣，仿佛在朝拜。

大　卫：两只大鸟？

老琴师：对，身边的人告诉伏羲这两只大鸟就是神鸟凤与凰。见此情景，伏羲认定神鸟所落的桐木是神木，于是削桐制琴，琴声果然美妙悦耳。传说中，伏羲按照凤凰的身形设计了古琴的样子，所以古琴上一些部件的名称也都有"凤"字。

伏羲式

小　龙：原来"琴"这个象形文字也和它的起源有关啊。刚才介
　　　　绍"琴轸"时，您就提到过凤额。

老琴师：对。"凤额"是琴头的意思。除了"凤额"，还有"凤
　　　　眼"，也就是琴头的侧端。另外，琴体的两侧叫"凤
　　　　翅"。琴底有两处音槽，小的一处叫"凤沼"。

大　卫：这些名字都和凤凰有关。

老琴师：除了"凤"，还有"龙"呢。刚才说小的音槽叫"凤
　　　　沼"。你们猜，另一处大的叫什么？

小　龙：那应该叫"龙沼"吧？

凤额

龙龈

老琴师：不叫"龙沼"，叫"龙池"。你们再看看琴尾这儿，镶嵌着硬木小条，这是"龙龈"，用来承架绕到琴底的琴弦。

小　龙：古琴里还藏着龙凤呈祥的美好寓意呢。

老琴师：是的。除了"伏羲造琴"，还有"神农③造琴""黄帝④造琴"之类的传说。古琴与古代文化密切相关。

大　卫：这些传说让人觉得古琴很神秘。

注释：

① 仲尼：孔子的字。孔子名丘，字仲尼。

② 伏羲：华夏民族的人文先祖。据说他发明创造了占卜八卦，创造文字和音乐，教会了人们渔猎。

③ 神农：又称炎帝。传说炎帝是中国农业和医药的发明者，是约4700年前原始农业社会的首领。

④ 黄帝：中国古代部落联盟首领，被尊为中国人的人文初祖。

6
斫琴

小　龙：老师，您刚才讲了伏羲造琴的传说。那现实生活中，琴
　　　　是怎么造出来的呢?

老琴师：造琴可是一门学问。我们业内一般用"斫(zhuó)琴"
　　　　这个词。

斫琴

大　卫：“斫”是什么意思?

老琴师：“斫”就是用刀或者斧子砍，“斫琴”是砍下木材制琴
　　　　的意思。斫琴工艺复杂，影响因素很多。人工斫制一张
　　　　古琴至少得一年半的时间。斫制一张好琴用的时间更
　　　　长，有可能需要三四年的时间。

大　卫：这么长时间啊!

小　龙：好琴首先得选好木材吧?

老琴师：当然了。选材同古琴的音色关系很大，上好的木材才能
　　　　斫出上好的琴，可以保证琴的音色几百年不变。这是
　　　　千百年传下来的制琴经验。

小　龙：那选材有什么讲究呢?

老琴师：选材以老旧木料为佳，尤其是那些两三百年的老木料。

大　卫：要用几百年的老木料?

老琴师：是的，老木料历经多年寒暑，不易变形。更重要的是，
　　　　老木材干燥，水分少，声音传导好。一旦制成琴，音色
　　　　更丰富。关于古琴选材，还有很多传说故事呢。

小　龙：那您快说说。

老琴师：就说四大名琴之一的焦尾琴吧。这是东汉著名文学家、
　　　　大音乐家蔡邕造的一张琴。

大　卫：焦尾琴? 是说这张琴的尾部烧焦了吗?

老琴师：别着急，听我慢慢给你们讲。这张琴和蔡邕当年在绍兴流亡有关。蔡邕精通音律。有一天，他从一户人家门前路过，听到院内传出木材燃烧的爆裂声，他一看，觉得这是一段适合制琴的好木料，于是就请求人家把木材抢救下来。

小　龙：哦，是不是木料已经烧焦了？

老琴师：那是一段已经烧了一截的桐木，蔡邕就请人制成了一张琴。因琴尾还留有焦痕，就取名"焦尾"。后来，"焦尾"琴以它悦耳的音色和蔡邕的这个故事而闻名于世，古琴也就有了另一个别称——焦桐。

大　卫：这么神奇。那古琴最好是用桐木制作吧？

老琴师：那还得看是做哪一部分。古琴主要由琴面和琴底两个部分组成，是"面桐底梓"，琴面和琴底用不同材质的木料，组成一个狭长的空心箱体。弹琴时，弦音通过琴面进入箱体，在琴腹内回荡，最后从琴底的出音孔出来。

小　龙：为什么要用两种不同的木材呢？

老琴师：桐木纹理顺直，木质松透，用作琴面利于声音传递。梓木纹理细密，木质紧实，用做琴底能够很好地反射音响，这样弦音可以在琴腹内回荡更久，而且梓木平整坚硬，也便于固定琴形。

大　卫：原来是这样，挺有科学道理的。

老琴师：古琴选材，不仅有道理，而且有文化。你们看这琴面呈拱弧状，琴底是平面，这符合古人"天圆地方"的世界观。

小　龙：哇，寓意深奥呀。

老琴师：的确如此。古琴体现了深厚的中国文化。就说古琴的名字吧，前面我们已经说过，古琴也叫"瑶琴""焦桐"。此外，因古琴的琴弦用蚕丝，琴面用桐木，所以还有一个别名叫"丝桐"。因为古琴三尺长，所以也叫"三尺桐"。

大　卫：我喜欢"丝桐"这个名字，听上去很雅致，也喜欢另一个名字"瑶琴"。

老琴师：还有很多别名呢，我们以后再聊。

小　龙：老师，那选好琴面和琴底的木料，下一步该做什么呢？

老琴师：选好木料后，就需要凿刻出琴身的头、颈、肩、腰。

大　卫：怎么都是人体部位的名称呀？

老琴师：这就是古人常说的，古琴是"人身凤形"。

大　卫：这样很形象，好理解。

小　龙：那做好了琴面和琴底，就得把它们粘合起来，是不是？

老琴师：是的，这道工序叫"合琴"。通常我们视琴面为阳面，琴底为阴面，合琴就有了阴阳和合的意思。

大　卫：这还和中国的阴阳文化有关呢。

小　龙：看来造琴既有科学依据，又有美好意象，还渗透着古人的哲学思想。

老琴师：没错。不过，凿刻好琴身的头、颈、肩、腰，离合琴那一步还远着呢。

人身凤形

7

挖槽腹　上大漆

老琴师给大卫和小龙详细讲解斫琴的重要工序：挖槽腹和上大漆。

老琴师：合琴之前，必须确保挖好槽腹。

小　龙：槽腹？是琴身的共鸣箱吧？

老琴师：对。槽腹的大小、结构，甚至曲面幅度都会影响琴的音色。琴腹过大，音色会空而无韵；琴腹过小，音色则会沉闷不清。

大　卫：看来这个槽腹真的很重要。

老琴师：没错，槽腹是影响音色的关键之一。斫琴师要按规范挖琴，仔细打磨，反复试音。每一张琴的材质都有自身特点，只有结合多年经验不断调试，才能斫制出音色上乘的好琴。

小　龙：这样看来，要造好一张琴，不仅要熟悉琴制，还要精通乐理呢。

老琴师：是啊。斫琴师必须有一定的音乐基础，熟悉古琴音色。有的斫琴师为了追求完美的音色，即使是已经制好的琴，有必要时依然会剖琴改造。

小　龙：真是精益求精。

老琴师：是的。就拿2008年北京奥运会开幕式上用的"太古遗音"琴来说。这张琴制好后，它的制造者、斫琴大师王鹏不是特别满意，认为音色还有上升的空间，就果断剖开琴体，打磨修正，终于得到一张音色绝美的琴。当时在奥运会上弹的那首曲子人们更喜欢叫它《太古遗音》。

小　龙：哇，这是用琴名命名的琴曲呀。没想到奥运会背后还有这样的故事。老师，合琴之后，是不是就可以上弦、调音了？

老琴师：还不行。上弦之前还有最耗时的一个步骤，就是给打磨后的琴体上漆，完成这道工序至少需要一年的时间。

大　卫：一年？怎么要这么久？

老琴师：因为需要给琴体涂上中国特有的大漆①。上漆分漆胎和表漆两种。底层涂漆胎，外层涂表漆。其中漆胎工序费时费工。

小　龙：具体怎么操作呢？

挖槽腹／上大漆

老琴师：上漆胎也叫挂灰，将生漆与由鹿角霜制成的胎灰按一定
　　　　比例调和，敷在琴上。漆胎不止上一层，而且每层用料
　　　　比例、添加材料都有变化。每次还得等这一层漆晾干后
　　　　打磨，直至琴面平整光滑，才能上下一道漆。有的斫琴
　　　　师甚至会上二十多道漆。

大　卫：那还真是需要耐心啊。为什么要重复这么多遍呢？

老琴师：生漆氧化干固后会形成一层漆膜，鹿角霜质地坚固、不
　　　　易磨损，两者混合成漆胎，反复上漆晾干后会质硬如
　　　　玉，而且和琴体贴合紧密。

小　龙：这样是为了保护琴体吧。

老琴师：对，这是功能之一。漆胎还有一个重要用途，就是去除
　　　　浮音，稳定琴声。

大　卫：上完漆胎就可以涂表漆了吧？

老琴师：还不能急。把上好漆胎的琴挂在干燥的室内晾置，等完
　　　　全阴干后，才能上表漆。有的表漆带有颜色，除了保护
　　　　漆胎层，还有装饰功用。

大　卫：这上漆工艺真是复杂，难怪要那么久。

老琴师：早在唐朝就已经形成了一套严格有序的上漆方法。相比
　　　　之下，上漆之后的上弦、调音这些工序就显得简单多
　　　　了，但也马虎不得。

小　龙：看来正是如此精工细作，才使得古琴能保存数百年甚至
　　　　上千年。

老琴师：是啊。要知道，古琴可是现在世界上唯一的千年之后还
　　　　能演奏的拨弦乐器。

大　卫：太了不起了。

老琴师：据我所知，那张私人收藏的"九霄环佩"就曾经公开演
　　　　出过。

小　龙：那的确是千古遗音呀。

注释：

① 大漆：中国特有的漆，是一种天然的油包水型乳液，成分非常复
杂。大漆耐腐、耐磨、耐酸、耐溶剂、耐热、隔水，具有绝缘性好、
富有光泽等特性。

8

琴铭　断纹

老琴师小心翼翼从墙上取下一张古琴，小龙和大卫都注意到琴
的背面刻有文字。

大　卫：老师，这古琴后面还有字呢。

小　龙：这是篆体字吧。我学过这种字体。这四个字好像是"鹤
鸣九皋"。

老琴师：这是琴铭。你可以把这四个字看作这张琴的名字。实际
上，"鹤鸣九皋"本身也是著名的琴曲。

小　龙：这四个字什么意思？

老琴师："鹤鸣九皋"出自《诗经》，原文是"鹤鸣于九皋，声
闻于天"。"皋"指的是沼泽，"九"是虚数，泛指数
量多。

小　龙：明白了。是说仙鹤在沼泽深处鸣叫，声音响亮清脆，很
远就能听到，对吗？

老琴师：非常正确。这个琴铭用来比喻德才高尚的人，即便隐居
山野或身处卑位，也难掩其光芒。

琴铭

大　卫：看来中国古人对仙鹤有特殊的情结。

老琴师：没错。在古人心目中鹤是鸟中君子。这里通过类比，借
　　　　助琴铭表达古代知识分子的内外兼修，君子风度。

小　龙：从这里也可以感受到古琴浓厚的文化韵味。

老琴师：实际上，琴铭的种类很多，功能也不一样。除了作为琴
　　　　的名字，有的琴铭还会交代制琴者的姓名、籍贯，以及
　　　　制琴的时间、地点；有的会赞美琴的音色优美，或者记
　　　　录琴的传承有序；有的琴铭是抒发感情、体悟琴艺的。

大　卫：原来琴铭的内容这么丰富，从上面可以找到很多重要信息呢。

老琴师：是啊。琴铭给古琴带来一种历史的厚重感。

> 说着，老琴师取下另一张古琴，让小龙和大卫看琴背上的琴铭。

老琴师：你们来看这张琴的琴铭。

小　龙：哇，有四处呢，字体还不一样。

老琴师：是的，这四处琴铭，字体不一，内容各异，是不同时期留下的。从这些琴铭里能看出这张琴的历史传承，以及拥有者的品位。

大　卫：这张琴既是乐器，也是文物啊。

老琴师：完全正确。其实，除了从琴背上的琴铭能看出历史沧桑，琴面上的断纹也是古琴年代的见证。

小　龙：老师，您刚才从墙上取琴的时候，我就注意到琴面上的断纹了。我还以为那是年代久远、琴身老化导致的呢。

老琴师：断纹确实是由于年代久远而自然形成的。在一些古老漆器上也能见到这样的断纹。还记得刚才我们说琴面要上漆胎吗？

大　卫：记得。

老琴师：琴体和漆胎会随着温度和湿度的变化发生细微的伸缩，
　　　　但二者的伸缩比例不同。时间久了，漆胎会慢慢形成有
　　　　规律的裂纹，也就是我们看到的断纹。还有一个原因，
　　　　常年弹奏的古琴，漆面因为一直承受着琴弦的振动，时
　　　　间久了也会产生断纹。

小　龙：断纹是不是要很多年才能形成呀？

老琴师：的确需要很长时间才能形成断纹。行话叫"不历数百年
　　　　不断，逾久则断逾多"。

断纹

小　龙：有断纹就说明琴已经有年头了。琴越老，上面的断纹就越多，是吗？

老琴师：没错。古琴收藏家很看重断纹。不同的纹形也是古琴鉴定的重要依据。

大　卫：断纹有哪些纹形呢？

老琴师：你们来看，这张琴是明朝的，上面的断纹就像牛毛一样细密繁多，这叫牛毛断。还有梅花断、蛇腹断、流水断、冰裂断。

小　龙：真有意思，一看名字就可以猜出断纹的样子。

老琴师：是的。而且不同的纹形与制琴年代有关。一般来说梅花断最珍贵，需要800到1000年才能形成。

大　卫：哦，琴能保存1000年，那真的很珍贵。

老琴师：当然，断纹形成的因素也很复杂，如漆的薄厚、板材的硬度都会影响断纹的出现，而有些保存很好的古琴，并没有明显的断纹，所以也不能一概而论。但不管怎么说，天然形成断纹的古琴，琴体的板材已经脱尽水分油脂，质地松沉，弹出的音色通透、优美、绵长。

小　龙：明白了，有断纹的琴音色一定很好。

9

正五音

通过老琴师的耐心解释，小龙和大卫对古琴的形制有了初步认识，随后老琴师给他们讲解了古琴的音律与技法。

老琴师：了解了古琴的形制，现在我们来认识一下古琴的音律，这是古琴的基本知识。

小　龙：您指的是"do、re、mi、fa、sol、la、si"吧？

老琴师：这是现代音乐中的七声音阶。古琴用的是中国传统音律，"宫、商、角、徵、羽"五个正音，相当于"do、re、mi、sol、la"。

小　龙：这五音之间，是不是像七声音阶一样，也有固定的音程关系？

老琴师：没错。但这五个正音没有绝对的音高，需要先确定某一个音的音高，然后再依次推导出来其他四个音的音高。

大　卫：为什么说这五音是正音呢？

老琴师：五音是基础，参照它们会衍生出其他的音，叫偏音。实际上，战国时期就出现了七声音阶，就是在这五个正音

正五音

　　　　　的基础上增加了两个偏音——变徵和变宫。

大　卫：它们相当于"fa"和"si"吗？

老琴师：是的。以不同的方式加入这两个偏音会形成新的调式。

大　卫：调式是什么？

老琴师：在音乐中，几个音按照一定的关系联结在一起，组成一
　　　　个体系，其中一个音是主音，这个体系就叫调式。调式
　　　　最能反映一个音律体系的特点。宫、商、角、徵、羽
　　　　这五音都可以单独作为旋律的主音，这样就形成五个
　　　　调式。

小　龙：这五个调式各自有什么特点呢？

老琴师：欣赏不同的调式，如同感受五时风采。

大　卫：什么是五时？

小　龙：我知道五时是指春、夏、长夏、秋、冬，这是古代按季

节划分一年的方法。

老琴师：没错。比如，宫调平和沉稳，浑厚庄重，给人的感觉像
　　　　盛夏；商调更为高亢，会给人秋季的悲凉之感。

大　卫：我明白了。这五音调式能带来不同的感觉，就像季节变
　　　　换一样。

老琴师：是的。在古人的五行①哲学里，五音还和五情②、五脏③相
　　　　对应。五音会引起不同的情感反应，可用来调理五脏。
　　　　中医典籍《黄帝内经》④中就记载了五音可以治病。

小　龙：这么神奇！灵活运用不同调式的音乐还可以调节情绪，
　　　　帮助人们平和心境。

大　卫：这不就是现代医学中讲的音乐疗法吗？

老琴师：是的，其实我们中国古人早就对此有所总结了。

注释：

① 五行：金（代表敛聚）、木（代表生长）、水（代表浸润）、火
（代表破灭）、土（代表融合），是中国古人认识世界的基本方式。
中国古代哲学家用五行理论来说明世界万物的形成及其相互关系。它
强调整体一致，旨在描述事物的运动形式以及转化关系。

② 五情：指喜、怒、哀、乐、怨五种情感。泛指人的情感。

③ 五脏：指中医意义上的心、肝、脾、肺、肾。

④《黄帝内经》：中国最早的医学典籍，是一部综合性医书，呈现了自
然、生物、心理、社会"整体医学模式"。其基本素材来源于古人对生
命现象的长期观察、大量的临床实践，以及简单的解剖学知识。

10

定七弦

老琴师：我们接着说说五音的另一个功能，即古琴定弦的依据。

小 龙：这个我知道，定弦是在弹琴之前确定每根琴弦的音高。

老琴师：是的。现在我们看到的古琴是七根弦，但其实古琴刚开始只有五根琴弦，有"内合五行，外合五音"的说法。

大 卫：是什么意思呢？

老琴师："内合五行"是说古琴最初的五根弦象征金、木、水、火、土"五行"，就是阴阳演变过程的五种基本动态。

大 卫：那又与阴阳有关了。

小 龙："外合五音"是不是指五根琴弦对应着宫、商、角、徵、羽这五个正音？

老琴师：没错。在不同的调式里，我们会把其中一根弦对应宫音，并确定这根弦的音高。再根据五声音阶，按照弦的顺序逐次确定每根弦的音高。

小 龙：那七根弦该怎么定呢？

老琴师：变成七根弦后，一般是将第三弦对应宫音。

定七弦

小　龙：那哪根琴弦是第三弦呢？从里往外数，还是从外往
　　　　里数？

老琴师：你们看，应该是这样。把琴平放在琴床上，琴头靠右。
　　　　人面琴而坐，最外侧的那根弦是一弦。

大　卫：我猜最后六弦和七弦这两根是后来增加的。

老琴师：是的。这后加的两根弦是有故事的。传说周朝的奠基人周文王①的长子被商纣王②杀害后，文王为纪念儿子，在琴上加了一根弦。他的二儿子，周朝的开国君主周武王③又加了一根弦，表达世人对商纣王的愤怒仇恨。这两根弦就称文武双弦，因而古琴也叫"文武七弦琴"。

大　卫：原来这琴弦背后还有这样的历史故事呢。

小　龙：老师，这七根琴弦粗细不一样，最外侧的一弦看上去最粗。

老琴师：你观察得很细致。琴弦粗，弹奏时振幅大，振动频率低，弦音低。反之，琴弦细，弹奏时振幅小，振动频率高，弦音高。

小　龙：明白了。宫、商、角、徵、羽这五音是逐次升高的，琴弦由外到内也逐根变细。

老琴师：古人对每根琴弦的粗细有明确的规定。如一弦用八十一丝，二弦用七十二丝，三弦用六十四丝。

小　龙：也就是说，通过规定琴弦中蚕丝的数量来确保声音有序。

大　卫：老师，这张琴的琴弦好像不是蚕丝弦吧？

老琴师：确实。这不是传统的丝弦。传统丝弦制作工艺复杂，而且保养成本很高。20世纪70年代，人们成功研制出尼龙钢丝弦，逐渐取代了蚕丝弦。

小　龙：新的琴弦有什么特点呢？

老琴师：尼龙钢丝弦很大程度上保留了丝弦的柔美质感，同时明

　　显提升了琴音的音量，音色也更为明亮。

大　卫：那传统的丝弦肯定也有一些特别之处吧？

老琴师：当然，丝弦特有的天然音色是任何其他材料都难以复制
　　　　的。有人就认为传统丝弦自带古朴温润的质感，音色更
　　　　加细腻多变，尤其是弹滑音的时候，丝弦更能体现"古
　　　　琴之气"。

小　龙：明白了，现代尼龙钢丝弦和传统丝弦各有特色，不能简
　　　　单地说哪个更好。

老琴师：对。

注释：

①周文王：约公元前1152年—约公元前1056年，周朝奠基者，周武王
之父。

②商纣王：？—公元前1046年？商朝末代君主。

③周武王：？—约公元前1043年，周文王的第二个儿子，西周王朝的
开国君主。

11

琴徽

小　龙：老师，刚才看您弹琴，您左右手配合得很默契。

老琴师：这需要长期训练，左右手有不同的手势和弹法。那我们就来说说古琴的弹奏手法。古琴的音域很宽。在乐器里它的音域仅次于钢琴，可以达到四个八度加一个大二度。

小　龙：没想到这么小的一张琴，只有七根弦，居然有很宽的音域。

老琴师：你们看，弹琴时，右手拨弦，左手不动，弦音就低沉浑厚。这种音叫散音。

老琴师随手拨了一根弦。

大　卫：七根琴弦只能弹奏七个散音吧？要弹出不同的音律，得左右手配合。

老琴师：你说得很对。古琴的左手手法特别重要。触弦的力度和位置不一样，会产生不同的音高和音色。像这样，右手弹，左手同时轻触琴弦，像蜻蜓点水一样。

> 老琴师一边说一边示范。

小　龙：和刚才的散音比，这个音听上去更清亮，也更轻盈。

老琴师：这种音叫泛音，是触弦音。古琴的泛音有91个。

大　卫：这么多？那学起来一定有难度。

老琴师：弹奏泛音利用的是琴弦分段振动发音的原理。

小　龙：分段振动？您指的是某一段琴弦的振动，比如二分之一，或三分之一琴弦？

老琴师：没错。琴弦振动发音，不仅指整根琴弦振动，还可以是琴弦分段振动的声音。分段振动时音色会比较清亮。

小　龙：那左手轻触琴弦的话，也就凸显分段振动的音色？

老琴师：正是。轻触琴弦并不会改变振动的弦长，但会加强某段琴弦振动的声效，弹出的泛音听上去若隐若现，有余音不绝的感觉。

大　卫：老师，左手在什么位置触弦呢？

老琴师：看到琴面上镶嵌的一排圆点了吗？这些圆点叫"琴徽"，多由贝壳制成，有些古琴甚至还会用到金、银、玉石之类的珍贵材料。琴弦上和这些琴徽对应的位置，就是徽位。"徽"字在汉语里有"标识"的意思。

小　龙：所以这些徽位就是弹泛音时左手触弦的地方？

老琴师：没错。这些琴徽是琴弦分段振动的节点标识。

琴徽

徽位

小　龙：我来数数，1，2，3……13，一共有13个琴徽呢。一个
　　　　徽位对应一个泛音，一根琴弦就可以弹出13个泛音，7
　　　　根弦就是91个泛音。原来91个泛音是这么来的。

老琴师：是的。还有少量不常用到的泛音，今天我们就不讨
　　　　论了。

大　卫：老师，徽位的数量"13"是不是也有特别的寓意？

老琴师：问得好。中间最大的七徽，代表闰月，剩余的12个徽位
　　　　左右对称排布，代表一年12个月。

小　龙：您说过整个琴长代表一年365天，这样的话，琴徽和琴
　　　　长的含义就吻合了。

老琴师：是的，这就是古琴里中国文化内涵的体现之一。

小　龙：老师，除了空弦散音和触弦泛音，弹奏古琴还有其他的
　　　　手法吗？

老琴师：还有一种手法，按弦的力度要更大一些，需要将琴弦完
　　　　全按压在琴面上。这种叫按音。

> 老琴师一边说，一边做示范。

老琴师： 你们看，我左手手指紧按琴弦，同时右手拔弦，这就是按音。

小　龙： 按音听上去很坚实、清晰。

老琴师： 按住七徽就相当于只有一半的琴弦在振动，这样出来的按音比同样位置上的散音高八度。

大　卫： 明白了。那弹按音时，左手一定要按在徽位上吗？

老琴师： 按音的指位和徽位不完全重合。很多按音指位是在两个徽位之间。

小　龙： 就是说，弹按音时，有时徽位只作按音位置的参照，对吧？

老琴师： 没错，相邻的徽位之间可以分成十等份，弹琴时具体应该按在哪个位置上，需要多次试音调整才能确定。

大　卫： 这个确实有点难。

老琴师： 古琴的按音比泛音的数量多，共有147个。按音是最具表现力的音色，可以弹出丰富的修饰音。像滑弦、揉弦这些技巧也都是在按音演奏技法的基础上演变而来的。古琴曲中常用的颤音，就是通过左手按弦，往复移动弹出来的。

小　龙： 这些修饰音应该能增加琴声的层次感和表现力，对吧？

老琴师：对。除了左手手法，右手拨弦的指法也是有讲究的。早
　　　　期的琴书会专门配图解释右手拨弦的手法。比如，在一
　　　　部明代琴谱里提到一种手法，是用右手大拇指和食指一
　　　　同捻弦，一旁就附有"宾雁衔芦势"的图示，很形象。

大　卫：插图的方式好，容易看懂。

老琴师：总之，想要把琴弹好，得好好练习左右手配合，把基
　　　　本音弹到位，同时还要灵活搭配修饰音。古琴指法繁
　　　　杂，对音律要求很高，弹奏时得注重声韵兼备。

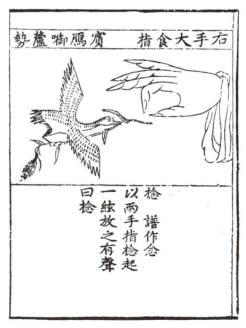

"宾雁衔芦势"　出自明 胡文焕《文会堂琴谱》

12

减字谱

大　卫：老师，我们学过吉他，吉他的乐谱形式和古琴的有什么
不同吗？

老琴师：那你们先说说吉他的乐谱形式。

小　龙：吉他的乐谱形式多样，可以是简谱，也可以是五线谱或
六线谱。初学者一般会用六线谱，因为六线对应的就是
吉他上的六根弦，记录指法方便直观。但六线谱并不记
录音的高低，需要与简谱或五线谱配合着用才行。

老琴师：古琴谱和吉他记谱方法不一样，它比较独特。应该说古
琴谱是世界上最古老的乐谱。唐代之前，人们用文字记
谱。现存最早的唐朝手抄文字谱《碣石调·幽兰》，距
今已经有1500多年了。

小　龙：用文字记谱？是用文字描述如何弹一首曲子吗？

老琴师：对，早期的琴谱都是文字谱，用文字详细交代琴曲的演
奏手法。比如，每个音所在的弦数是第几弦，徽位是第
几徽，左手用哪个手指按弦，右手怎样拨弦，都会写得
清清楚楚。

减字谱

大　卫：那不就是弹琴的指法说明书吗？

老琴师：是啊，而且是详细的说明书。文字谱的好处在于通过记录每个音的指法、技巧，能够还原琴曲复杂的音色层次。但要把一个音的弹法交代清楚，得花不少笔墨。一首曲子有成百上千个音呢。

小　龙：那就得长篇大论了。这样看来，文字记谱虽然详细，但过于繁琐，演奏时肯定没法读谱了，学琴时抄录也得花很长时间，还得背熟，这太麻烦了。

老琴师：是很麻烦，于是后来有人对文字谱进行简化，发明了减字谱。相传减字谱是唐代著名的琴家曹柔首创的。

大　卫：是怎么简化的呢？

老琴师：减字谱的精妙之处就在于每个字块。你们看，就像
　　　　这样。

说着，老琴师拿来一个琴谱给小龙和大卫看。
小龙看了看，好像是汉字，但又不认识。

小　龙：这些字，我怎么一个也不认识啊。

老琴师：不着急，你们细细看。这里的每个字块都是由汉字的偏
　　　　旁加上两个数字拼凑起来的，不是真正的汉字，所以你
　　　　们不认识。

大　卫：难怪我也一个字都不认识，还以为自己学的汉字太少
　　　　了呢。

老琴师：一个字块通常分为上下两部分，上半部分的汉字偏旁和
　　　　数字标注的是左手手法，下半部分的是右手手法。

老琴师挑了其中一个字块，指给小龙和大卫看。

老琴师：你们看，这个字块，上半部分的"夕"，选取了"名"
　　　　字的上半部分，指代无名指。旁边的"九"指的是第九
　　　　个徽位。

小　龙：噢，这是说，用左手无名指在九徽的位置按弦。

老琴师：对的。再看这下半部分。"勹"是"勾"字去掉里面的
　　　　部分，是说用中指向内侧勾弦，"四"表示四弦。

减字谱示例

小　龙：用右手中指勾四弦。这下我明白为什么叫减字谱了。
　　　　它其实就是把原来文字谱里的演奏手法信息浓缩在字
　　　　块里。

大　卫：这个发明真聪明呀。

老琴师：是的。减字谱大大缩减了琴谱的篇幅，可以满足演奏需
　　　　求，是记谱法的一次重大改革。当然，减字谱也是经过
　　　　不断改进，才形成现在的谱式。

小　龙：我发现减字谱入门挺容易，不过要把谱子吃透，得先下
　　　　功夫把字块里的每一个简写符号弄明白。

老琴师：确实，要下功夫记才行。很多古琴曲都是用减字谱记
　　　　谱的，仅明清两代就出版了150余部减字谱琴谱。要复
　　　　原和传承这些古曲，除了要解析这些减字谱，还需要
　　　　打谱。

大　卫：打谱？

老琴师：传统的减字谱只记录手法，并不标明曲子的节奏。首次
　　　　弹奏古琴曲时，需要依据经验，在减字谱的基础上一遍
　　　　遍试奏，直到弹出理想的效果，这就是打谱。

大　卫：您是说同一首曲子，不同的琴师可能会有不同的节奏韵
　　　　律，是吗？

老琴师：没错。不同的琴师弹出来的曲子效果可能很不一样。

小　龙：这也是一种音乐创造呀，这是不是也能印证古代"古琴悦己"的说法呀？

老琴师：确实是这样。虽然减字谱缺少现代音乐的严谨性，但给演奏者留下的创造空间更大。不过，为方便演奏，现在创作的古琴曲多采用减字谱同简谱或五线谱相结合的方式记谱，称为双行谱。

小　龙：双行谱既保留了减字谱记录演奏手法的优势，又结合了简谱或五线谱记录节奏与音程的优点，应该是中西结合的创新产物了。

老琴师：是的，我们古琴也在紧跟时代呀。

双行谱

13

琴境

看完琴谱，老琴师邀请大卫和小龙到他的茶室喝茶。

老琴师：我们聊了大半天的琴，来，坐下喝喝茶，说说你们的体
　　　　会吧。

小　龙：谢谢老师。我觉得，要了解古琴还真需要学习很多知
　　　　识，比如说琴的形制、指法，还要看懂琴谱⋯⋯

老琴师：说得没错，但是真要学琴，还有比这些更重要的。

大　卫：是什么更重要的呢？

老琴师：还要了解古琴相关的历史文化。我给你们讲讲孔子"学
　　　　琴师襄"的故事吧，或许会对你们有启发。

大　卫：师襄是什么人？

老琴师：师襄是一位有名的乐师。孔子跟他学琴时，有一首曲子
　　　　连弹了十天，师襄听了很满意，但孔子依然坚持继续练
　　　　习，直到技法纯熟。于是，师襄让孔子开始学习下一首
　　　　曲子，没想到孔子却拒绝了，他说："未得其志也"。

小　龙：是说他虽然弹得很熟练，但还没完全理解这首曲子，所以得继续练习，对不对？

老琴师：是的。又过了几日，孔子领会了琴曲的含义，但还是拒绝换曲练习。

大　卫：这次又是为什么呢？

老琴师：孔子的理由是"未得其为人也"。

小　龙："人"说的是作曲人吗？"为人"又是什么意思？

老琴师：他是说自己还没完全明白作曲者的创作意图和所创造的意象。显然，孔子想要在理解琴曲的基础上，进一步领会作曲者赋予这首曲子的意义，还有那些通过音律创造出来的意象。

小　龙：这个要求很高啊，那他最后做到了吗？

老琴师：当然做到了。孔子从琴曲所传达的意境判断，它一定是雄才大略的周文王所作。师襄对孔子非常赞赏，因为这琴曲正是《文王操》①。

小　龙：这就是说要弹好一首曲子，熟悉音律、掌握手法很重要，但这些还远远不够。在理解琴曲的基础上，还需要一遍遍练习，深入体会琴曲的意境和创作意图。

老琴师：对。孔夫子所追求的正是琴境，也就是琴曲的内在精神。这是听古琴最需要花时间领悟的地方。

小　龙：这让我想起俞伯牙和钟子期的故事。伯牙要的知音是能体会到他弹琴时心境的人。

老琴师：对。这下你们能明白听到钟子期病逝，俞伯牙便不再弹琴的原因了吧？

大　卫：现在明白了。弹古琴的最高境界是要体会琴曲的意境。

琴境

老琴师：说得好。所谓"情动于中故形于声"就是这个道理。弹古琴的最高境界在于通过尽量少的物质声响去营造丰富的精神世界。对了，有一部经典水墨动画片，叫《山水情》。建议你们去看看，可以帮助你们更好地理解古琴。

小　龙：《山水情》？讲的是什么故事？

老琴师：讲的是一位渔家少年拜一位琴师学艺，技法日益娴熟，但一直未至佳境。师徒二人最后分别时，少年万分不舍，也正是在此时，他终于体悟到琴曲的意境，于是弹琴为师父饯行，琴声在山水间回荡，似乎在诉说着师徒情深。

大　卫：听上去就很感人。那故事里的琴师最后听到少年弹奏琴曲，一定会倍感欣慰。

注释：

①《文王操》：中国古琴曲，已失传。

14

左琴右书　弦歌不辍

小　龙：老师，弹古琴讲究琴境，我猜这也与古琴曲本身的特点有关系吧。就像之前提到的《高山》《流水》《阳春》《白雪》，只听名字，就觉得特别文雅，像传统诗词一样有韵味。

老琴师：确实如此。实际上，流传下来的琴曲不少都源自文学作品。比如，古代乐师会根据唐诗的意境写曲填词，有时还会直接把唐诗谱为琴歌。北宋时期，流行文人写词、乐师谱曲的合作模式。

大　卫：没想到谱曲和诗词创作之间还有这样的关联。

老琴师：古代文人和古琴之间的渊源很深。魏晋时期，抚琴是文人的基本技能。在琴、棋、书、画四艺中，琴居首位，古琴因此也称"文人琴"。

小　龙：古琴的别名还真是很多呢。"瑶琴""丝桐""三尺桐""焦桐""文武七弦"，现在又多了一个，"文人琴"。

左琴右书

老琴师：可以说古琴是中国几千年积淀的文化财富之一。诗词中
　　　　有古琴的意象，名画中也有文人弹琴的场景。在唐代
　　　　散文《琴会记》中，开篇就提到"君子之座，必左琴
　　　　右书"。

大　卫："左琴右书"？那就是左边放古琴，右边摆书籍。您琴
　　　　室里的布局原来是这个意思啊。

老琴师：哈哈。有这个意思。不过这只是字面意思。这里的
　　　　"书"应该理解为学问，意思是通过研习经典，丰富学
　　　　识，提高修养。通过抚琴，修炼性情，培养情趣，养成
　　　　谦谦君子。

小　龙：在古人眼里，读书和弹琴都是培养君子风范的途径。

老琴师：是的。在儒家传统观念里，古琴是修身养性之器，并且
　　　　有"琴者，禁也"的说法，就是说古琴的功用在于禁止
　　　　某些事情。

大　卫：那具体要禁止什么呢？

老琴师：禁止的是私欲与杂念。儒家认为，"音正而行正"，中
　　　　正和谐的琴音，能让人心平气和，举止得体。所以，琴
　　　　可以规范人的行为，使之合乎"礼"，这就体现了音乐
　　　　的教化作用。

小　龙：很有道理。读书可以培育人文素养，弹琴可以陶冶情
　　　　操，两者相辅相成，彼此促进。

老琴师：是的，古琴是古代文人生活中不可缺少的一部分。文人
　　　　雅士常常携琴而歌，借琴抒发个人志趣理想。古时候，
　　　　琴是重要的弦歌工具。

大　卫：弦歌是什么？

老琴师："弦"代指琴和瑟①两种弦乐器，二者的音域和音色互
　　　　补交融，再伴以诗词吟唱，这就叫弦歌。

小　龙：抚琴而歌，怡然自得。我想到一句诗，"独坐幽篁里，
　　　　弹琴复长啸"。看来古代文人常常以弦歌抒情言志，修
　　　　身养性。

老琴师：没错。不仅如此，弦歌还有教育、教化的意思。据说当
　　　　年孔子被困宋国，绝粮七日，但他依然弦歌不辍，不忘
　　　　教化弟子。

小　龙：明白了。"弦歌不辍"意味着一种身处逆境，却依旧坚
　　　　持教化育人的精神。

老琴师：没错。而且，古代的诗词通常会以吟咏的方式唱出来。

大　卫：原来中国的诗歌也是要唱的，我们欧洲古代也有吟游诗
　　　　人呢。

老琴师：是的。古琴是吟唱诗词的绝配，所以有"非弦不歌，非
　　　　歌不弦"的说法。

小　龙：您是说弹琴吟唱诗词，是古代知识分子生活中很重要的
　　　　一部分吗？

老琴师：对呀。有时他们也会以琴会友，以文聚会，在清雅的环
　　　　境中拨弦弄琴，品诗赏画。就是所谓的文人"雅集"。

小　龙：那不就是西方艺术家的沙龙聚会嘛。

老琴师：性质差不多吧。现在，每逢佳节，三五琴友，也会携琴
　　　　来我这个琴馆相聚，抚琴交流，畅谈人生。

小　龙：古琴真是抒怀交友的君子之器。希望以后有机会，我们
　　　　也能参加您的雅集。

老琴师：好啊，欢迎你们来。

注释：

① 瑟：古老的汉族弹弦乐器，共有二十五根弦。

15

梅妻鹤子

小龙起身为老琴师续上茶水，抬头看见墙上挂着一幅画。画中有一人，文人装扮，侧卧梅花树下，十分惬意，一旁还有两只仙鹤。小龙心中不免好奇。

小　龙：老师，这幅画画的是什么故事？

老琴师：哦，是梅妻鹤子的故事。

大　卫：梅妻鹤子？

老琴师：嗯，宋代有位好琴的文人名叫林逋，学识渊博，他隐居在西湖旁的孤山20多年。隐居期间，他喜欢栽梅养鹤，抚琴自娱，世人说他是"梅妻鹤子"。

小　龙：以梅为妻，以鹤为子，这简直是神仙般的生活啊。我想起您的"鹤鸣九皋"琴来了。林逋养鹤，会不会也是表达他即使身居山野，也不忘修身、志存高远呀？

老琴师：应该有此意。仙鹤在古人眼里超凡脱俗，而且富有灵性。据说林逋弹琴，"每一鼓则二鹤起舞"。

梅妻鹤子

大　卫：哇，这么神奇。仙鹤能随着琴声舞蹈？

老琴师（笑）：传说如此，无从考证。不过，在古琴文化里，仙
　　　　　　　鹤的确是常见的文化意象。

小　龙：除了仙鹤，这画里的梅花也特别应景。梅花一般在冬天
　　　　百花凋零时盛开，所以代表着高洁隐忍的品性，同古代
　　　　隐士的形象有几份神似。

老琴师：说得好。梅花位列花中"四君子"①之首，历来深受文
　　　　人雅士喜爱。林逋本人也很擅长写梅花诗。

小　龙：他应该是托物言志吧。

老琴师：是的。传说梅花也喜欢琴乐。明代一本有关古琴轶事的
　　　　集子里记载了这样一个故事，有个叫王子良的人，得到
　　　　一张古琴，每当他弹琴的时候，总会有清风吹过，带起
　　　　满庭梅花飞舞。

大　卫：哇，好像这些梅花也懂得音律一样！

小　龙：梅花和仙鹤这两个意象在古琴文化里还真是很和谐。

老琴师：梅花和仙鹤在传统文化里经常一起出现，寓意美好。
　　　　它们和古琴共同构筑了一个远离尘世纷争的理想世
　　　　界。古琴也慢慢成为隐士精神的文化符号之一。

注释：

①"四君子"：指梅、兰、竹、菊。

16

乐之统

小　龙：老师，听您聊了这么多古琴的事，感觉古琴十分独特，
　　　　有浓厚的人文气息。

老琴师：这说明你对古琴的认识加深了。其实每种古老的乐器都
　　　　会带有当地的人文印记。古琴不仅有悠久的历史渊源，
　　　　还有丰富的文化内涵。

小　龙：您是说古琴象征的君子风范和隐士精神吗？

老琴师：这只是一方面。最关键的是，古琴体现了中国的传统音
　　　　乐观。

大　卫：是说古人对于音乐的看法吗？

老琴师：对。在系统记述音乐思想的典籍《乐记》里，就有"乐
　　　　者，天地之和也"这样的观点。

小　龙：音乐表现的是天地之间的和谐，应该借大自然的运作来
　　　　认识音乐，对吗？

老琴师：是的。古人对音乐的理解和我们不太一样，他们把音乐
　　　　视作神圣的东西。古琴在儒家文化里被赋予了很高的地
　　　　位，被称为"乐之统"。

大　卫：“乐之统”？意思是音乐的统领吗？

老琴师：没错。更准确地说，琴音被视为音乐的本真，这体现在
　　　　汉字“乐”的写法上。

说着，老琴师拿出纸笔，写了一个🎕。

老琴师：你们看，这是“乐”字的甲骨文写法。上丝下木，是不
　　　　是就是古琴的构造？

乐之统

大　卫：还真是！

老琴师：在古人眼里，琴音体现了天地和谐之道。散、泛、按这三种古琴音色，各自代表了地、天、人，蕴含着"天地人和"的思想。

大　卫：没想到古琴背后还有这么深刻的人文思想。老师，如果不是听您讲解，我真的不会明白这其中的奥妙。

老琴师：要不怎么会说"琴之为物，圣人制之"呢。有了这些文化内涵，古琴艺术就超出了音乐技法的范畴，所以才会散发独特的人文魅力。

小　龙：老师，感谢您给我们介绍了这么多古琴文化知识。以后我们会再来请教。

老琴师：我也很高兴遇到你们两个小知音。欢迎你们以后常来做客。

时间过得很快，天色渐晚，小龙和大卫起身向老琴师辞别。

结束语

　　小龙和大卫拜访老琴师，不仅接触到古琴演奏的技法，还在老琴师的引导下学习了千年的古琴文化和其中蕴含的人文思想。古琴的历史，见证着中国传统音乐的发展变化，同时也反映了中国人对天人合一美学境界的坚守。如今，古琴保留着文人音乐的底蕴，正焕发新的生命力。古琴是古老的，它的艺术特质从未改变，音和、声静而意远；古琴又是年轻的，它的传承发展多元而有活力。

中国传统桑蚕丝织技艺·缫丝

郭启新　赵传银　主编

百字说明

　　中国是世界上最早养蚕、制丝的国家，养蚕制丝至今已有5000多年的历史。中国传统桑蚕丝织技艺包括栽桑、养蚕、缫丝、织绸等工艺流程，是中国古代农耕文明与技术发展的重要体现。丝织品的流通开启了第一次东西方大规模的商贸往来通道，即"丝绸之路"。2009年，包括杭罗、宋锦和缂丝等在内的中国桑蚕丝织技艺被列入联合国教科文组织的《人类非物质文化遗产代表作名录》。

内容提要

　　小龙的父亲龙教授是丝织研究专家。阳春三月，小龙邀请大卫随父亲一起去湖州游玩，并了解桑蚕文化习俗。接连成片的池塘和桑林引起了小龙和大卫的兴趣，他们与龙教授就此展开了有关桑蚕文化及技艺的讨论。接着，小龙和大卫参观了桑蚕养殖基地，实地了解采桑技术、养蚕流程以及缫丝过程。之后，小龙和大卫随龙教授到中国丝绸博物馆观看了缂丝展览。

知识图谱

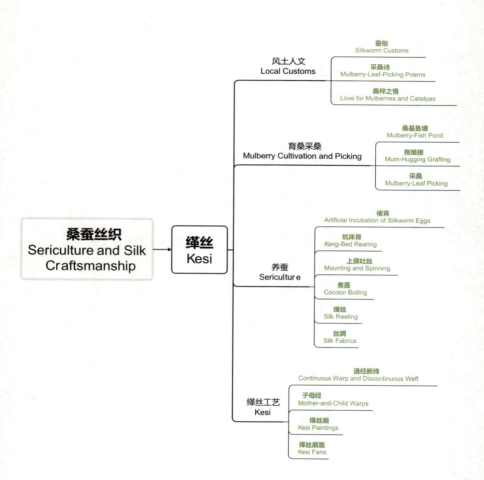

桑蚕丝织
Sericulture and Silk Craftsmanship

缂丝
Kesi

风土人文
Local Customs

- 蚕俗
  Silkworm Customs
- 采桑诗
  Mulberry-Leaf-Picking Poems
- 桑梓之情
  Love for Mulberries and Catalpas

育桑采桑
Mulberry Cultivation and Picking

- 桑基鱼塘
  Mulberry-Fish Pond
- 抱娘接
  Mum-Hugging Grafting
- 采桑
  Mulberry-Leaf Picking

养蚕
Sericulture

- 催青
  Artificial Incubation of Silkworm Eggs
- 炕床育
  Kang-Bed Rearing
- 上蔟吐丝
  Mounting and Spinning
- 煮茧
  Cocoon Boiling
- 缫丝
  Silk Reeling
- 丝绸
  Silk Fabrics

缂丝工艺
Kesi

- 通经断纬
  Continuous Warp and Discontinuous Weft
- 子母经
  Mother-and-Child Warps
- 缂丝画
  Kesi Paintings
- 缂丝扇面
  Kesi Fans

1

桑基鱼塘

阳春三月，小龙和大卫跟着龙教授来到湖州郊区游玩，并了解桑蚕文化习俗。

大　卫：小龙，这里环境真不错，景色好美呀。

小　龙：是啊，这里树很多，而且还有成片的池塘。

大　卫：这些树都好矮，是什么树呀？

龙教授：是桑树，这是专门培养的矮化树种，为了方便采摘桑叶。几千年来，种桑养蚕一直是中国人重要的生产和生活方式。不过，现在桑树在城市里不常见了。

大　卫：可能城市里没人养蚕吧。

龙教授：嗯。城里没有养蚕的资源和环境。你们看，住在农村，除了养蚕，还能养鱼。池塘边种桑树是这里的一种农业生产模式，叫"桑基鱼塘"。

小　龙：为什么叫桑基鱼塘？

桑基鱼塘

龙教授：在地势低平、河网密布的地方开挖池塘养鱼，挖出来的
泥土直接堆在鱼塘的四周作塘基，然后再在塘基上种桑
树，这就是桑基鱼塘。

小　龙：这种一举两得的生产模式真是绝妙呀。

龙教授：桑基鱼塘是典型的中国式复合农业系统，用现在的时髦
说法叫"良性循环的生态系统"。

大　卫：是怎么良性循环的呢？

龙教授：桑基鱼塘把蚕桑业和水产养殖业结合起来了。桑叶可以
　　　　养蚕，蚕粪可以喂鱼，鱼粪可以肥塘，塘泥又可以肥
　　　　桑。桑、蚕、鱼之间形成一种良性循环，构成可持续的
　　　　农业经济和良好的生态系统。

小　龙：充分利用资源，这种理念很先进呀。

大　卫：龙教授，这种桑基鱼塘在南方很普遍吗？

龙教授：是的。经过上千年的发展，种桑养蚕和蓄水养鱼相辅相
　　　　成，形成了非常特别的江南水乡农业生态。

小　龙：上千年？那就是说，桑基鱼塘这种模式很早就有了？

龙教授：是啊，有2500多年的历史呢。你们想象一下，当年湖州
　　　　"处处倚蚕箔，家家下鱼筌"①的景象有多美。

大　卫：嗯，我喜欢乡村美景。

小　龙：这里面桑树很重要呀。有了桑树，就可以养蚕，蚕丝可
　　　　以织漂亮的丝绸，难怪湖州的丝绸很出名呢。

龙教授：是啊，这小小的桑叶不可小瞧，它在古代可是重要的生
　　　　产物资，还引发过战争呢。

大　卫：引发战争？

龙教授：是的，《史记》②中就记录了这样一场战争。

小　龙：爸爸，快给我们讲讲。

龙教授：2500多年前，吴国和楚国两国边境上的百姓为争采桑叶

发生了纠纷，吴王知道后就派兵去攻打楚国。这是中国古代文献记载最早的"争桑之战"。

大　卫：龙教授，采桑是不是有很多故事呀？

龙教授：有啊，还不少呢。

注释：

①"处处倚蚕箔，家家下鱼筌"：出自唐朝诗人陆龟蒙《奉和袭美太湖诗·崦里》。

②《史记》：西汉史学家司马迁（公元前145年？—公元前90年？）撰写的纪传体史书，是中国历史上第一部纪传体通史，记载了从上古传说中的黄帝时代到汉武帝太初四年间共3000多年的历史。

2

采桑诗

中午的暖阳之下，小龙、大卫和龙教授三人坐在鱼塘边。他们一边休息，一边聊起了采桑的故事。

大　卫：龙教授，给我们说说采桑的故事吧。

龙教授："东风二月暖洋洋，江南处处蚕桑忙。"①

小　龙：爸爸，您怎么念起诗来了？

龙教授：古时候那些采桑的故事就记录在诗歌里呢。这是一首描写南方采桑情景的诗歌。你们听懂了吗？

小　龙：这里的"二月"是指中国农历的二月②吧。

大　卫：这是说天气暖和起来了，有东面吹来的风，大家忙着采桑养蚕，对吗？

龙教授：是的，这里东风特指春天的暖风，采桑就是从春天开始的。"蚕生春三月，春桑正含绿。女儿采春桑，歌吹当春曲。"③

小　龙：这首诗描述春天蚕宝宝出来了，桑树发芽了，小姑娘唱着歌去采桑，对吗？

龙教授：没错。春天是开始采桑养蚕的时候。古代这样的采桑诗
　　　　很多，比如这首《采桑曲》④：

　　　　青溪女儿爱罗裙，

　　　　提筐陌上踏春云。

　　　　蚕饥日暮思归去，

　　　　不敢回头看使君。

小　龙：这首诗写得很有画面感。大卫，你能想象得出来吗？

大　卫：这首诗我们中文课上讲过。我来讲一讲，你们看我理解
　　　　得对不对？在温暖的春天里，穿着罗裙的年轻女孩提筐
　　　　去采桑叶，黄昏采完桑叶赶紧回家喂蚕，都没时间回头
　　　　看一眼她的男朋友，这样理解对吗？就是前面两个字
　　　　"青溪"忘了是什么意思。

龙教授：大卫中文学得不错。"青溪"是水流清清的小溪。你们
　　　　看，这首诗是不是很细致地描写了采桑女的生活？

小　龙：是的。

大　卫：我喜欢最后一句"不敢回头看使君"，说出了她心里的
　　　　秘密，很有趣。

龙教授：中国的蚕桑丝织历史悠久。种桑、养蚕、织布就是人们
　　　　的日常生活，所以采桑成为中国古代诗歌的一大题材。
　　　　采桑诗是蚕桑文化中极其重要的一部分。

小　龙：爸爸，好像很多采桑诗都会提到男女之情，就像刚才那
　　　　首一样。

罗敷喜蚕桑，
采桑城南隅。

采桑诗

采桑诗

大　卫：采桑诗也可以算作爱情诗吗？

龙教授：当然可以了。在古代，桑林也是男女约会的地方，所以
　　　　很多采桑诗都会涉及男女之情。除此之外，采桑诗也真
　　　　实再现了人们的生活状态。比如，这首《采桑》⑤是这
　　　　样写的："朝去采桑日已曙，暮去采桑云欲雨。"

采桑

小　龙：这是描述蚕农们的采桑之苦吧？是说采桑要么顶着太阳，
　　　　要么淋着雨。

龙教授：没错。我们是农业大国，耕织是古代社会的主要经济支
　　　　柱，所以不光诗人写诗话桑麻，连皇帝也作采桑诗呢。

大　卫：皇帝又没在民间生活，他们怎么会写采桑诗呢？

龙教授：这正说明统治者对耕织极其重视呀。

小　龙：明白了，采桑纺织是国家大事，所以皇帝必须关心重视。

龙教授：是的。他们在诗词中提醒自己和官员要了解农事辛苦，鼓励百姓耕织。比如，清朝早期的康熙皇帝，就曾经写过采桑诗，这里面还有个故事呢。

大　卫：是皇帝亲自去采桑吗？

龙教授：那倒不是，是跟采桑有关的故事。康熙皇帝南巡时得到一本古人的《耕织图》图册。为了鼓励官员重视农事，他就让画家以此为范本，重新绘制了耕种图、纺织图各23幅，并在每幅画上附诗一首，还亲自为这本书写了序言，这就是著名的《御制耕织图》。通过这本书可以了解清朝农耕和丝织的情况。

小　龙：那就是关于耕织的绘本吧，是把整个农事的过程都画下来了吗？

龙教授：是的，耕种图把从浸种一直到收获、祭祀的整个过程都画了下来。

小　龙：那纺织图也应该是从种桑养蚕开始的吧？

龙教授：倒是没画种桑，是从采桑养蚕开始，最后是成衣。采桑图配的就是康熙皇帝的采桑诗。

大　卫：这样看来，采桑诗是一种很特别的诗歌了。

龙教授：是的，采桑养蚕是古人的日常生活，当然也寄托了他们
　　　　的情感和思想。

大　卫：那我回去要找来读一读。

龙教授：好啊，读了采桑诗，才能更好地理解中国人的桑梓之情。

注释：

① "东风二月暖洋洋，江南处处蚕桑忙"：古典小说《醒世恒言》第
十八卷"施润泽滩阙遇友"中的两句诗。

② 农历二月：根据中国传统历法，农历二月一般相当于阳历三月。

③ "蚕生春三月，春桑正含绿。女儿采春桑，歌吹当春曲"：出自南
北朝民歌《采桑度》。

④《采桑曲》：明代沈天孙所作。

⑤《采桑》：宋代翁森所作。

3

桑梓之情

大　卫：龙教授，刚才您说的"桑梓之情"是什么意思呢？

龙教授：在古代，人们普遍在房前屋后栽种桑树和梓树。

小　龙：那就是说，提到桑梓，就容易让人联想起家和亲人，
　　　　是吧？

龙教授：没错，桑树和梓树与中国古代人的家庭生活息息相关。
　　　　你们看，桑树的叶子可以养蚕，果实可以食用和酿酒。
　　　　梓树生长速度快，很适合做家具。梓木历史上曾是刻
　　　　板印书的好材料，因此我们也把稿件交付刊印称作
　　　　"付梓"。

大　卫：原来在中国古代，桑树、梓树对一个家庭这么重要啊。

龙教授：是的，桑梓文化在中国历史悠久。桑梓常用来指代故
　　　　乡。你们听这两句诗，"乡禽何事亦来此，令我生心忆
　　　　桑梓"①。

小　龙：这是说作者漂泊在外，看到熟悉的禽鸟，想起故乡，想起家，是吧？

龙教授：是啊。人在他乡，特别容易思念故乡。桑梓也可用来指代父母。它还有另一层含义，就是象征生命再生。这两种树生长速度快、生命力极强，也被种植在墓地周围，作为生命再生的象征。

大　卫：这两种树的文化含义真丰富啊。

桑梓之情

桑梓之地　父母之邦

龙教授：古时候，桑梓在人们的生活中不可缺少，很自然会用桑梓指代故乡。

大　卫：我明白了。

龙教授：后来，"桑梓"一词又演变成故乡人或同族人的代称。这说明桑梓之情植根于中国人的内心深处。

小　龙：真没想到桑树对中国文化的影响这么深远。除了表达对父母、家乡和乡亲的眷恋，桑树还有别的寓意吗？

龙教授：它还表达一种理想的田园生活状态。比如，像"把酒话桑麻"[2]和"鸡鸣桑树颠"[3]这样的诗句，反映了古人对自由、平静的田园生活的向往。

大　卫：这种生活听起来真美好啊。

小　龙：那桑树对我们现代生活还有影响吗?

龙教授：有啊。虽然已经21世纪了，织造技术日新月异，发展迅速，但人们种桑、采桑、养蚕、织丝绸的传统还在延续。中国许多地方，尤其是气候湿润的南方还是会大面积种桑。

小　龙：我们找个时间去看看怎样采桑养蚕吧?

大　卫：我特别想看看那些蚕宝宝是怎么吐丝的。

龙教授：好，今天下午我先带你们去了解一下湖州蚕俗，以后找时间再去桑蚕基地参观。

注释：

① "乡禽何事亦来此，令我生心忆桑梓"：出自唐朝诗人柳宗元（773—819）的《闻黄鹂》。

② "把酒话桑麻"：出自唐朝诗人孟浩然（689—740）的《过故人庄》。

③ "鸡鸣桑树颠"：出自东晋诗人陶渊明（365—427）的《归园田居·其一》。

4

蚕俗

下午，大卫、小龙和龙教授一起来到湖州的衣裳街历史文化街区了解蚕俗。

小　龙：爸爸，衣裳街这个名字好特别呀。

大　卫：龙教授，这个街道名字有什么故事吗？

龙教授：有的，湖州是名副其实的丝绸之乡，这里发掘过4500年前的丝绢残片，是我国发现年代最早的丝织品实物，也是当今世界上最早的人工织物。

大　卫：哇，那可是很久很久以前的东西。

龙教授：是的。这个地方的建城史有2000多年了。这里的丝绸贸易历史也很悠久。清朝指定湖州丝绸为宫廷专用衣料。200年前，这里就是生丝和绸缎的贸易集散地。英国、美国、日本等国的商人都来这里采购生丝，然后经宁波、广州转运回国。

小　龙：难怪会有"衣裳街"这样的街名了。

龙教授：这里的许多地名都与桑蚕丝织有关，路上你们注意到没有？

小　龙：我刚才看到了"育桑桥"。

龙教授：还有"迎锦桥"呢。这里有个地方叫"织里"，有条河叫"墨浪河"，这些都和丝织业有关。

大　卫：墨浪河不是应该和墨水有关吗？怎么和丝织有关呢？

龙教授：之所以叫墨浪河，是因为当时印染丝绸的水把河水变成了墨黑色。

小　龙：爸爸，湖州这个地方为什么种桑、养蚕的特别多呢？

龙教授：湖州这里气候湿润，特别适合种桑养蚕。这里出产优质丝绸，素有"湖桑遍天下、湖丝甲天下"的说法。1851年，湖州的生丝在伦敦世界博览会上还拿过金奖呢。

大　卫：噢，怪不得您带我们到湖州了解蚕桑文化习俗呢。

湖州蚕俗

龙教授：是的，这里有独特的湖州蚕俗，还有"蚕神"的传说。

大　卫：什么是蚕神？

龙教授：民间信奉各种各样的神，不同的神管的事情不一样，蚕神管的是和养蚕有关的事务。传说中教人种桑养蚕的嫘祖①就是蚕神之一。湖州当地流传最广的是含山的"蚕花公主"传说。

小　龙：爸爸，给我们讲讲蚕花公主的故事吧。

龙教授：好啊。传说蚕花公主就住在含山脚下，因父亲外出打仗被困，蚕花公主就许愿说："谁能救我父亲，我就嫁给谁。"此时一匹白马飞奔过来，前去救回了她父亲。蚕花公主心存感激，准备嫁给白马，可是蚕花公主的父亲觉得一匹马怎么可能配得上公主，便将蚕花公主的侍女嫁给了白马。

大　卫：怎么这么不讲信用呢？后来怎么样了？

龙教授：后来，马儿乱蹦撞死了侍女，于是家里人就杀了白马。马死后，公主很伤心，觉得对不起白马，就上吊自杀了。公主的坟上长出了一棵桑树，白马的坟上出现了很多蚕宝宝，蚕宝宝爬到桑树上吃桑叶。因此民间就叫公主马头娘或者蚕花娘娘，还建了寺庙供奉公主和白马。久而久之，就形成了祭拜蚕花公主的习俗。

小　龙：这个故事好凄惨呀。都怪这个父亲不讲信用！

蚕花公主

龙教授： 这个传说告诫人们要信守诺言。湖州还有其他蚕俗，比
　　　　如蚕花生日、点蚕花火、轧蚕花、谢蚕花等。

小　龙： 我知道蚕花生日，好像是农历腊月十二，这一天蚕农们
　　　　会备好酒菜祭祀蚕花娘娘。

大　卫： 那点蚕花火是点灯还是放焰火呢？

龙教授： 点蚕花火的习俗是，除夕到大年初一早晨，蚕农在家里
　　　　或庙里点油灯或蜡烛。

小　龙： 这像是蚕农版的年三十守夜了。那轧蚕花是什么呢？

龙教授：传统的轧蚕花是每年的清明②时期蚕农聚集在庙会上祭拜蚕神。"轧"是挤的意思。这一天的庙会人越多越拥挤越好。轧蚕花的活动以含山最有名。

大　卫：为什么大家都要去那儿呢？

龙教授：传说清明当天，蚕花娘娘会化作村姑出现，留下蚕花喜气，蚕农都想把蚕花喜气带回家，让一年的种桑养蚕顺利，收获多多的蚕茧。

小　龙：大家都想沾沾蚕花喜气啊。

大　卫：那谢蚕花就是感谢蚕花娘娘了，是吗？

龙教授：是的，蚕农用丰盛的酒菜表达对蚕花娘娘的感激，也有的在河边用泼水的形式进行祭祀。这些都是蚕农在感谢蚕花娘娘、庆祝蚕茧丰收。

小　龙：真不愧是蚕乡，这么多的蚕俗。爸爸，下次带我们去桑蚕基地参观体验吧。

龙教授：行啊，过两天就带你们去。

注释：

① 嫘祖：传说中黄帝的妻子，发明了养蚕技术。

② 清明：二十四节气之一。每年公历4月5日前后进入清明节气。祭祖、踏青是重要的清明节习俗。

5

抱娘接

几天后，龙教授带着小龙和大卫来到桑蚕养殖基地参观桑树嫁接技术。

龙教授：桑树培育有多种方法，今天我们要看的是嫁接。嫁接就是把带芽的桑树枝条接到母树上，这样新枝很快就会长出桑叶来。1000多年前，湖州就已经广泛采用桑树嫁接技术了。

大　卫：龙教授，为什么要嫁接桑树呢？让它自己长大不就行了吗？

龙教授：嫁接可以促进桑叶的生长，也便于改良品种。这对桑叶的大规模生产非常重要。

小　龙：是不是嫁接后会很快长出更多的桑叶？

龙教授：是的。必须保证有足够的桑叶，才能养更多的蚕，结出更多的蚕茧，这样才可以实现蚕丝的批量生产。

大　卫：明白了。就是要给很多蚕宝宝足够的桑叶吃。

小　龙：那嫁接之后，桑树多长时间能长出新桑叶呢？

抱娘接

龙教授：半个月左右。

小　龙：这么快呀。爸爸，桑树随时都可以嫁接吗？有没有时间
　　　　限制？

龙教授：嫁接一般是在3月中旬到4月上旬，也可以在夏天或秋天
　　　　进行。我们来的时间正好。你们看，这就是刚嫁接过的
　　　　桑树。

大　卫：咦，快看，这些树上都绑了塑料条，像是绑了绷带一样。

龙教授：是的，上面带芽的枝条叫"接穗"，下面这个母树叫
　　　　"砧木"。把接穗和砧木接在一起，过一段时间这些接
　　　　穗长大，桑树就会枝繁叶茂了。

大　卫：好神奇呀。简单地在树上切个口，接上新枝条就嫁接
　　　　好了。

龙教授：桑树嫁接，看上去简单，实际并不简单，要讲究方法的。

小　龙：那怎么嫁接呢？

龙教授：嫁接桑树的方式有很多种，比如"袋接"和"抱娘接"。

大　卫："抱娘接"？这个名字有趣。

龙教授：抱娘接一般用于更换桑树品种或让老树更新复壮。我们来看看这位师傅的接法。

小　龙：把砧木切个倒U形切口，好像切得不深呀。

龙教授：是的，切断皮层就行了。如果砧木太粗，也可切A形切口。他手里拿的细芽就是接穗条。

大　卫：把它插进去就行了吗？

龙教授：是的。要选择健壮的带芽接穗条，插到切好的砧木切口中。

大　卫：他们操作得好熟练啊。

龙教授：当然了。要抓紧时间，不能误了农时。砧木根系发达，嫁接后复活率高，长势也旺。接穗芽变长后，要将砧木的上部锯断，保证新芽成长。

小　龙：怪不得这些树看上去很奇怪，很粗壮的树上枝条却很细，原来是嫁接的呀。

大　卫：龙教授，这个方法为什么叫"抱娘接"呢？

龙教授：你们仔细看看用作砧木的母树，还有上面的接穗。从背面看，这个切口像不像两条胳膊在抱着母树？

大　卫：很像。我明白了，叫"抱娘接"是因为这个切口的形状像孩子抱着妈妈的样子。这个叫法真形象呀。

6

采桑

采桑的时节很快到了。一天早上，大卫、小龙和龙教授又来到桑蚕养殖基地。

小　龙：爸爸，能不能带我们去采桑叶呀？

龙教授：可以呀。但桑叶可不是随便就摘的，要先了解方法。

大　卫：采桑叶不是很简单的事吗？

小　龙：对呀，这个不需要技术吧？

龙教授：当然不是这样，没有技术可不行。我先给你们普及一下养蚕常识吧。一千克鲜蚕茧大概有500个，那我问你们，出一千克蚕茧，得用多少桑叶？

小　龙：这个可不好猜。也许10千克？

龙教授：还得再加上一半。

大　卫：15千克。那还挺多呀。

龙教授：你们看，嫁接是为了多产桑叶，采桑叶是不是也要想办法维护桑叶的高产呀？

大　卫：是啊，那应该怎么做呢？

龙教授：既要考虑多采桑叶喂饱蚕宝宝，也要注意采摘桑叶对桑
　　　　树生长的影响，所以采摘时，一定要有正确的方法。

小　龙：哦，就是不要一下子把桑叶都摘光，是吧？

龙教授：不错，不过不同季节采桑的方法也不一样。

大　卫：我原来以为只有春季采桑叶呢。

龙教授：当然不止春季。除了春叶，还有夏叶和秋叶。采桑方
　　　　法根据养蚕的不同时期和桑树在各个季节的生长情况
　　　　而定。

大　卫：都有哪些方法呢？

龙教授：基本方法有三种，就是摘叶法、采芽叶法和剪条法。

小　龙：摘叶法应该就是摘叶子，采芽叶法是只摘新发的桑叶，
　　　　是吗？

龙教授：你说的第一种方法是对的，但第二种就不对了，这里说
　　　　的芽叶是叶片和新梢的总称。

小　龙：采芽叶法是不是在春季用的比较多呀？

龙教授：是的。

大　卫：那剪条法呢？

龙教授：剪条法是把桑叶和枝条一起剪下来，春夏之交用的多。

大　卫：看来采桑叶也不简单呢。

龙教授：没错。错误的采桑方法会严重影响桑叶的产量。采桑的
　　　　时间也是有讲究的，一般早晚两次，早上最好的时间段
　　　　是6点到9点，下午在4点到6点之间。种桑养蚕得知道不

同时间该做什么事，该用什么方法。等下先请采桑师傅教你们，然后你们学着采桑。

大　卫：我得好好学习。

小　龙：那我们赶紧去吧，已经8点了。

龙教授：好，我们先去体验一下春季采桑吧。

7

催青

采桑结束，桑蚕基地的技术员陪着大卫、小龙和龙教授来到蚕室了解养蚕过程。蚕室里面是一间间隔好的小房间。他们走进第一间，大卫和小龙看到椭圆、扁平的蚕卵密密麻麻地铺满一张张大纸。

大　卫：请问，这密密麻麻的都是蚕卵吗？

技术员：对呀，都是的。

小　龙：没想到蚕卵的颜色这么深，我还以为是白色的呢。

技术员：这些是越年卵，刚产下的蚕卵是淡黄色的，经过10天左右，就变成了这么深的颜色。

大　卫：现在就等着它们自己变成蚕宝宝吗？

技术员：蚕卵是可以自然孵化的，但那样孵化率低，而且有孵化不整齐、幼虫体质弱等问题，所以我们要帮助它们孵化，这个过程叫催青。

大　卫：催青？是人工孵化吗？

龙教授：是的，就是人工孵化，这样成活率更高。

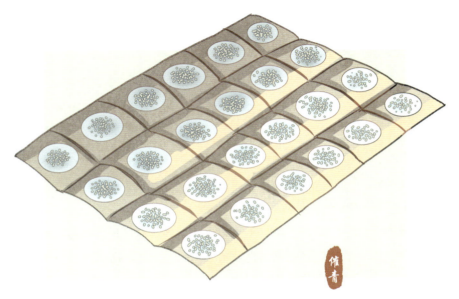

催青

技术员：催青是养蚕过程中很重要的一关。为了保证培育出健壮
　　　　的、个头一般大的蚕宝宝，催青室里的温度、湿度、光
　　　　线、空气都要控制好才行。

大　卫：看样子是标准化生产。

技术员：是的，要严格按照生产要求来。

小　龙：难怪这个房间里放了空调和加湿器。

技术员：我们一般采用渐进催青法，随着蚕卵胚胎生长，要逐步
　　　　提高室内温度，同时注意调节湿度和光线。

大 卫：怎么调节呢?

技术员：催青的时间持续11天左右。这期间又分成三个重要阶段，也就是最长期、缩短期和点青期。最长期的胚胎体细长。你们看，这一批蚕卵正处于最长期，所以今天我们要开始给它们催青了。温度要控制在20℃左右，湿度77%，用自然光照射。

小 龙：那缩短期和点青期呢?

技术员：接下来3天，要注意室内逐渐升温，温度控制在23℃左右。第5天，胚胎进入缩短期，需要进行高温保护和18个小时以上的连续光照，温度控制在25℃左右，湿度80%。当蚕的头部颜色变浓黑时，胚胎就进入了点青期。在点青期，胚胎即将全身变黑，这时，温度需要提升到26℃，需要昼夜遮光。1至2天后，在光照条件下，蚕卵很快就会孵化成幼蚕了。

大 卫：从蚕卵变成蚕宝宝还真不容易呢。

技术员：是的。催青过程中的温度、湿度和光线，直接决定着蚕卵孵化率和后期成长情况，甚至会影响吐丝质量。

小 龙：催青很有技术含量，得专门学习吧。

技术员：是啊，上岗前技术人员都需要接受专门培训。

8

炕床育

参观完催青室，技术员带着大卫、小龙和龙教授一起进入小蚕饲育工作间去看蚕宝宝。

大　卫：哇，这些蚕宝宝好小啊。

小　龙：这是刚孵化出来的吧？

技术员：是的，这是刚催青后孵化出的幼蚕，它们需要特殊照顾。

小　龙：怎么特殊照顾呢？

技术员：幼蚕的饲养有三种方法：普通育、覆盖育和炕床育。别看这些幼蚕个头这么小，要是按单位体重算，它们的表面积是很大的，所以身体散热快、水分容易蒸发，需要在高温多湿的环境下饲养。

大　卫：具体用什么方法呢？

技术员：我们通常采用炕床育。

小　龙：炕床？是东北人的那种大炕吗？我们南方可没有炕。

龙教授：这里有呀，不过这个炕不是给人睡觉，而是培育蚕宝宝用的。在育蚕加温过程中，我们应用了北方取暖用的炕床结构，所以这种饲育方式被称为炕床育。

技术员：对，龙教授说的没错。炕床分饲育室和地火龙两部分。

小　龙：饲育室好懂，应该是用来养幼蚕的地方。那地火龙是什么呢？

大　卫：要用火吗？

技术员：是的。地火龙是加热的，主要由炉灶、烟囱和多条地下烟道构成，这样饲育室的加温就会很均匀，这种间接加热的方法可以避免二氧化碳堆积。你们看，天花板和后墙上都有换气孔，用来保证室内空气流通。

小　龙：饲育室设计上要考虑这么多因素哇。

龙教授：你们知道高温多湿、空气新鲜的环境除了有利于幼蚕生长，还有什么好处吗？

大　卫：我猜是保持桑叶新鲜吧？

技术员：对的。高温多湿环境下，桑叶中的水分不易流失，可以长时间保鲜，这样的话，可以减少给桑次数，避免浪费桑叶。

大　卫：这样劳力和桑叶都省了。这些幼蚕什么时候能出这个屋呢？

技术员：四龄和五龄蚕就可以不用炕床育了。

小　龙：怎么给蚕分年龄呢？

技术员：蚕的生长期是这么分的：催青期10—11天；幼虫期25天左右，具体是一龄期4—5天、二龄期3—4天、三龄期

　　　4天、四龄期6天、五龄期7—9天；蛹期14—18天；蛾期
　　　3—5天。

大　卫：分得可真细啊。

技术员：是的，必须细分。一龄和二龄期，饲育室的温度得控制
　　　在27℃—28℃，湿度90%；到了三龄期，温度降1℃，湿
　　　度降到80%—85%。四龄和五龄的蚕就属于大蚕，不再
　　　需要用炕床了。

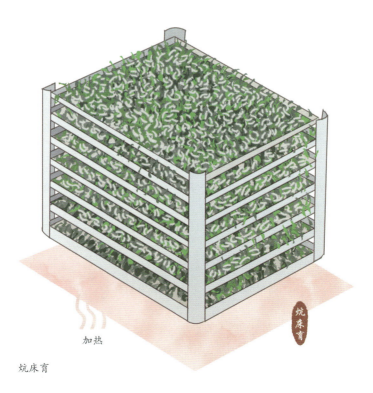

加热

炕床育

炕床育

大　卫：看来蚕宝宝的生活管理要很科学呢。

小　龙：我有个问题，蚕龄就是按时间算吗？这中间有没有能观察到的成长现象呢？

技术员：这个问题问得好。蚕在生长过程中要经过四眠五龄。它们得不断蜕皮才能长大。

大　卫：蜕皮？

技术员：是的，要蜕好几次皮呢。蚕每次蜕皮期间不食不动，一看就知道是休眠了。眠与眠之间就是龄。

小　龙：那应该很容易观察到。

技术员：没错。蜕去旧皮后，蚕就进入一个新的龄期。从蚕卵孵化到第一眠是一龄期；之后醒来吃桑叶，也就是二龄期，再进入第二眠；依此类推，一直到蚕进入四龄期和五龄期，变成大蚕。

大　卫：真有意思，蚕宝宝是吃吃睡睡长大的呀。

技术员：是这样的。再过一个多月，你们可以来看蚕怎样上蔟吐丝了。

小　龙：上蔟是什么意思呢？

技术员：这个到时候我再给你们讲。

小　龙：好呀，到时候我们一定来。谢谢您。

9

上蔟吐丝

一个月后，小龙和大卫再次来到桑蚕养殖基地观看蚕吐丝结茧。

大　卫：请问，中间这个高台子上一格一格的框架是干什么用的？里面还有蚕呢。

小　龙：应该是让蚕结茧的地方吧？

技术员：是的，这些是方格蔟，是让熟蚕结茧的工具。大蚕长成熟蚕后，会爬到蔟具上吐丝结茧。

小　龙：这是爬格子，为什么叫上蔟呢？

技术员：最原始的蔟具是用稻草、麦秆扎起来的，像山的样子，所以叫上蔟。后来为了提高蚕茧质量，增加蚕茧解舒率，人们研发了结构更好的蔟具，比如这种网格蔟具。

大　卫：解舒率是什么意思？

技术员：通俗一点讲，解舒是指抽丝时茧丝分解抽离的难易程度。解舒率高，表示茧丝容易分解抽离，出丝量就多。解舒率低，抽丝量就少，而且生丝品质也不会太好。

大　卫：明白了，这种蔟具的结构有利于蚕吐丝。

小　龙：这种方格蔟有什么优点呢？

技术员：方格蔟隔孔大小均匀，便于空气流动，能保持蔟中干燥。
　　　　熟蚕可以各选其格，很好管理。

小　龙：看，有的蚕开始吐丝了。怎么这些蚕只是抬着头晃呢？

技术员：这个动作表明马上要吐丝了。熟蚕长到一定时期就停止
　　　　进食，这时它们胸部透明，抬起头部左右摆动，准备
　　　　吐丝。

上蔟吐丝

大　卫：这个房间是不是也要控制温度、湿度和光线呀？

技术员：没错。从熟蚕上蔟到吐丝这一阶段，需要屋里温度适宜、干燥清洁，光线明暗均匀，这样才能保证结出高质量的蚕茧。

小　龙：你们看，蚕用丝把自己一层一层包裹起来，这是真正的"作茧自缚"啊。

技术员：这个成语确实是这么来的。这些丝网会越来越厚，最后结成一个椭圆形的茧。

大　卫：从吐丝到结茧需要多长时间呀？

技术员：大约3个整天，60到80小时。有的结得快些，有的慢些。

大　卫：真有趣，蚕还像人一样，有的性子快，有的性子慢。

技术员：是的，你的比喻很恰当。

小　龙：我喜欢那句诗"春蚕到死丝方尽"。我觉得蚕很伟大，牺牲自己，造福人类。

技术员：这是文人托物言志。我倒是觉得我们中国人很聪明，不仅发现了蚕吐丝现象，而且还用蚕丝成功地织出了丝绸。

大　卫：有人说丝绸是中国人的第五大发明呢。

技术员：的确如此。蚕丝是非常优质的纺织原料，纤细轻盈，光泽度好，而且柔软顺滑，透气性好，特别适合做衣服。蚕丝还可以做蚕丝被，又轻又软，保暖又透气。

10

煮茧缫丝

参观完蔟室，大卫和小龙来到缫丝坊，这是一个仿照传统缫丝工艺设立的工作坊。技术员给他们讲解了缫丝的知识和整个技术流程。

技术员：我们刚才看了桑蚕吐丝结茧，现在再来了解一下蚕茧是怎么变成丝线的，这个行话叫缫丝。我们就从剥茧、选茧开始吧。

大　卫：剥茧？就像剥洋葱那样把蚕茧剥开？

技术员：有点儿类似，就是将蚕茧表层的一些杂乱、松散的丝缕剥去。剥茧后要对蚕茧进行分类，这叫选茧。最好的茧叫上茧，缫出的生丝可用来制作高级丝织品；最差的茧叫下茧，不能用来缫丝。

大　卫：怎样分辨茧的好坏呢？

技术员：好茧的茧层厚实，茧形整齐，颜色洁白均匀，表面没有疵点。差茧的问题各不相同，比如有的表面发霉、有的有大面积油污，或者茧形畸形、个头太小。

小　龙：那选茧之后就该煮茧了吧？

技术员：是的。干茧中含有大量的丝胶，因为过于紧实，无法用
　　　　来缫丝。煮茧的目的就是利用水和热的作用，使蚕茧中
　　　　的丝胶膨润，降低黏着力，这样才能抽出丝来。

大　卫：怎么煮呢？

技术员：煮茧不是把茧一股脑儿倒在一起煮，要分好几步。首
　　　　先，将干茧放入容器里浸泡2到3个小时，使表面形成一
　　　　层水膜，水温控制在50℃到70℃之间，防止高温把蚕茧
　　　　煮烂。

大　卫：看来还得好好掌控温度呢。

煮茧缫丝

技术员：是的。泡茧的同时需要调配化学药剂，增强液体的渗透
　　　　力。将浸泡后的蚕茧、化学药剂和60℃左右的水一同放
　　　　入真空容器里，蚕茧充分渗透后，解舒率会提升。这样
　　　　缫丝效率会更高，生丝的产出量也更大。渗透之后，就
　　　　可以开始煮茧了。

小　龙：煮茧要用多少度的水？煮多长时间呢？

技术员：煮茧最重要的是控制时间和温度，45℃左右最佳，通常
　　　　要10到15分钟。煮过的茧放入温度更高的水中调整一段
　　　　时间，才能进行下一步工作——索绪。

小　龙：索绪就是找到蚕丝的头，对吗？

技术员：是的。你们看，索绪需要这个工具——索绪帚。用它摩
　　　　擦蚕茧表面，就能把蚕丝头引出来。

大　卫：哦，这还有专门的工具呢。

小　龙：古时候人们能够把蚕茧和织布穿衣联系起来，也真是太
　　　　聪明了。

技术员：没错，古人很有智慧。关于缫丝还有很多传说呢。

大　卫：有什么有趣的故事？快给我们讲讲吧。

技术员：有一个嫘祖怎么找到茧的丝头的传说。嫘祖是黄帝①的
　　　　妻子。相传有一次黄帝打了胜仗，为了庆祝胜利，蚕神
　　　　化作美女，献上了洁白的丝。黄帝特别喜欢这个礼物，
　　　　就让嫘祖教人栽桑养蚕，但很长时间没有人能弄清楚怎
　　　　样才能把蚕茧制成丝。

索绪

大　卫：后来呢？

技术员：嫘祖得到蚕茧后，也想不出来怎样抽丝。

小　龙：嫘祖不是蚕神吗？

技术员：别着急，听我讲她是怎么成为蚕神的。一天，她坐在桑
　　　　园里喝水，手里拿着蚕茧仔细琢磨。不小心手一滑，蚕

茧落入了热水中。嫘祖着急把蚕茧从热水中取出来，就拿手边的筷子去捞。你们猜发生了什么？

大　卫：用筷子找到了丝头？

技术员：是的。嫘祖惊讶地发现，泡了热水的蚕茧出了丝。她用筷子轻轻一挑蚕茧，蚕丝居然连续不断地从茧中拉了出来。最初的索绪工具就是仿照筷子设计的两个木签。

小　龙：哦，嫘祖成为蚕神应该是筷子立的大功。

技术员：是的。为了提高效率，就有了索绪帚这个工具，这么多竹签聚在一起，一次能引出好多根丝。

小　龙：那缫丝后是什么工序呢？

技术员：是复摇和整理，最后绞丝变成成品生丝。

大　卫：复摇是什么？

技术员：就是用复摇机除去糙片、杂质，整理好接头，提高丝的洁净度。然后把丝线从复摇机上取下，逐片绞好打包，就是成品的生丝。

看到工作间的展台上摆放的亮灿灿的成品生丝，大卫和小龙忍不住伸手去摸了摸。

小　龙：光泽度真好，摸着好顺滑呀。那下一步就应该是染色了吧？

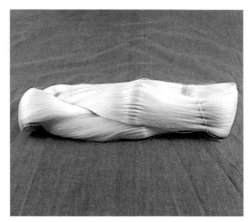

生丝

技术员：是的。天然蚕丝是白色的。练染就是给蚕丝染色。

大　卫：给蚕丝染色有什么讲究呢？

技术员：中国的练染技术起源很早。早在2000多年前的周朝，政府就设"染人"之职，专门负责染色的各个环节。春天煮练曝晒丝帛，夏天染黄、红和浅黑色，秋天染其他颜色，冬天进献染好的丝帛成品。

小　龙：2000多年前人们就已经能染丝了，真是厉害。

技术员：是的。在我们湖州也能找到古代织染业活动的依据。你们知道这附近有条小河叫墨浪河吗？

小　龙：知道，好像是染坊很多，把水染成了黑色。

技术员：正是如此。可见古代这里丝织业是非常发达的。

大　卫：那现在河水还很黑吗？

技术员：哈哈，现在当然不黑了，但名字保留了下来。

小　龙：我觉得这个名字挺有趣的，还很有诗意呢。

技术员：现在缫丝厂都是自动化机械操作了，也都非常注意环保，不会再出现污染河流的情况了。我们建了这个简易手工缫丝坊，为的是让大家了解传统的缫丝染色技艺。

小　龙：谢谢您带我们参观，还耐心地给我们这两个外行讲解。

大　卫：谢谢您。

注释：

① 黄帝：中国古代部落联盟首领，五帝之首，史称"人文初祖"。

11

丝绸

参观完桑蚕养殖基地，小龙和大卫回到小龙家。吃完晚饭两人
又跟龙教授聊起了丝绸的话题。

龙教授：中国的丝绸举世闻名。古时西方人对中国的称呼还和丝
　　　　绸有关呢。他们称中国Seres，意思是"丝的国度"。

大　卫：这个我听说过的。

小　龙：还挺有道理的。丝绸就是中国人发明的嘛。

龙教授：丝绸和别的东西不一样，古代的实物很难保存下来，所
　　　　以丝织文物都特别珍贵。

小　龙：我知道世界上现存年代最久、最轻最薄的衣服是丝织衣
　　　　服，是在长沙发现的。

龙教授：是的，是1972年长沙出土的素纱禅（dān）衣，是2200
　　　　年前汉代的丝织衣服。

小　龙：我去长沙参观博物馆的时候看到过素纱禅衣，还以为那
　　　　个字念禅（chán）呢。

龙教授：纱是古代丝绸中出现最早的品种之一，是用单经单纬的

　　　　丝织成的。

小　龙：“素”是冷色的意思吗？

龙教授：不是的。丝绸从染色和花纹上可以分为素和花两种。

　　　　“素”是说丝只经过练、漂、染后直接编织，上面没有

　　　　任何图案。“花”是指织上或者印上花纹图案。

大　卫：素纱禅衣是什么样的衣服呢？

龙教授：禅衣指的是没有里子的衣服，实际上就是我们平常说的

　　　　单衣。长沙出土了两件素纱禅衣，都非常轻薄，其中一

　　　　件长1.6米，重量只有48克。

大　卫：这么轻呀，可真神奇。

龙教授：你们看，汉代缫丝纺织的技术是不是很高超呀？

小　龙：是呀。现在年代最久的丝绸在南方发现，是不是说明最

　　　　早产自南方？

龙教授：还真不是这样。应该说，1000年前，北方生产丝绸更多，

　　　　丝绸作坊遍布整个黄河流域。南宋以后南方的丝织业才

　　　　逐渐发展起来。

大　卫：为什么后来丝织业会转移到南方呢？

龙教授：主要原因是政治经济中心南移，南宋管辖的地区只有长

　　　　江、淮河以南的地区。还有一个原因是气候，在这之前

　　　　很长一段时间，北方气候比较温和湿润，很适合种桑养

　　　　蚕。后来气候发生了变化，北方变得寒冷干燥，种桑养

　　　　蚕也就自然转移到南方地区了。

大　卫：原来历史上气候也有变化呀？

龙教授：是的，大起大落的变化有很多次，而且对中国南北方农业的改变有很大的影响。丝绸自古就是中国特有的纺织品，不仅我们中国人自己喜欢，在其他国家也很受欢迎。

大　卫：历史上，中国的丝绸、茶叶和瓷器在欧洲都很受欢迎。不是有个"丝绸之路"吗？

龙教授：是的。古代的"丝绸之路"是从长安经甘肃、新疆至中亚、西亚、地中海各国的一条陆上贸易通道，其中丝绸是主要贸易物品之一。

小　龙：好像丝绸和茶叶一直都是我国古代出口的主要产品。听说因为中国丝绸的大量入境，还造成罗马帝国的黄金大量外流，是吗？

龙教授：是的，真是这样。在古罗马，不仅皇帝和贵族喜欢穿中国丝绸，连老百姓都跟着买，造成大量黄金外流，因此罗马帝国制定了相关法令，禁止人们穿丝绸。

大　卫：丝绸这么受欢迎是因为花色漂亮吧？

龙教授：不完全是，主要和丝绸面料本身有关。桑蚕丝是人类最早利用的动物纤维之一，光滑轻盈、透气性好，被称为"纤维皇后"。穿丝绸衣服既透气又光滑，对皮肤还有保护作用。

大　卫：丝绸衣服穿起来确实很舒服。

小　龙：我们生产丝绸这么多年，品种一定很多吧？过去一说谁
　　　　穿得好，就会用"绫罗绸缎"这个词。

龙教授：是的，绫罗绸缎其实是四种不同的丝织品。

小　龙：那不同的丝绸有什么不同之处呢？我只知道都是丝绸。

龙教授：丝绸是个统称，根据织物的组织结构、加工工艺和绸面
　　　　花纹，可以分成14大类、35小类。

大　卫：这么多品种呀。

龙教授：是的。素纱襌衣用的纱就是14大类中的一种。我们再说
　　　　说"绫"。最早的绫表面呈现叠山形斜路，看上去就像
　　　　是冰凌的纹理，所以叫绫。传统绫是一种暗光织物，质
　　　　地轻薄、柔软。绫最早出现在魏晋时期，在唐朝发展到
　　　　巅峰。唐代官员的官服布料用的就是绫，不同级别用的
　　　　颜色不同。

大　卫：唐朝的官服在颜色上怎么区分呢？

龙教授：三品以上官员穿紫色，五品以上朱色，六品黄色，七品
　　　　绿色。

小　龙：绫罗绸缎这四种丝绸中，哪一种出现得最早？

龙教授：罗出现得最早。据记载，2500年前就有罗这种织物。它
　　　　发展的时间很长，到1000多年前的宋代达到顶峰，有很
　　　　多品种，其中最有名的是杭罗。

大　卫：杭罗的意思就是杭州出产的罗吗？

龙教授：是的。罗这种织物轻薄纤细，非常透气，适合做夏天的衣服。

大　卫：绸和缎是什么时候出现的？

龙教授：绸最早出现在2000多年前的西汉时期，它质地紧密，是丝织品中最重要的一类。四种丝织物里最年轻的是缎，目前还没发现早于宋代的缎类织物。缎的特点是平滑光亮、质地柔软、色彩丰富、纹路精细。以前人们习惯把绸缎作为丝织物的代称，现在是用丝绸代称。

小　龙：所以过去出售丝绸的商店叫绸缎庄，现在的叫丝绸商店。

龙教授：是的。

大　卫：那现在中国人还穿绫罗绸缎吗？

龙教授：绸和缎还是很常见的，一般用于制衣。绫虽然软滑，但质地不牢，现在多用来装裱书画。杭罗现在只有一家工厂生产，产量很少，已经被列入《非物质文化遗产名录》，其他品种的罗已不多见。

大　卫：多可惜呀，不能恢复了吗？

龙教授：到现在为止还不能，罗的织造工艺非常复杂。

小　龙：爸爸，我看中国丝绸博物馆发布公告，说他们有个缂丝展。缂丝是什么呀？

龙教授：缂丝属于丝绸35小类中的一类，是很特别的一种。

小　龙：那我们预约去参观一下，爸爸，您和我俩一起去，给我
　　　　们讲讲好不好？

龙教授：行，没问题。

大　卫：那太好了，我来预约。

12

缂丝

龙教授带着小龙和大卫一起去中国丝绸博物馆看缂丝展，感受丝织品的艺术魅力。

小　龙：爸爸，这就是缂丝吗？看这个，正反两面的图案一模一样，很像苏绣的双面绣呀。

大　卫：感觉缂丝和苏绣不太一样，可是我说不出来什么地方不一样。缂丝是不是比苏绣更厚些？

龙教授：是厚些。这是两种完全不一样的丝织品。苏绣是绣出来的，缂丝是织出来的。不过它们的工艺流程中有一步是相同的，就是都要做劈丝。

小　龙：劈丝，就是把丝线再次细分吗？

龙教授：是的。如果需要的话，劈丝后还要把几种颜色的线再拼在一起，这叫"和花线"。

大　卫：缂丝是不是比其他丝织品更难织呀？

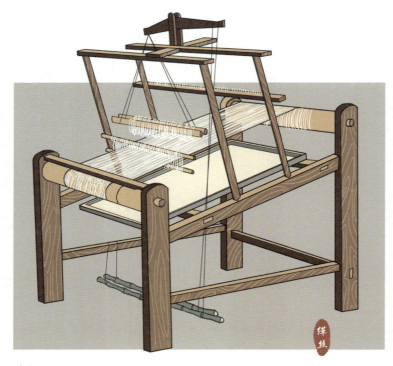

缂丝

龙教授：缂丝的织法比较复杂。但无论做什么缂丝品，都少不了
　　　　结、掼、勾、戗^①四个基本技法。缂丝在宋代发展到鼎
　　　　盛。缂丝织造时以小梭织纬，根据纹样多次变换色丝。
　　　　成品只露纬丝不露经丝。

小　龙："缂丝"是什么意思？

龙教授：缂丝也叫刻丝，是一种有双面立体感的丝织工艺品。它
　　　　挑经显纬，形成花纹边界，装饰性很强，像雕刻一样有
　　　　立体感，有人称它是"雕刻的丝绸"。因为用工费时，
　　　　所以有"一寸缂丝一寸金"的说法。

大　卫：这么珍贵呀？

龙教授：是啊。你们来看看这幅缂丝画，注意它线条的勾勒和色彩的搭配。

小　龙：纹路很细密。我也喜欢它的色彩，真是雅致漂亮。

大　卫：我很好奇，这种立体感是怎么织出来的？

龙教授：主要是用了缂丝工艺中最特别的通经断纬法。这种技艺不仅可以织出各种花纹，还可以呈现出极强的立体感。

大　卫：那缂丝只是用来制作艺术品吗？

龙教授：宋朝以前主要是制作生活用品。宋朝有一个很特别的现象，就是雅文化非常发达。缂丝本身有一定的艺术性，所以很自然就转向织造艺术品了。你们看对面展柜里就是生活用品。

小　龙：哇，用缂丝作靴子，太奢侈了吧。

龙教授：这些是700年前元代的东西，当然是贵族和有钱人才穿得起，不过的确华贵。用缂丝做服装和饰品主要是在元代。

大　卫：缂丝最早出现在什么时候？

龙教授：目前，中国发现最早的缂丝实物，是1973年在新疆出土的一件缂丝腰带，据考证是公元7世纪隋唐时期的物品。

小　龙：那也有1300多年了。爸爸，这块长方形的缂丝是做什么用的？

龙教授：这是明代的缂丝佛经盖幅，你们看，中心这块织的是八
　　　　宝图案②。缂丝也常用于制作宗教物品。

大　卫：缂丝制品的用途很广泛。

龙教授：是的。缂丝有一个优点，就是强度远远高于其他丝绸类，
　　　　所以在历代存留至今的丝绸品中，缂丝保存得最完好。
　　　　缂丝被誉为"丝中之圣"，代表了中国高超的传统织造
　　　　工艺，蕴含了独特的中国文化内涵。

注释：

① 结、掼、勾、戗：缂丝的四种基本技法。

② 八宝图案：佛教图案，指法轮、法螺、宝伞、白盖、莲花、宝瓶、
金鱼、盘长八种图案。

13

缂丝画和缂丝扇面

小　龙：大卫，快来看这幅画，画面色彩多柔和呀。还有那两只
　　　　小鸭子，活灵活现的，真可爱。

龙教授：这是典型的宋朝风格，典雅含蓄，是宋朝女缂丝工艺家
　　　　朱克柔的名作《莲塘乳鸭图》。

小　龙：看看，这蜻蜓、小鸟、一对白鹭，真的很生动。还有荷
　　　　花和荷叶，多精细呀，荷叶的纹理都清清楚楚。

大　卫：这么精致的画面，织起来肯定很费功夫。

龙教授：是的。据说用了200多种丝线，光是太湖石的蓝色就有
　　　　25种。据说缂织这幅画用了8年的时间。

小　龙：我想到一个问题。织缂丝画的人还需要有很好的绘画基
　　　　础吧？

大　卫：或者是不是可以请别人先画好底稿，然后再进行缂丝
　　　　创作？

龙教授：通常是大卫说的这样，这种做法也叫摹刻。但朱克柔是
　　　　自己画，据说她很擅长绘画。她的缂丝作品题材广泛，
　　　　人物、花鸟都是她创作的对象。她的作品现存7件，其

缂丝画

缂丝扇面

中这件《莲塘乳鸭图》收藏于上海博物馆，是国家一级
文物，难得能看到它在此展出。

小　龙：爸爸，这幅缂丝画上有好多人物，织起来难度很大吧。

龙教授：应该是特别难。这是明朝的作品《瑶池献寿图》，描绘
的是神话传说中西王母瑶池庆寿的故事，画上人物都是
神仙。

大　卫：这些神仙神态都不一样，真有意思。

龙教授：你们再看这件作品，里面用了一些特别的缂丝技术。比
如在边缘用到了勾缂，也就是用深颜色的纬线勾出图案
的轮廓，效果像工笔画一样。这里色调过渡的地方使用
了长短戗。

小　龙：长短戗？这个名字也很奇怪。

龙教授：长短戗是在花纹由深至浅的变化中，利用缂丝线条的长
短变化，使深色与浅色纬线交叉，得到一种自然晕色的
效果。

看完缂丝画，小龙和大卫又被展厅中间的几把扇子吸引了。

大　卫：这扇面上的牡丹太美了。

龙教授：这是一个仿制品，是仿朱克柔的《缂丝牡丹图》。牡丹
象征着富贵吉祥，是丝织物中常用的纹样。

小　龙：扇面上花瓣的颜色过渡得很自然，像是用画笔画上的一样。

龙教授：这是采用了缂丝技法中的木梳戗，也就是使用深浅颜色不同的纬线，从左向右或者从右向左织出木梳的纹路，呈现出花瓣渐变的效果。右边这个龙吐珠扇面上的云纹，也采用了木梳戗，用黑线和灰线层层缂织，呈现出由黑到灰的渐变效果。

小　龙：龙吐珠象征着吉祥吗？

龙教授：是的，这种题材的缂丝扇面在元代很流行。

大　卫：扇面是不是比较常见的缂丝作品？

龙教授：没错。缂丝扇既可以作为生活用品，也可以作为装饰品，无论古今都非常受欢迎。缂丝扇面上不仅会出现花鸟山水，还有书法文字。对于丝织品来说，书法作品的织作难度更高。

小　龙：这里有好几个带书法的扇面呢。

大　卫：这些缂丝的书法就像是写上去的一样，太了不起了。

14

通经断纬和子母经

参观完缂丝织品，小龙、大卫和龙教授最后来到缂丝工具展厅。

小　龙：爸爸，织造这些精美缂丝作品需要专门的机器吗？

龙教授：不用，最常用的平纹织机就可以，不过需要一些专门的缂丝工具，主要有梭子、拨子和毛笔。

小　龙：我知道梭子是织纬线用的。拨子是干什么的？

龙教授：拨子形状像梳子一样，用来帮助把纬线打紧，盖住经线，不让它们露出来。

大　卫：怎么还要用毛笔呢？

龙教授：用毛笔画样，就是先用毛笔在经线上勾勒出轮廓，然后用梭子按照画好的图案编织。

大　卫：那主要工具还应该是梭子吧？

龙教授：是的，缂丝用的是一种小梭。织机上纵向排布的是经线，梭子上缠绕的是纬线。梭子带着纬线在经线间往复，织出花纹。

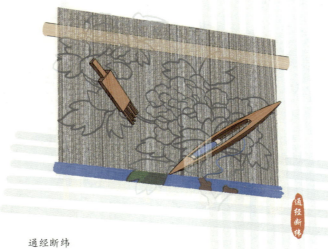

通经断纬

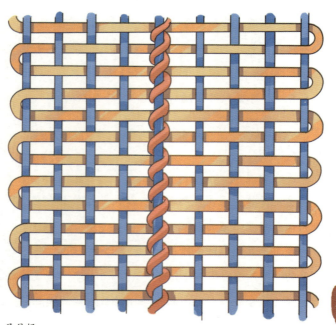

子母经

大　卫：这些梭子的样子很有趣，两头尖，底部平，像小船的样子。

龙教授：两头做得尖，是为了挑经，同时可以减少摩擦，方便来回穿梭；底部做得平滑，是为了防止穿梭时磨损下面的线。古时候还用象牙、牛角做梭子。光滑的材质可以减少对丝线的磨损。

小　龙：织出来的缂丝画那么漂亮，那缂丝使用梭子的方法一定也很特别吧？

龙教授：是的。一般织布是梭子穿过所有经线再返回，那叫"通梭"。但缂丝时，梭子常常是穿过一定数量的经线就返回，这叫"断纬"。"通经断纬"是缂丝特有的技法，就是经线贯穿整个布面，不同的梭子里装上所需的彩色纬线，按照不同的纹样图案，在不同的地方回返，分区分片缂织。

大　卫：经线和纬线用的丝线是一样的吗？

龙教授：不一样。缂丝的经线用生丝，纬线一般用染色的熟丝。生丝可以让布料挺括，色线负责缂出丰富的色彩。缂丝的纬线比经线粗。

小　龙：如果频繁更换，那织出来的丝织品不是会出现很多接头，显得很杂乱吗？

龙教授：织工们有办法不让它出现杂乱的接头。缂丝的最后一道工序是修毛，就是把背面的线头一根一根剪断，使其与正面图案一样平整。背面的线头越多就证明图案的色彩越繁复，所以修毛时需要一根一根地贴根剪掉，既要有耐心，还得细心。前面的展品你们看到接头了吗？

大　卫：好像没有看到。

龙教授：通经断纬织出来的花纹色彩正反两面一模一样，这是缂丝制品特色之一。

小　龙：那怎么才能准确知道纬线该在什么地方换色？弄错了是不是就没办法修改了？

龙教授：这个不用担心。织造之前，织工会先布置好经线，然后将要织的花纹图案放在经线下面，用毛笔在经线上绘出图案的轮廓，然后才开始缂织。

小　龙：听起来好像不难。

龙教授：但实际操作很不容易，要不怎么缂织一幅作品要好几年呢。

大　卫：龙教授，除了通经断纬，缂丝还有别的技法吗？

龙教授：如果只是通经断纬，织造中会出现纵向花纹裂缝。为了避免出现裂缝，需要运用两种重要技法——"子母经"和"搭梭"。

小　龙：为什么会出现裂缝？

龙教授：缂丝的时候，纬线依据纹样来回往复，并不贯穿整个织品，纬线遇到了不同花纹和色彩就要往回织，不同色彩的纬线不相交叉的话，就会产生裂缝。

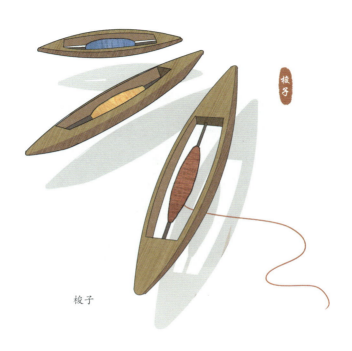

梭子

大　卫： 那怎么解决这个问题呢？

龙教授： 在织物上每隔一定距离，让两边的色纬互相搭接一下，
　　　　就可避免形成裂缝，这就是搭梭。这个技法在缂织画作
　　　　中使用得比较多。子母经是搭梭的进一步发展，主要用
　　　　于汉字和印章图案的缂织。运用这种技法时，需要在主
　　　　要经线，也就是母经上加拴一条细经线，这就是子经，
　　　　然后再将不同颜色的纬线织在经线上。

小　龙：这样的话，是不是要用到两个梭子？

龙教授：没错。具体的子母经技术还是很复杂的，需要结合实际
　　　　操作过程才能看清楚、搞明白。

小　龙：那这样做有什么优点呢？

龙教授：这个技术解决了缂丝中放大文字的问题。在这之前，缂
　　　　丝作品中的文字都很小。这个技术出现以后，缂丝作品
　　　　中的文字可以达到很大的尺寸。

大　卫：工匠们的聪明智慧和钻研精神真让人佩服。

结束语

中国是农业大国，创造出灿烂的农耕文明。桑蚕丝织技艺是其中极具代表性的一部分，很早就形成了从种桑养蚕到丝织产品的规模化生产。丝绸织造是古代中国人认识自然、利用自然的成果，其工艺渗透着中国人的聪明才智，产品及其应用表达了中国人的生活理念和审美情趣。丝绸是中国人民对人类文明的一项伟大贡献。

刘润泽 董晓娜 主编

中国传统桑蚕丝织技艺·宋锦

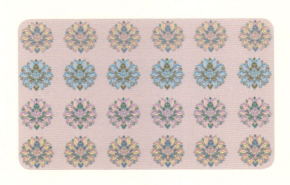

百字说明

　　宋锦是中国三大名锦之一，其织造技艺是传统桑蚕丝织技艺的重要代表。宋锦主要产自苏州，故又称苏州宋锦。宋锦纹样古朴雅致，活色技术独特，具有典型的宋代织锦风格，被誉为"锦绣之冠"。宋锦织造技艺成于南宋，盛于明清。2009年包括宋锦、缂丝等在内的中国传统桑蚕丝织技艺被列入联合国教科文组织的《人类非物质文化遗产代表作名录》。

内容提要

小龙的父亲龙教授是丝织研究专家。他参加宋锦研讨会后，给小龙带回了一件礼物——宋锦围巾。由此，父子俩展开了有关宋锦及其历史文化的对话。之后，小龙和大卫一起专程去苏州丝绸博物馆参观，学习宋锦织造技艺的基础知识。

知识图谱

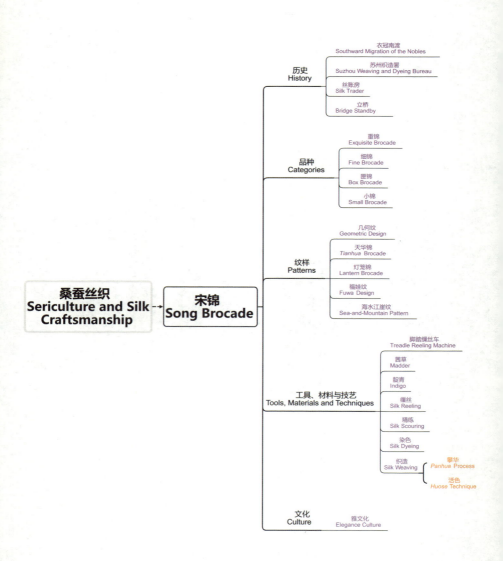

桑蚕丝织 Sericulture and Silk Craftsmanship → **宋锦 Song Brocade**

- **历史 History**
  - 衣冠南渡 Southward Migration of the Nobles
  - 苏州织造署 Suzhou Weaving and Dyeing Bureau
  - 丝账房 Silk Trader
  - 立桥 Bridge Standby

- **品种 Categories**
  - 重锦 Exquisite Brocade
  - 细锦 Fine Brocade
  - 匣锦 Box Brocade
  - 小锦 Small Brocade

- **纹样 Patterns**
  - 几何纹 Geometric Design
  - 天华锦 *Tianhua* Brocade
  - 灯笼锦 Lantern Brocade
  - 福娃纹 Fuwa Design
  - 海水江崖纹 Sea-and-Mountain Pattern

- **工具、材料与技艺 Tools, Materials and Techniques**
  - 脚踏缫丝车 Treadle Reeling Machine
  - 茜草 Madder
  - 靛青 Indigo
  - 缫丝 Silk Reeling
  - 精练 Silk Scouring
  - 染色 Silk Dyeing
  - 织造 Silk Weaving
    - 攀华 *Panhua* Process
    - 活色 *Huose* Technique

- **文化 Culture**
  - 雅文化 Elegance Culture

1

衣冠南渡

龙教授去参加一年一度的宋锦学术研讨会，给小龙带回
一条宋锦围巾。

龙教授：小龙，这是宋锦围巾，爸爸带给你的礼物，看看喜不
喜欢？

小　龙：谢谢爸爸。太喜欢了，花色真好看。不过我不明白，宋
锦明明是苏州产的织锦，为什么不叫苏锦，而叫宋锦
呢？难道是跟宋朝有关系吗？

龙教授：问得好。宋锦产自苏州，和宋朝有渊源。

小　龙：什么渊源？爸爸，快讲讲。

龙教授：这个要先从锦说起。

小　龙：我听说锦在古代算奢侈品，一般只有皇室和贵族才能
享用。

龙教授：没错。据史料记载，锦起源于3000多年前的周朝，是一
种多彩提花织物，也是丝织品中最复杂的一个品种。锦
本身又分为经线显花和纬线显花两种不同的织法。早期

　　的锦通常是经线显花，唐朝时出现了纬线显花的工艺。宋锦在此基础上进一步发展，有了经线和彩纬联合显花的新工艺。

小　龙：这是织锦技术的重大进步吧？

龙教授：当然了。经过长期发展，织锦工艺在北宋时期得到了全面提高。到南宋时期，织锦又吸收了花鸟画的特点，大大增加了织锦的艺术性，形成了一种色彩复杂、清新雅致的新式风格。宋锦的特点是在几何形骨架设计上添加各种吉祥纹样，形成连续有序的图案。这种独特的织锦风格是在宋朝形成的，宋锦由此得名。宋锦当时主要用于宫廷服饰和书画装帧。

小　龙：那南宋以前宫廷里主要用什么锦呢？

龙教授：在那之前，宫廷里大多用蜀锦。蜀锦历史最悠久，素有"天下母锦"的美称。

小　龙：从名称来看，蜀锦的产地应该是在四川？

龙教授：对。事实上，织锦从蜀锦到宋锦的发展见证了古代织锦中心的迁移。而织锦中心的迁移与宋朝南迁的这段历史有关。

小　龙：宋朝南迁的历史？我记得历史书上说，北宋灭亡后皇室南下，迁都到了临安，也就是今天的杭州。"南宋"这个叫法也是这么来的，但这跟织锦中心的迁移有什么关系呢？

龙教授：有关系啊。当时，人们为了逃避战乱，也跟着迁去江南
　　　　地区，这就是历史上有名的第三次"衣冠南渡"。

小　龙：衣冠南渡？"衣冠"不是衣服和帽子吗？

龙教授：这个不能简单地从字面上理解。在汉语中，"衣冠"还
　　　　可以指代有身份、有地位的人。中国历史上有三次衣冠
　　　　南渡，极大地影响了中华文明的发展格局。

小　龙：这三次衣冠南渡都发生在什么时期呢？

龙教授：第一次发生在公元316年西晋灭亡时，当时的统治政权
　　　　从河南洛阳迁到长江以南的建康，就是今天的南京。这
　　　　是第一次中原地区大规模的人口南迁，意味着中原文化
　　　　开始向江南发展。

衣冠南渡

小　龙：那第二次呢？

龙教授：第二次是在唐朝末年，也是因为战乱。这次人口南迁持续了很长时间，前后约有100万人从北方地区迁到南方。这次南迁从根本上改变了中国人口的布局，南方的人口规模第一次超过了北方地区。

小　龙：爸爸，我可以这么理解吗？历史上的衣冠南渡，实际上是指大规模的人口南迁，它们客观上带动了江南的经济和文化发展。

龙教授：没错。第三次衣冠南渡后，随着社会秩序的恢复和稳定，江南成为新的经济和文化中心，许多江南名城就是在那时发展起来的。

小　龙：苏州好像是南宋最繁华的城市之一。

龙教授：对。正是在那个时期，宋锦逐步形成了规模化生产，主要产地就在苏州。后来苏州慢慢就成了织锦中心。

小　龙：织造业在苏州复兴，与皇室对织锦的需求有很大关系吧？

龙教授：没错。宋朝迁都后，就专门在苏州设立了官方的织造机构，网罗全国各地的优秀织工，织造工艺精湛、风格雅致的新式织锦。

小　龙：难怪叫宋锦，宋朝的织锦最出名了。

龙教授：那倒不能这么说。事实上，宋锦出名是在明清时期，尤其是清朝。到了清代，苏州织锦工艺已经远近闻名，而且宋代古朴清雅的纹样备受青睐，逐渐就有了苏州宋锦的说法。现在苏州宋锦、四川蜀锦，还有南京云锦并称中国三大名锦。

小　龙：没想到宋锦还有这么悠久的历史。

2

重锦

龙教授拿出一本宋锦图册给小龙看，向小龙介绍宋锦的
品种和纹样。

龙教授： 小龙，你看看这本图册。

小　龙： 哇，这些宋锦真精美呀，上面还标着织造时间和品名呢。

龙教授： 你看这幅《彩织极乐世界图轴》，这是清代匠人们的杰
作，是宋锦成熟期的作品。

小　龙： 像画一样，真是令人难以置信！

龙教授： 这幅宋锦作品其实就是描摹的一幅画作。据说乾隆皇帝
曾请人为他母亲画了一幅《极乐世界图》，可是宫女
不小心把画弄破了，他就让苏州织造署用宋锦复制了
原画。

小　龙： 原来是这样，现在这幅织锦应该比那幅画还有名吧？

龙教授： 的确是。这幅宋锦整个构图对称严谨，画面壮观，有
278个神态各异的佛像，还有宫殿、祥云和奇花异草。
整幅作品长约4.5米，宽约2米。

《彩织极乐世界图轴》

小　龙：能织出来这么大的一幅作品，真了不起！

龙教授：确实是少见的大幅织锦画，国宝级文物。著名的宋锦传
　　　　承人钱小萍老师用了整整6年的时间，才成功仿织出这
　　　　幅作品。

小　龙：看来织这样的画很不容易。爸爸，我看这图册里有很多
　　　　式样，宋锦应该也分好多品种吧？

龙教授：是的，现在宋锦分四大类：重（zhòng）锦、细锦、匣
　　　　锦①、小锦②。我们刚才看的《彩织极乐世界图轴》属于
　　　　重锦，是宋锦中最名贵的品种。

小　龙：那它的用料肯定特别高级、华贵。

龙教授：那当然了，使用金线是重锦的特色之一。你看，这幅锦
　　　　画在人物头部和房屋的重点部位都用了金线。

小　龙：还真是的，金色非常醒目。这么贵重，看来只有皇室和
　　　　贵族才用得起。

龙教授：对。重锦主要用于宫廷装饰，锦面通常使用云龙纹样，
　　　　象征吉祥和权力。

小　龙：爸爸，我发现这幅锦画的色彩也很丰富。

龙教授：色彩丰富是重锦的另一大特色。就像这幅图轴，单单一
　　　　个红色就分出大红、木红、粉红、水红等不同色阶。钱
　　　　老师复制时用了26种不同颜色的纬线。

小　龙：这么多种？

重锦

龙教授：对，重锦色彩丰富，织的时候需要多组纬线先后排列和上下叠加。

小　龙：那经线应该没那么复杂吧？

龙教授：也比一般的织锦复杂，宋锦有两种经线。用来织底纹的经线叫作地经或底经；另外一种用来呈现锦面表层色彩和图案的叫面经，数量是底经的三分之一。面经采用比底经更细的白色生丝，用来压住表面的纬线浮长，使它们更牢固。

小　龙：这里面两种经线分工明确，对吧？

龙教授：是的，更专业的叫法是双重（chóng）经线，使用双重经线的优点是宋锦正反面都很平滑。你再仔细看看、摸摸那条围巾。

小　龙：嗯，正反面都很好看。既然织造重锦用到了多重纬线和双重经线，为什么不叫重（chóng）锦，而叫重（zhòng）锦呢？

龙教授：很多人还真这么叫呢，不过我认为，之所以叫重锦，主要是和细锦相对，也表示用了金银等贵重材料。

注释：

① 匣锦：用真丝与少量纱线混合织成的宋锦，图案连续对称，多用于画的立轴、屏风的装裱和礼品盒。

② 小锦：一种花纹细碎的宋锦，一般用于小件工艺品的包装盒。

3

细锦

小龙又仔细看看、摸了摸爸爸送给他的围巾，感觉双面平滑，而且轻薄柔软。

小　龙: 爸爸，这条围巾应该不是重锦，是细锦吧?

龙教授: 没错。细锦是宋锦中最基础、最常见的一种。你应该也感受出来了，细锦质地柔软轻薄。

小　龙: 这和用线有什么关系呢? 是因为用的线更细吗?

龙教授: 对。织细锦用的丝线更细，通常也不用金线。还有一个关键点，就是细锦用的纬线重数没有重锦那么多，自然也不会那么厚。

小　龙: 您是说纬线重数越多，织锦就会越厚?

龙教授: 通常是这样。不同颜色的经纬线层层交叠，才会将丰富的色彩呈现在锦面上。色彩的呈现主要是纬线的应用。如果要色彩丰富，往往得在某个纹样区域里叠加不同颜色的纬线。这样一来，织出的锦自然也会厚一些。

细锦

小　龙：嗯，明白了。可是这条薄围巾颜色并不单调，还富有变
　　　　化呢。这是怎么做到的呢？

龙教授：这用的是宋锦特有的一种织锦技术。简单地讲，织完一
　　　　组纹样后，直接换成其他颜色的纬线，就可以产生变换
　　　　色彩的效果。

小　龙：噢，这样就不用为了增加颜色再额外叠加一组纬线了。

龙教授：没错。这叫分段换色，织一些重复出现的主题花纹时，
　　　　会经常用到这个技术。

小　龙：我还真没认真想过这个问题，只是觉得颜色挺和谐的。
　　　　现在才发现这条围巾的特点是花纹形状相同，颜色却不
　　　　一样。

龙教授：用分段换色技术织出来的细锦既轻薄又好看，用作衣料
　　　　再合适不过了。

小　龙：嗯，细锦做成的衣服穿着一定很舒适。

龙教授：实际上，宋代的时候，细锦就已经是官府制衣的主要
　　　　面料。

小　龙：细锦还有什么别的用途呢？

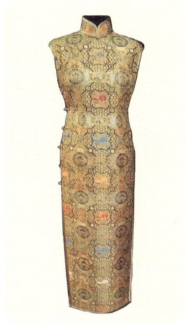

细锦服饰

龙教授：除了衣料，细锦还常常用来装帧书籍、装裱高档书画
　　　　等。过去，用细锦作装裱材料在士大夫阶层很流行，这
　　　　也是刺激宋锦生产的一个原因。现在，宋锦的需求没有
　　　　以前那么大，但常作为高级服饰和装裱材料使用。

4

几何纹

龙教授：小龙，你看这条围巾上面是什么纹样？

小　龙：有好多菱形花纹。

龙教授：这是一种比较简单的几何纹样。几何纹是宋锦中常见的
　　　　纹样，由一些基础的几何图形变化而来。

小　龙：这些菱形花纹对称规整，而且是连续排列的。

龙教授：对，正是因为这种连续排列，用分段换色正好可以突出
　　　　色彩的变换。这种排列其实也有源远流长的寓意。宋朝
　　　　文化讲究严谨雅致，从这些纹样上就能看出来。

小　龙：宋锦有哪些典型的几何纹样呢？

龙教授：像球路纹、龟背纹、八达晕纹，这些都是宋锦中比较常
　　　　见的几何纹。

小　龙：听上去球路纹应该是一些圆形纹样吧？

龙教授：对，球路纹是一种大圆和小圆相切的图案布局，取"珠
　　　　联璧合"的美好寓意。宋锦非常特别的一点，就是把中
　　　　国人追求美好的心理和意识表现得既含蓄又文雅，人们
　　　　一看纹样就能心领神会。

几何纹

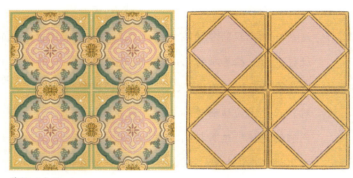

菱格四合纹

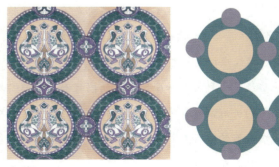

球路纹

小　龙：这些几何纹样不仅好看，而且还深藏寓意呢。

龙教授：没错，你来猜猜龟背纹的寓意。

小　龙：龟背纹应该就像龟壳上的图案那样，是连续的六边形吧？
乌龟长寿，龟背纹有健康长寿的意思吧？

龙教授：非常正确。再猜猜八达晕纹？

小　龙：八达……是"四通八达"的意思吗？

龙教授：没错。"八"表示八个方位。八达晕纹以"米"字格为
基本骨架，线与线相交，朝八方辐射。这个纹样喻示着
事事顺利、畅通无阻。

小　龙：这里的"晕"又是什么意思？

龟背纹

 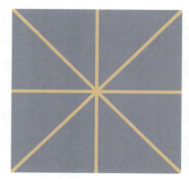

八达晕纹

鸳鸯瑞花纹宋锦

龙教授：　"晕"是指循序变化的色彩效果，体现的是织锦色彩的
　　　　　层次感，比如从深黄色过渡到浅黄色。实际上，除了八
　　　　　达晕纹，还有四达晕纹和六达晕纹。

小　龙：　是不是说这一系列纹样都有类似的色彩效果，只是几何
　　　　　纹中的线条数不一样？

龙教授：　对。在线条相交处多用方形、圆形和多边形，形成整个
　　　　　锦面图案的框架，然后在几何形内外空间中填入各种小
　　　　　的几何纹和折枝花纹等，都是各种寓意吉祥的元素。

5

天华锦

小龙和爸爸继续讨论宋锦的图案纹样。

小　龙：爸爸，这样看来，宋锦中几何纹不仅起到装饰作用，同
　　　　时还是锦面纹样的骨架。

龙教授：是的，几何纹决定着整个图案布局，是宋锦锦面的基本
　　　　纹样，之后还需要锦上添花。

小　龙：就是再添上花纹的意思吗？

龙教授：字面上可以这么理解。这里的"花"并不单指花朵纹样，
　　　　而是指各种图案，涉及花卉、动物、器物等许多题材。

小　龙："锦上添花"就是在几何底纹的基础上，再添加精美的
　　　　图案？

龙教授：是的。"锦上添花"其实是用到了一种创造性的纹样设
　　　　计方法——叠加。

小　龙：叠加上去的图案是不是也很有讲究？

龙教授：对，这些图案都有美好寓意。比如，莲花纹指代出淤泥
而不染的高尚品质，狮子纹寓意喜乐吉祥，五个蝙蝠暗
合五福①圆满等等。还有一些图案与宗教有关。

小　龙：与宗教有关的图案有哪些呢？

龙教授：道教和佛教都对宋代的审美产生过深远的影响。在宋锦
上会用到一些道教法器图案，比如宝剑和宝镜，还有佛
教宝器图案，比如花伞、法轮和双鱼。

小　龙：看来宗教信仰也会影响当时的纹样设计。

龙教授：没错。最能体现锦上添花高超技艺的是天华锦。

小　龙：咦？听上去就像"添花"。

龙教授：嗯，其实天华锦也叫"添花锦"，通过谐音取"锦上添
花"的意思。

小　龙：这样一下子就能记住"锦上添花"这个成语，太形象了。

龙教授：是的。这种锦的纹样非常精美，蜀锦和云锦里也都有天
华锦这个品种。天华锦的底纹比较特别，通常由圆、
方、菱形、六角形、八角形等几何形状交错排列，组成
富有变化规律的纹路骨架。由这些骨架分割出的区域有
主次之分，在上面添的图案也不一样。

锦上添花

小　　龙：是要突出主题纹样吗？

龙教授：是的。主体区域通常会用比较大的主题纹样，其他区域里的纹样起衬托作用。

小　　龙：为什么要这样设计呢？

龙教授：这样能形成一种锦纹多样、变化丰富，但又和谐统一的风格。这也是宋锦的最大特色。就拿故宫收藏的"红色地方棋朵花四合如意纹天华锦"来说……

小　　龙：这名字好长呀。

龙教授：确实很长。这里的"红色地"说的是锦面的底色；"方棋"指的是由方棋格构成纵横交错的几何形骨架；"朵花"是中间菱形里的团形主题图案，辅助的是"四合如意"云纹。

小　　龙：嗯，这么一解释，我就明白了。名字是长了点，但意思很清楚。

龙教授：对。这幅锦有团圆如意、天下四合的美好寓意。你再看看这段龙凤呈祥的织锦，里面的纹样同样也有主次之分，凤纹和宝相花属于辅纹。

黄地龙凤如意八达晕天华锦

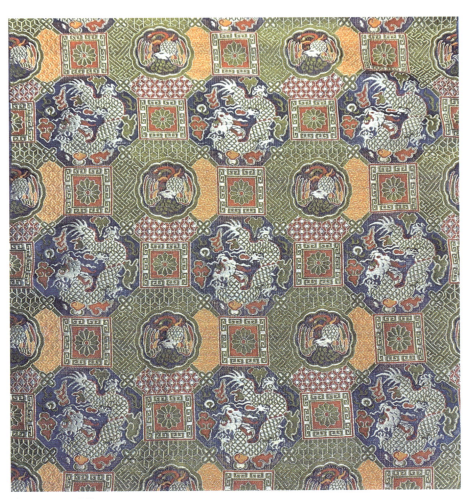

蓝地龙凤纹天华锦

小　龙：那上面的云龙纹应该就是主题图案吧。

龙教授：对。你有没有注意到主花色调与底色之间有反差？

小　龙：这也是凸显主题纹样的一种方式吗？

龙教授：没错。适当的反差使整个锦面层次分明，突出龙凤呈祥
　　　　的寓意。

注释：

① 五福：指长寿、富贵、康宁、好德和善终。五福概念最初出现在儒
家经典《尚书》里。

6

灯笼锦

小　龙：爸爸，宋锦的命名很能体现古人的审美趣味，文化内涵真是丰富。

龙教授：确实，古人给织锦命名常会蕴含美好的寓意。比如，"灯笼锦"就是很典型的例子。

小　龙："灯笼锦"？这个名字很有趣。上面肯定是织了灯笼的图案！

龙教授：对，灯笼是主要图案。你想想看，锦面上的灯笼图案并行排列，是不是就像元宵节华灯齐放的景象？

小　龙：嗯，很容易让人联想到满城灯火、欢喜过节的场景，很有生活气息。

龙教授：唐宋时期，正月十五是个很重要的节日，灯节的晚上，花灯千姿百态，熠熠生辉。灯笼锦取的正是这个意象。人们也把灯笼锦叫"天下乐锦"，就是取"元宵灯节、君民同乐"的意思。

小　龙：看来灯笼锦同样也是借助纹样传达美好的寓意。

龙教授：对。灯笼锦一直流行到明清时期。这种宋锦上面的灯笼

灯笼锦

纹，其实是取自臣僚袄子锦中的一种纹样。

小　龙：臣僚袄子锦是什么？

龙教授：宋朝皇帝每年端午节和十月初一会赏给百官锦缎。按照
　　　　官品不同，所赐锦缎上的纹饰有所不同。官员们会把皇
　　　　帝赏赐的锦缎缝在官袍的前胸和后背上，这就是臣僚袄
　　　　子锦的来历。

小　龙：那不就是清朝官服上的补子吗？

龙教授：是的，后来慢慢就演变成明清官服上的补子了。

小　龙：没想到补子还有这么个来历。

五谷丰登纹灯笼锦

龙教授：时间久了，灯笼纹也演变出不同的样式，锦面上用来装
　　　　饰灯笼图案的元素也丰富起来。

小　龙：那寓意就更丰富了。

龙教授：是的。比较经典的纹样是在灯笼四角配上流苏。流苏一
　　　　般用的是谷穗图案。灯的周围还会织上飞舞的蜜蜂。

小　龙：该不会是五谷丰登的意思吧？

龙教授：哈哈，我儿子很聪明啊，一下就猜到了。

小　龙：还有没有其他的样式？

龙教授：有啊。有的灯笼锦的灯壁上垂挂着吊珠……

吉庆有余纹灯笼锦

小　龙：意思是珠联璧合吗？

龙教授：是的。还有一种是在灯下悬坠石磬①和玉鱼。

小　龙：那一定是吉庆有余了。看来灯笼锦的纹样设计里面藏着
　　　　不少文化意象。

龙教授：是啊，要明白纹样的意思，得要联想到这些图案元素的
　　　　谐音。

注释：

① 石磬：简称"磬"，一种板形击奏乐器，是中国古代礼乐中重要的
乐器。

7

福娃纹

龙教授翻到2008年北京奥运会的福娃邮票纹样，指给小龙看。

龙教授：小龙，你看，这是什么？

小　龙：这不是邮票嘛。

福娃纹

龙教授：再仔细瞧瞧。

小　龙：是宋锦做的邮票吧？

龙教授：猜对了。这是为2008年北京奥运会特别制作的福娃①
　　　　纹宋锦邮票。这可不只是纪念品，也是真正可以使用的
　　　　邮票，是当时有个国家专门定制的，还在全世界发行
　　　　了呢。

福娃纹宋锦邮票

小　　龙：邮票那么薄，那么小，上面还得有图案、文字，能织出来可真了不起。

龙教授：想不到吧。你看，宋锦质地轻薄平整，而且注重各种颜色、纯度和明度的协调统一，做出的邮票也很漂亮。

小　　龙：这在全世界应该是独一无二的吧。

龙教授：当然了。把宋锦织造技艺和邮票设计结合起来，无论是在世界邮票史上，还是宋锦织造史上，都是前所未有的。当时钱小平老师花费半年多的时间不断研究和实验，才设计出这款织锦邮票的结构组织，成功地把奥运五环和福娃纹都织在了这方寸邮票上。

小　　龙：这织出来的福娃好可爱呀。

龙教授：你看，奥运五环和福娃的颜色相呼应，五环代表奥运精神，五个福娃表达了"北京欢迎你"的热情，把它们织在一起，意义非凡。

小　　龙：这里面是不是还有别的寓意呀？

龙教授：是啊，这套福娃纹宋锦邮票其实还有"锦绣奥运""锦绣中国"和"锦绣世界"的含义，借此向世界表达美好愿景。

小　　龙：明白了，这是借用了汉语里"锦绣"二字，因为它们除了指精美的丝织品和绣品，还用来比喻美好的事物。真是与时俱进！

龙教授: 理解得很正确。这可以说是宋锦织造传承和创新的杰作。新中国成立前，宋锦已濒临绝迹。新中国成立后，宋锦织造业才得以复苏。如今，我们不仅复原了一些传统纹样，还不断推出富有时代特色的新纹样。能有这样的成绩，我们可不能忘了非遗传承人的工匠精神啊。

注释:

① 福娃：2008年北京奥运会吉祥物，共有五个，分别叫贝贝、晶晶、欢欢、迎迎和妮妮。它们的名字单字连起来，同"北京欢迎你"谐音。

8

海水江崖纹

龙教授：小龙，说起宋锦的传承和创新，必须提一下2014年的亚太经济合作组织领导人非正式会议。

小　龙：就是咱们作为东道主的那次?

龙教授：对。这个会议一直有个不成文的规定，就是由东道主提供样式统一的休闲服装，而且要体现出举办国的文化传统。

小　龙：是不是那次会议用宋锦做了礼服?

龙教授：是的。那次会议最后选用了宋锦做衣料，制成了新中式礼服。宋锦具有亚光特性，华而不炫、贵而不显，与我们含蓄内敛的文化气韵非常吻合。

小　龙：宋锦制成的礼服，上身效果一定非常棒吧?

海水江崖纹

龙教授： 设计师在面料上作了大胆改良。双经线还是使用蚕丝线，
但把纬线改用羊毛纤维，这样做出来的礼服挺括有型。

小　龙： 那应该算是宋锦在传承中的又一次创新尝试吧？

龙教授： 对。礼服上织有经典的海水江崖纹，精美的线条和色
彩，展现出内敛而庄重的整体效果。

小　龙： 海水江崖纹？这好像是个传统纹样，我记得在京剧戏服
上见过。

龙教授： 这是个非常古老的纹样，常在瓷器、漆器、石雕、砚台
上出现，但用在服装上只有六七百年的历史，是龙袍、
官服下摆和袖口上常用的吉祥纹样。

小　龙：这套衣服上选用这种纹样有什么寓意呢？

龙教授：我们先看看这个纹样本身的含义。这个纹样里有重叠的山头，也就是江崖纹。"江崖"二字与"姜芽"谐音，姜芽生长茂盛，生命力强，因而江崖纹象征着万世升平、江山永固。

小　龙：就是希望国家永远和平、人民生活永远幸福的意思，对吧？

龙教授：对。海水江崖纹下端是斜向排列的曲线，称为"水脚"。水脚上除了有挺立的山石，还有翻卷的海浪。这些水纹代指大江大河，象征着国家和民族。

小　龙：明白了，这一套服装太有创意了。

龙教授：更深层的意思是希望参加会议的国家山水相依、守望相助。当时选用了五六种色调供与会领导人选择。服装的式样一致，但色调不一，传递的正是中国人"和而不同"的理念，同时寄托了中国人民与世界各国建立和谐友好关系的美好愿望。

小　龙：这里面学问还真不少。

龙教授：是的，就说色彩搭配吧，海水江崖纹的色彩主要分为单色和复色两大类。过去单色的海水江崖纹较少，多见于红色和蓝色龙袍。

小　龙：这次的服装好像是单色的海水江崖纹。

龙教授：还不完全是，严格地讲，男装是低调的黑紫两色。女装是蓝色同色系复色。

小　龙：怪不得不像戏曲服装那么张扬，原来是色彩选择的原因。

龙教授：是的，常规复色海水江崖纹颜色夸张，就是为了张扬权威，凸显地位。

小　龙：那复色有什么搭配规律呢？

龙教授：是根据水平纹样分层进行配色，色彩之间会有一定的渐变规律。复色海水江崖纹的主题色调，会和面料的整体颜色保持统一。比如，石青色衣服上的海水江崖纹多以蓝色为主，配上醒目的红色和金色；明黄色龙袍多以金色、红色为主，搭配蓝色或绿色。

小　龙：爸爸，光听宋锦的种类和纹样，就觉得技艺高超，又特别有文化含义。我想邀请大卫一起去苏州丝绸博物馆看看，长长见识。他可是个十足的中国文化迷呢。

龙教授：哦，你那个英国朋友大卫，应该带他去看看。苏州丝绸博物馆里面的宝贝可不少。你们到了博物馆之后，可以去请教我的好朋友王老师，让他给你们讲讲宋锦的织造技艺和历史。

小　龙：好！

9

脚踏缫丝车

小龙和大卫到苏州丝绸博物馆参观，他们在前台见到了龙教授的朋友王老师。

小龙、大卫: 王老师好!

王老师: 小龙，大卫，欢迎，欢迎! 龙教授让我给你们科普一下宋锦知识，你们都想知道些什么呢?

小　龙: 您先给我们讲讲宋锦织造的主要工序，好吗?

王老师: 好的。织造宋锦的工序非常复杂，从缫丝到成品前后有20多道工序。我们边看边说吧。

大　卫: 缫丝? 我记得我们在蚕桑实习基地参观时，那里的技术员说过，缫丝就是把蚕丝从蚕茧上抽出来。

王老师: 没错，把蚕丝抽出来之后，再合并成丝线，这也是织锦的第一步。你们知道一只蚕茧可以抽出多长的丝吗?

大　卫: 那么小一个蚕茧，应该不会很长吧?

脚踏缫丝车

王老师： 恰恰相反，可以抽出来很长的丝线。春茧茧丝一般长
900～1500米，夏秋茧长700～1200米。

大 卫： 没想到这么长！还真不能小看这小小的蚕茧呀。

小 龙： 我记得缫丝这道工序挺复杂，需要煮茧、索绪等等，还
要用到专门的工具。

王老师：看来你们都已经很内行了。缫丝得用到一件重要的工具，叫缫丝车。

小　龙：这个之前没听说过。

王老师：你们看，这就是我们按照历史文献仿造的脚踏缫丝车。

大　卫：需要用单脚操作？

王老师：对。其实最原始的缫丝工具就是盆和筐，人们将蚕茧浸泡在热水盆中，用手抽丝，把丝线绕在丝筐上。古时候因为生产力低下，缫丝技术的发展一直非常缓慢。经过千百年的不断改进，到唐朝人们才开始广泛使用手摇缫丝车。操作时，人们一边煮茧，挑出每个茧上的丝头；一边操纵摇杆，带动一个装置，把引出来的蚕丝缠绕在上面。

小　龙：就是说要一边煮茧一边缫丝，感觉两只手一直在忙活呢。

王老师：对。不光自己忙，还需要其他人在旁边添茧、烧火。

小　龙：那可得控制好速度，万一放的蚕茧多了，来不及操作，就会煮过头了吧？

王老师：一点没错。你们肯定知道，煮茧是为了借助热水软化蚕丝外层的丝胶，使牢牢粘在一起的蚕丝散解开，所以缫丝速度必须得快，以防丝胶过度溶解。

大　卫：是不是应该在煮茧环节上优化一下？

王老师：你说到点子上了。宋代后期，南方地区出现了冷盆缫丝法，就是先将茧煮好，放入温水中冷却，然后再慢慢进行缫丝。

大　卫：这是个好办法。

王老师：是的，通过这种办法可以更好地控制蚕丝的粗细，抽出来的丝也更有光泽、更有韧性。

小　龙：什么时候开始用上脚踏缫丝车了呢？

王老师：也是在宋代。人们在手摇缫丝车上加装了脚踏装置，宋朝人是世界上最早使用脚踏缫丝车的。

大　卫：这样的话，原先操纵摇杆的那只手就可以腾出来干别的了。

王老师：没错，别看只是解放了一只手，这可是缫丝工艺上的重大改革，大大提高了缫丝效率。

小　龙：脚踏缫丝车流行起来，是不是意味着可以提高丝线的产量？

王老师：对，明代开始普遍使用脚踏缫丝车，冷盆缫丝也成为当时缫丝的主流技术，两者的结合大大提高了缫丝效率。旁边这张图选自1871年出版的《蚕桑辑要》，上面画的就是脚踏缫丝车。

小　龙：脚踏缫丝车一直沿用到什么时候？

王老师：清代末期，也就是20世纪初。其实，现在还能看到这种
　　　　缫丝车，不过都是小规模使用，主要是为了传承缫丝
　　　　技艺。

大　卫：王老师，接下来就可以织锦了吧？

王老师：还早呢。宋锦的工艺复杂，光是准备工作就很多。要获
　　　　得织锦用的丝线，下一步还得精练。

10

精练

小　龙：王老师，从蚕茧抽出来的丝为什么不能直接用来织锦呢？

王老师：抽出来的丝叫生丝，含有少量的蜡和灰分，有的上面还
　　　　有油污。直接拿来织锦，会影响丝织品的质量。另外，
　　　　生丝中含有大量的丝胶，不经过精练就用来织锦，会色
　　　　泽暗淡，摸上去也缺少丝绸应有的顺滑感。

大　卫：王老师，我不太明白。煮茧的时候，丝胶不是已经被热
　　　　水软化溶解了么？

王老师：煮茧时丝胶的确会膨润，这样可以把丝从茧中抽离出来，
　　　　但冷却后不少丝胶还会残留在生丝上。

丝胶

大　卫：我明白了，精练是为了脱胶。

王老师：是的。不过织锦用的丝线不一样，需要精练的程度也不同。比如，宋锦中的面经用的是本色生丝，那就不需要脱胶，只需要去掉蜡质、油渍之类的杂质。而地经用的是熟丝，因为脱胶后的熟丝洁白柔顺，容易上色。

小　龙：看来给蚕丝脱胶是精练中很重要的工序。那具体怎么脱胶呢？

王老师：问得好。我们先说说灰练，这是古时常用的一种脱胶技术，就是用草木灰和蚌壳灰精练蚕丝。需要先把生丝放入草木灰、蚌壳灰液中浸泡，然后拧干水分，再涂上蚌壳灰，晚上把它们放入井水中静置。

大　卫：为什么要用草木灰和蚌壳灰呢？

王老师：草木灰和蚌壳灰属碱性，碱性水可以促进丝胶在水中溶解。

小　龙：古人还真是有办法。

王老师：不过完整的流程可不是这么简单，刚才说的工序需要七天七夜连续重复，白天还得把沥过水分的生丝放在阳光下曝晒。

大　卫：听上去还挺复杂的呢。您刚才说晚上要把丝线放进井水里，这又是为什么呢？

王老师：晚上把精练中的生丝放在井水中静置，主要是为了缓解白天曝晒以及浸泡碱水对丝素造成的损伤。

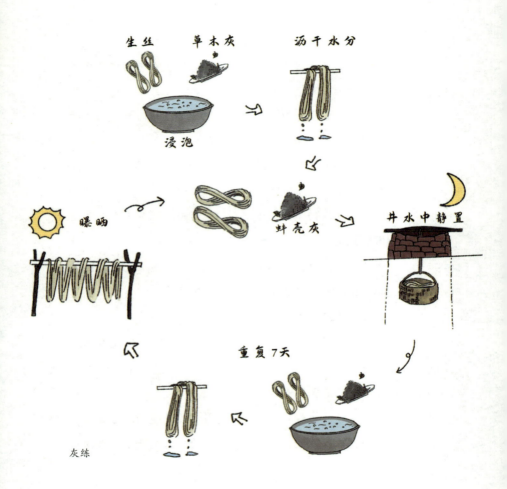

生丝　草木灰　沥干水分
浸泡

曝晒　蚌壳灰　井水中静置

重复7天

灰练

大　卫：原来是这样。那有什么不损伤丝素的好办法吗？

王老师：有。为了减少损伤，唐朝的时候人们在灰练基础上进一
　　　　步改进，创造了猪胰煮练法。

草木灰

阴凉处发酵一夜

猪胰煮练法

小　龙：您是说要用猪的胰脏煮练丝线？

王老师：对。要把猪胰脏捣烂，放在阴凉处发酵一晚，然后和草木灰一起放进水中煮沸，再将生丝放进去精练。

小　龙：这是什么奇怪的原理呀？

王老师：一点儿都不奇怪，这是很科学的方法。猪胰煮练属于酶练。猪胰脏中含有一种胰蛋白酶，能水解丝胶蛋白。酶练比较温和，不会损伤丝素，脱胶效果也更好，还能增加蚕丝的光泽度。这可是个了不起的发明。中国是世界上最早使用酶练的国家。

小　龙：那现在的精练方法应该更多了吧？

王老师：是的。现代丝织业按照不同的需求，可以采取酸精练、碱精练，或者酶精练。这些不同的精练方法，可以大大提升精练的效率。

大　卫：王老师，生丝经过脱胶、除杂之后变为熟丝，下一步要干什么？

王老师：那就可以染色了。我们去织染坊看看吧。

11

茜草

小龙和大卫跟着王老师来到染织坊。

王老师：在丝绸织造中，染色是非常重要的一道工序。丝绸备受
欢迎主要是因为它花纹别致，而且色彩漂亮。

小　龙：王老师，我有个问题。我知道世界范围内使用人工合成染
色剂是19世纪之后的事。那以前丝是用什么染色的呢？

王老师：完全靠矿物和植物类的天然染料。人类使用天然染料的
实践很早就有，考古发现在远古时期人类就开始使用这
种染料画岩画了。

小　龙：我发现宋锦常常用同一色系的颜色，比如《彩织极乐世
界图轴》里面就用到了各种红色，很难想象它们都是靠
天然的染料染出来的。

王老师指着展柜里的茜草以及茜草不同生长期的图片，
大卫认真看着说明。

王老师：人们在长期的实践中发现大自然里有着丰富的天然染料，也慢慢总结出各种染色技巧。我们先看看如何染红色吧。要染漂亮的红色可少不了这种植物——茜（qiàn）草。

大　卫：茜草，这个名字好听。

王老师：茜草是红色染料中的一种。"茜"字在汉语里是大红色的意思。

大　卫：可是，这说明上写着茜草是一种中草药。

王老师：茜草的确是一种能补血的中草药。不过在古代它还是一种重要的染料。在汉代，皇家服饰的主色调是茜红，所以对茜草需求量很大，他们会专门种植上千亩的茜草供染色使用。

小　龙：那规模真的很大。你们看，茜草的果实是红色的。染色用的应该是这种红果子吧？

王老师：那你就错了，用来染色的其实是它的根，不是果实。茜草根部的表面是黄红色，里面是紫红色，含有一种叫茜素红的化学成分。

大　卫：那得把里面的茜素红提取出来，对不对？

王老师：对。先要把茜草根切碎晒干，然后用热水把里面的茜素红煮出来。

大　卫：然后再拿来浸泡丝线就能染红色了，对吗？

王老师：没那么简单。一般来说，植物染料的着色性不稳定，直接用茜草根煮的水染色，只能染出浅黄色。

茜草

大　卫：那怎么才能染成红色呢?

王老师：得加入明矾。明矾入水后和茜素红发生化学反应，变成
　　　　附着性很强的红色沉淀物。这样染成的红色丝线色泽鲜
　　　　艳，织成锦后也不易褪色。

小　龙：那怎样才能染成深浅不同的红色呢?

王老师：按照传统色彩谱系的划分，茜草属于赤色系染料，用它
　　　　可以染出从浅红、粉红到朱红、深红等一系列红色。古
　　　　人通常是通过浸染次数控制颜色的深浅。比如，浸染四
　　　　次可以染成朱红色。

小　龙：染色还真不简单呢。

大　卫：除了红色，宋锦中还有什么其他比较常见的颜色呢?

王老师：有啊，我们接着看看另一种常见的颜色——青色是怎么
　　　　染成的。

12

靛青

王老师：青色系是宋锦里很常见的颜色，也是中国传统色系里很

重要的一种。

小　龙：可是我感觉绿色在丝绸中并不是常见的颜色呀？

王老师：这里的青可不是绿色的意思。

靛青

小　龙：草色青青不就是草很绿的意思吗？

王老师：对，如果指草色，青的确是绿色的意思。但在染织物里，青指的是不同程度的蓝色。

大　卫：青色也是从植物中提炼的吧？

王老师：是的，青色来自一种叫靛青的染料，我们把制造靛青染料的植物统称为蓝草，有好几百个品种呢。2800年前，中国人就开始用蓝草染色了。

大　卫：这么早啊，也是用草根吗？

王老师：那倒不是。植物染色要根据植物自身的特点，选取不同的部分进行提炼，有的用叶和茎，有的用根，有的用果实，有的用花朵。用蓝草制作靛青，主要用叶和茎。

大　卫：哦，和红色的提取法不一样了。

王老师：对。制作靛青时，需要将新鲜蓝草的茎和叶浸泡在清水中发酵几天，等清水变成黄绿色后，再把茎叶滤走。

小　龙：然后也放明矾吗？

王老师：不是的。蓝色和红色的提取和使用方法不一样。染蓝色用的靛青是固态的。提取的方法是先将蓝草色素溶解，然后在绿水中加入生石灰粉搅拌，直到出现大量蓝紫色泡沫后进行静置，等水分蒸发完，沉在底部的固体就是染色要用的靛青。

大　卫：这个可需要耐心等待啊。可是固体的染料怎么用来染色呢？

王老师：需要将靛青和水按照一定的比例调和，然后再进行染色。
　　　　比如，要染成色彩厚重的深蓝色，需要把丝线浸透染料
　　　　后拧干、晾晒，让色素充分与空气接触氧化后再浸染。
　　　　经过反复浸染后才能得到色泽均匀的深蓝色。

小　龙：原来深蓝色不是一次染成的，那就是说靛青可以染出不
　　　　同程度的蓝色。

五彩翟鸟纹宋锦

蓝地莲花纹宋锦

王老师： 对。像宋锦中常见的天蓝和宝蓝，都属于传统的青色系，
        它们都可以用靛青染制。相比之下，宝蓝要更浓郁、鲜
        艳一些，是古代王公贵族服饰的常用色，和金色搭配起
        来显得特别高贵华丽。

小　龙： 王老师，我想起来一句名言，叫"青出于蓝而胜于蓝"。
        它和从蓝草中提取靛青有关吗？

王老师： 是的，这句话正是从当时的印染工艺中总结出来的。直
        到现在，人们还会经常用它比喻学生超过老师，后人胜
        过前人。

13

攀华

大　卫: 王老师，丝线经过精练和染色后，下一步就可以织锦
　　　　了吧?

王老师: 那还没到呢，中间需要经过造机、设计纹样等一系列工
　　　　序。今天没有时间讲这些专业技术，我们就一起看看宋
　　　　锦专用的织机，参观一下织工的织锦过程吧。织锦也叫
　　　　攀华。

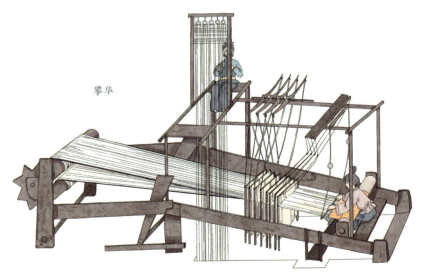

攀华

小　龙： 我记得在古汉语里，"华"就是"花"的意思，我猜在织锦里应该是指纹样或图案吧？

王老师： 是这个意思。你们看，这就是过去手工织宋锦用的小花楼织机。

小　龙： 宋锦的织机在构造上是不是和其他类型的织机不一样呀？

王老师： 过去织机一般是按功能设计，有的大，有的小，有的很复杂，有的比较简单。宋锦的织机是双经轴，这应该是它最大的特色。

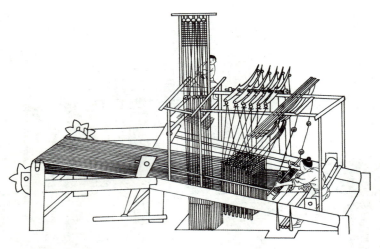

宋锦小花楼织机

小　龙：这是不是和宋锦的经线、纬线联合显花，以及用双重经线有关？

王老师：没错，你懂的还真不少。为了联合显花，宋锦织造会用到地经和面经两组经线。这两组经线的材质、粗细以及组织结构都不同，各自的功能也不一样，因而宋锦织机采用上、下两个经轴，其中面经放在上轴，地经放在下轴。下轴带动地经织正面的纹样，上轴的面经帮助压住背面的纬线浮长。

大　卫：为什么这么复杂？

王老师：这样可以维持张力的平衡，也就是说避免锦面因为线的粗细不一、结构不同而产生的不平整。宋锦织法是正面朝下，反面朝上。用双经轴织出来的正反面都很光滑，锦面平整。

大　卫：明白了。呦，这个织机有上下两层呢，上面的人在做什么呢？他好像没有在织布呀。

王老师：你观察得很仔细。宋锦的组织结构相比以前的锦要复杂，还要呈现经线、纬线联合显花，所以织机结构也更复杂，织法更多样。得靠两个人在织机上相互配合，才能让经纬线完美交织，织出美丽的宋锦。

大　卫：那具体怎么分工呢？

王老师：坐在下面的是织工，主要负责投梭打纬，也就是我们通常理解的织布。另外一个人是提花工，坐在织机中间悬空的花楼上，控制经线的起落。

大　卫：可是那么多经线，又该怎么控制呢？

王老师：这个要靠上面挂着的花本，就是那些绳结。织锦前要先设计好图案，并且按照图案上的纹样和颜色，用线编结成花本，挂在织机的上面一层，这些花本里面贮存着织锦的组织结构信息，让经纬线的排布有序。

小　龙：听上去很复杂呢，感觉像是给织机设定了一个编织程序。

王老师：对，你理解得完全正确。你们要是对花本感兴趣，可以去南京云锦博物馆看看，云锦里的妆花对这个技术运用得最好、最成熟。

大　卫：看着上面一团团线很普通，没想到里面还有大学问呢。

小　龙：真是大智慧呀。你们看，提花工一次次提起丝线，像不像鱼儿上钩的画面。

王老师：是的，这就叫"游鱼衔饵"。花本只是储存了经线起落的顺序，但没有提供花纹组织结构和色彩的信息。

大　卫：那色彩和花纹结构由下面的织工控制，对吗？

王老师：是的，小花楼织机上有一套束综和综片起落装置，综片的宽度根据织物的宽度而定。按照宋锦的组织结构和经线密度，一般采用6片综片分别控制地经与面经，通过综片的升降顺序进行打纬。

大　卫：这听上去也很复杂呀。

王老师：是的，非常复杂。我只是说了机器工作的原理，在你们
看到他们这样织锦之前，还有好几道复杂的技术工序，
需要多人合作完成。

大　卫：看来我们只是看到了完美技术的最后呈现。现在织宋锦
还会用这些传统的工具吗？

王老师：如今，随着科技的进步，织造宋锦所用的提花机已经电
子化了，效率高，花色多。

14

活色

王老师：说到花色多，在攀华过程中，工人们会经常用到一种关键
工艺，叫作分段换色。

小　龙：我想起来了，我爸爸之前在给我讲细锦的时候提起过这
个工艺。说通过分段换色可以在不增加锦面厚度的情况
下，提升织物的色彩效果，这样织出来的宋锦又薄又
好看。

活色

王老师：是的。这个工艺是在蜀锦基础上发展起来的。你们来看看这块宋锦样品。上面有很多重复出现的纹样，但是色彩却不同。这就是分段换色的效果。

小　龙：真好看，整体感觉灵动鲜活。

王老师：我们也把这个工艺称为"活色"，就是通过不断更换纬线的颜色变换花纹的色彩。

大　卫：这个名字很形象啊。颜色都活起来了！汉语太有意思了。

王老师：宋锦丰富的色彩，很大程度上得益于活色工艺。活色工艺的精妙，就在于既能表现丰富的色彩，又能保证织出的面料特别轻薄柔软。

大　卫：这是怎么做到的呢？

王老师：小龙，要不你先给我们讲讲？

小　龙：啊？其实我只是知道一点儿，那我先说说看。按照传统的织法，织锦的色彩是通过经纬线的一层层叠压显现出来的。为了增加颜色，需要叠加一层带有相应颜色的纬线。但这样一来，面料的厚度也随之增加了。宋锦织造工艺采取了不一样的思路，织造的时候在需要换色的位置不再叠加，而是换上新的纬线。至于说具体怎么织，我就不清楚了。

王老师：讲得不错。不增加叠压纬线还有一个优点，你们能猜到吗？

小　龙：是省线吗？这也算优点？

王老师：当然了，省了线，不就省了钱嘛。

大　卫：明白了，从经济角度上看，任何一种生产，降低成本最
　　　　重要。

王老师：是的，这是宋锦技术的一个重要贡献。相比以前的锦，
　　　　宋锦质地坚固，可以反复洗涤。

大　卫：这也算优点吗？

王老师：是的，很实用。说到织锦的具体方法，当然离不开一样
　　　　重要的工具，那就是梭子。

大　卫：梭子我知道，就是织工手里拿的像个小船一样的东西。
　　　　每个梭子上的彩色丝线就是纬线。梭子带着纬线在经线
　　　　间往复，织出花纹。

梭子

黄地龙凤云纹锦

落花流水鱼纹锦

王老师：没错。织宋锦的时候，用来分段换色的梭子可以更换不同颜色的纬线。需要换颜色时，就把织机停下来，在这一处换上另一种颜色的纬线。

大　卫：明白了，这样只在不同位置更换颜色就可以织出丰富的色彩了。

王老师：理解得不错！不过，织工偶尔也会在织物局部增加一重纬线来丰富色彩，但不会明显增加织锦的厚度。活色是传统织造技术的一大进步，后来被云锦织工采用，一直沿用至今。

小　龙：看来"活色生香"真是名不虚传。

王老师：是的，那接下来我们去看看当年的苏州织造署都做些什么工作。

15

苏州织造署

大　卫：这里和前面展厅风格完全不一样，好特别呀。

王老师：这个展厅是以清代苏州织造署遗址为原型设计的，介绍
　　　　了清代官营丝织的历史，陈列的都是清朝宫廷和官员使
　　　　用的丝织物。

大　卫：原来是这样。苏州丝织的历史应该很长吧？

小　龙：要是从宋朝算起，应该有1000多年了。

王老师：实际上要比那个时间长得多。2000多年前的春秋时期，苏
　　　　州是吴国的都城，当时就是著名的丝绸产地。现在，古城
　　　　区有一条叫锦帆路的街道，这个名字还和那时候的丝织有
　　　　关系呢。传说当时吴王夫差①乘坐的船是用锦作风帆，后
　　　　来河道变成了马路，人们就将此路命名为锦帆路。

大　卫：苏州丝织的历史竟然这么悠久。小龙，找个时间我们一
　　　　起去锦帆路走走。

苏州织造署

小　龙：好呀。这个吴王可真是奢侈，竟然用织锦做船帆。不过
　　　　这也可以说明当时丝织业很发达，是吧？

王老师：是的，苏州在历史上一直是重要的丝绸产地之一。宋、
　　　　元、明、清四朝都在苏州建有丝绸织造机构，督办各种
　　　　名贵丝绸的生产，包括宋锦、龙袍等等。

大　卫：原来是这样，那宋朝应该是宋锦最繁荣的时候吧？

王老师：那倒不是。应该说，明清时期是宋锦的黄金时期。清朝
　　　　初年，苏州织造署在生产规模上远超前朝，内部分工也

更加细化，专业程度很高，是当时全国产量最高的织造中心。

大　卫：当时还有其他的织造中心吗？

王老师：有的，历史上南京、杭州都设立过织造署，三地的织造署并称"江南三织造"。

大　卫：苏州织造署主要是为皇室织造丝绸吧？

王老师：没错，这是它的主要任务。现在故宫收藏的十几万件织绣藏品中，苏州织造占了足足一半。其实织造署的职能不仅是为皇家提供丝织品，同时还要管理民间织造、征收机税。

小　龙：您是说当时苏州城里还有很多老百姓也从事织造业？

王老师：是的，当时由于皇室和贵族丝绸需求量大，官办织造没有那么大的生产能力，就得另外雇用民间机户。所谓民间机户，就是家里有织机的业主。

小　龙：那就是官办带动民办了吧？

王老师：是的。这些机户有大有小，大的机户有几十台织机，小的机户就只有几台。他们生产的丝织品有的被官府收购，但大部分送到市场上去销售。

注释：

① 吴王夫差：？—公元前473，春秋时期吴国末代国君。

16

丝账房　立桥

王老师：清朝初年，苏州民间的织造业非常兴旺，一度出现了
　　　　"东北半城，万户机声"的盛况。

大　卫：家家户户都在织锦，多么壮观的景象！为什么说是东北
　　　　半城呢？

立桥

王老师：当时在苏州聚集了大批分散的机户、机匠，他们大多居住在城东。

小　龙：机户、机匠听上去差不多嘛。

王老师：差很多呢。他们是雇佣关系，机匠受雇于机户。机户出设备，机匠出力气。在当时还有个有趣的现象，叫"立桥"。

大　卫：是立在桥头吗？谁立在桥头呀？

王老师：字面上确实是这个意思。"立桥"就是说成群的机匠每日清晨站在桥头附近，等待机户雇佣的场景。

大　卫：这个词还真形象。机匠们没有固定的雇主吗？

王老师：当时苏州城内的机匠主要分两类。一类是签了契约，有固定的雇主，按工作天数计算酬劳。另一类是零工，没有固定的雇主。

大　卫：那就是零工聚集在桥头了。可我还是不明白，为什么要聚集在桥头呢？

小　龙：这个我知道。苏州的河多，桥也多。现在部分老城区还保持着河街相邻的双棋盘格局呢。

王老师：是的。古时苏州是著名桥乡，桥是苏州的重要集会场所。清朝时期，晨聚晨散的桥市自然也就成了自由机匠的雇佣市场。

大　卫：原来是这样。我喜欢"立桥"这个说法，就像"活色"一样生动有趣。

王老师：的确是这样。不过，立桥也不是随便找个桥市去站着就行了，那样可找不到活干。机匠根据自己擅长的丝织种类，得站在不同的桥头等待雇主。苏州地方志里有这样的记载："花缎工聚花桥，素缎工聚白蚬桥，纱缎工聚广化寺桥，锦缎工聚金狮子桥。"

小　龙：看来当时已经形成了招收不同工种的各种桥市，这应该也是清朝丝织业黄金时代的见证呀。

王老师：对。在苏州丝织全盛时期，民间丝织业相当发达，产销链也很成熟。这里除了机户和机匠，还有个重要的角色，叫"丝账房"。

丝账房

大　　卫：丝账房？

小　　龙：那不就是算账发工钱的地方吗？

王老师：小龙望文生义了。我来说一下，你就明白什么是丝账房了。丝账房先购进原材料，如染好色的丝线，然后将这些原材料发放给机户织造。织成后，他们再收购丝绸制品，送到绸缎庄去售卖，从中获利。

小　　龙：我明白了。原来丝账房兼顾原材料供货商和经销商两个身份。他们没有织机，但有资金购买原材料，然后会委托机户生产，再把丝织品推销给卖家，丝账房作为中间商推动产销链的运作。

王老师：就是这个意思。其实，当时的丝账房在流通中扮演的角色不是那么绝对，也有一些丝账房会自行购进织机进行生产。

大　　卫：有了丝账房，加上机匠、机户、卖家，这样就齐了，可以形成一个比较成熟的商业经营体系。看来丝账房这个角色在当时的丝织业中必不可少呀。

王老师：这件事可不简单，这是中国本土现代工业萌芽的见证。

17

雅文化

王老师：小龙、大卫，我们今天的参观到此就结束了。休息一下
吧。今天很匆忙，有些技术细节来不及展开讲，等下次
你们再来博物馆，我们可以好好聊一下。

大　卫：谢谢王老师，我们下次再来向您学习宋锦织造的技术
细节。

小　龙：王老师，我们今天收获可多了。我们弄清楚了宋锦的织
造过程，从缫丝、精练和染色，再到活色技巧，感觉每
一步都体现着古代匠人的智慧，太令人佩服了。

大　卫：我们还了解了不少古代织造业有趣的人和事呢，比如说
立桥、丝账房。

王老师：有收获就好。相比其他织锦，宋锦的最大特色，莫过于
它出众的雅致韵味。这一点除了得益于织造技艺的革
新，还同宋朝士大夫阶层推崇的雅文化有关系。

雅文化

大　卫：雅文化？

王老师：对，就是一种追求精致美好的文化现象。

小　龙：雅文化是相对于普通老百姓的市井文化而言吧？

王老师：是的。雅文化的背后体现的是有知识、有文化的文人士
　　　　大夫群体的审美趣味和精神风貌。

大　卫：中国的琴、棋、书、画属于雅文化吧？

王老师：是的。古人把古琴音乐称为雅乐，吟诗、作画、下棋称
　　　　为雅兴。"雅"字反映的是精神享受。在不同历史时
　　　　期，雅文化的内涵有所不同。

大　卫：嗯，那宋朝的雅文化有什么特别的吗？

王老师：有啊。宋朝尚文治，雅文化非常盛行。要总结特点的话，
　　　　那便是细腻雅致，含蓄内敛，自然和谐。

小　龙：我想起来了，宋朝有好几个皇帝都是书画爱好者，特别
　　　　是北宋的宋徽宗①，是历史上有名的艺术家。他的花鸟
　　　　画形神并举，书法独树一帜。是不是宋徽宗可以算作当
　　　　时雅文化的代表？

王老师：对。宋徽宗不是个好皇帝，但的确是个优秀的艺术家。

小　龙：可以说宋代的雅文化对当时的宋锦织造产生了深刻影响，
　　　　是吧？

王老师：没错。宋朝雅文化的审美情趣充分体现在丝织物图案设
　　　　计上，艺术性很强。刚才你们在展厅里看到宋锦、蜀锦
　　　　和云锦三大锦的专门展柜，有没有感觉宋锦的雅致风格

很突出呀?

小　龙: 是的,感觉蜀锦和云锦都很华丽,而宋锦是一种完全不一样的雅致风格。

王老师: 宋锦色彩搭配沉稳、纹样风格柔美细腻,给人的感觉是平和有序、张弛有度,特别能体现中国文化的含蓄特质。

小　龙: 老师,经您这么一解释,能感觉到宋锦有文人雅士的韵味了。难怪宋锦经常用作书画装帧的面料,真是再合适不过了。

大　卫: 谢谢王老师,带我们参观了宋锦织造,给我们讲解了宋锦相关的知识。

王老师: 不客气,传承宋锦文化是我们的责任。欢迎你们以后再来参观。

注释:

① 宋徽宗: 赵佶(1082—1135),宋朝第八位皇帝,擅长书法绘画,是古代著名书画家。

结束语

　　小龙和大卫参观了苏州丝绸博物馆，收获颇丰。他们不仅学习了宋锦织造工序，还深入了解了宋锦的历史文化。宋锦在继承蜀锦传统的基础上，形成了自身独有的特色。在设计上，宋锦兼具艺术审美与实用价值，在传统三大名锦中独树一帜。

南京云锦织造技艺

魏向清

冯雪红　主编

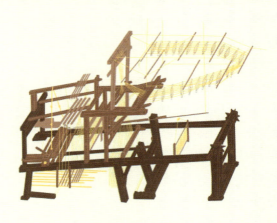

百字说明

　　南京云锦是中国三大名锦之一，其织品色彩绚丽、美若云霞，故而得名。云锦采用独特的传统手工织造技艺，用料考究，工艺复杂，费时费力，素有"寸锦寸金"之说。云锦至今已有1600多年历史。2009年，南京云锦被联合国教科文组织列入《人类非物质文化遗产代表作名录》。

内容提要

　　小龙和大卫一起去南京云锦博物馆参观著名的云锦织造工艺。在博物馆里，随着讲解员的介绍，他们弄清了云锦的历史渊源，看了云锦的大花楼木织机，了解了云锦织造的基本工序，领会了云锦纹样和色彩所代表的丰富文化内涵，感受了云锦文化的独特魅力。

知识图谱

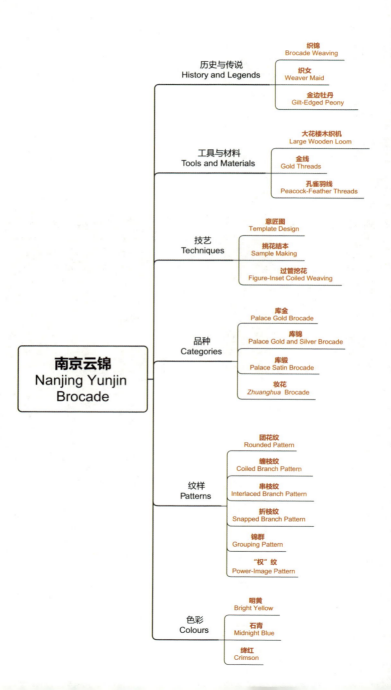

南京云锦
Nanjing Yunjin Brocade

历史与传说
History and Legends
- **织锦** Brocade Weaving
- **织女** Weaver Maid
- **金边牡丹** Gilt-Edged Peony

工具与材料
Tools and Materials
- **大花楼木织机** Large Wooden Loom
- **金线** Gold Threads
- **孔雀羽线** Peacock-Feather Threads

技艺
Techniques
- **意匠图** Template Design
- **挑花结本** Sample Making
- **过管挖花** Figure-Inset Coiled Weaving

品种
Categories
- **库金** Palace Gold Brocade
- **库锦** Palace Gold and Silver Brocade
- **库缎** Palace Satin Brocade
- **妆花** *Zhuanghua* Brocade

纹样
Patterns
- **团花纹** Rounded Pattern
- **缠枝纹** Coiled Branch Pattern
- **串枝纹** Interlaced Branch Pattern
- **折枝纹** Snapped Branch Pattern
- **锦群** Grouping Pattern
- **"权"纹** Power-Image Pattern

色彩
Colours
- **明黄** Bright Yellow
- **石青** Midnight Blue
- **绛红** Crimson

1

织锦

小龙和大卫来到南京云锦博物馆参观，他们随讲解员走到入口处，看见"雲錦"两个繁体大字。

讲解员：两位好！欢迎来云锦博物馆参观。请随我来。

大　卫：谢谢您。您看，这有两个汉字，右边这个是不是"锦"字呀？左边的我不认识，我猜应该是"云"吧？

小　龙：是的，你说对了。这是繁体字。我们喜欢用繁体字写牌匾，这样更能体现中国书法的美感。

讲解员：确实如此。同样，云锦也独具美感。织锦是中国著名的丝织技艺之一。今天的讲解，我们要从这个"锦"字开始。"锦"是指"有彩色花纹的丝织品"。我们都知道，中国是丝绸的发源地，织锦历史悠久。据记载，最早的锦可以追溯到3000多年前的西周时期。

小　龙：历史这么悠久！古代织物能保存到现在，应该很不容易吧？

讲解员：是的，丝织品的保存受很多条件限制，所以不容易看到古代丝织品的实物。我国现存最早的织锦是一块完整的汉代彩锦，1995年在新疆尼雅遗址出土，距今已有2000多年了。

大　卫：那这件彩锦现在保存在哪儿呢？

讲解员：在新疆博物馆。我们可以看一下它的照片。你们看，这块织锦色彩鲜艳，纹样奇特，用蓝、红、绿、黄、白五色织出了云纹、日月、老虎、瑞兽辟邪和雌雄珍禽等纹样。彩锦上下有两组"五星出东方利中国"的汉字穿插在花纹之间。

大　卫："五星出东方利中国"这八个字有什么特别的含义吗？

讲解员：五星指水、金、火、木、土五大行星。"东方"是中国古代占星术中特定的星区位置。"中国"在古时是一个地理概念，指的是皇帝管辖的黄河中下游区域以及周边的中原地区。

小　龙：原来这个"中国"是古代的地理概念，跟现在的不一样。

讲解员：是的，"五星出东方"指的是五颗行星同一时间在东方天空连成一线的天文现象。"利中国"意思是说，五星连珠出现在东方时，对当时汉帝国的大事有利。

大　卫：这个是云锦吗？

讲解员：不是的，这是蜀锦，产自今天的四川省。

大　卫：哦，那云锦的历史也很长吗？

讲解员：不算特别长。南京云锦始于东晋义熙十四年，即公元418年，距今有1600多年历史。在中国三大名锦中，云锦出现得最晚，但最有名气。

大　卫：三大名锦？我知道云锦，宋锦，还有一个是什么锦？

小　龙：这个我知道，是四川的蜀锦。

南京云锦

讲解员：是的，三大名锦织造工艺精湛，各具特色。就说云锦吧，元代人喜欢用真金白银装饰衣服，就诞生了云锦的织金和织银两个品种。

大　卫：用真的金银？那很贵了。

讲解员：没错。从元代到清代700多年间，云锦一直都是皇家专用。当然，有时皇帝也会将它作为礼品赠给外国君主和使臣，或者赏给大臣和有功的人。

小　龙：那古代在南京织云锦的人应该不少吧？

讲解员：是有不少人参与。据历史记载，鼎盛时，南京有3万多台织机，超过25万人从事织锦及相关产业，织锦是当时南京地区最大的手工产业。清朝还在南京设立了江宁织造府，专门负责为皇家生产云锦。

小　龙：云锦织造还有专门机构管理，那一定是产业兴旺。

大　卫：那其他两种织锦有什么特点呢？

讲解员：简单来说，三大名锦中，蜀锦因产于蜀地而得名。蜀锦历史最长，起源于战国时期，一直到隋唐时期都很盛行。

小　龙：已经2500多年了，历史很悠久啊。

讲解员：是的。蜀锦的最大特点是用经线起花，以红、黄、蓝、绿经线与一组素纬线相交，质地很厚实。蜀锦一般采用几何图案和其他纹饰相结合。

小　龙：云锦是纬线起花吧？这是它和蜀锦最大的不同吗？

讲解员：那倒不是，蜀锦本身就分经锦和纬锦两大类。不过经锦工艺是蜀锦独有的特色。

大　卫：那宋锦呢？

讲解员：宋锦起源于隋唐，因成熟于宋朝而得名，是在蜀锦的基础上发展起来的。

小　龙：那就是说，宋锦和蜀锦有继承关系了。

讲解员：可以这么理解。宋锦是纬锦起花，采用斜纹组织，用两种经线织造。具体说，一种是地经，另一种是面经。南宋时期生产的宋锦，主要是为了满足当时宫廷制衣和书画装帧的需要，特点很鲜明。

大　卫：嗯，我知道宋锦的风格很典雅。

讲解员：是的，宋锦纹样图案典雅清新，色彩繁而不乱。

小　龙：那云锦是从宋锦继承来的吗？

讲解员：不完全是，三大锦之间的关系并不是简单的继承关系。这里面有继承和丰富，还有发展。比如说云锦中的"锦群"，它既汲取了蜀锦的几何骨架添花、对称纹样、四方连续的特色，又有宋锦的"八达晕锦"和"天华锦"的一些特点，最终才演变成云锦的"锦群"的。

大　卫：嗯，我记住了。三大锦中，蜀锦主要是经锦，其他两个是纬锦，是吗？

讲解员：大体是这样。蜀锦、宋锦用的是帘式花本，只能织小花、碎花。云锦用的是环形花本，能织大花，能度身定织，满足织龙袍的需要。织一件龙袍，花本至少有100多米长。还有一些其他的区别，比如蜀锦中的多彩经锦和云锦的妆花缎都比较厚实，而宋锦就比较轻薄。在花色上，蜀锦纵向花纹多，宋锦的几何图案最具特色，云锦华丽有气势。

小　龙：我们在苏州丝绸博物馆看到过三大锦，从图案、色彩上看，它们之间的差异很明显。云锦是色彩最浓艳的，的确非常华丽。

讲解员：是的，云锦工艺高超精湛，富于变化。因为是皇家专用，纹样有很多吉祥寓意。

大　卫：云锦最大的特色是什么？

讲解员：云锦最大特色在于过管挖花、妆金妆彩这些工艺。过管挖花继承了缂丝的通经断纬织造技艺。妆金妆彩所用材料非常金贵。所以说，云锦集历代织锦工艺之大成，代表了中国古代织锦技艺发展的最高水平。

小　龙：南京这个织锦为什么叫云锦呢？

讲解员：南京的织锦色泽亮丽，图案丰富，灿若云霞，所以得名"云锦"。

大　卫：就是像彩云一样美丽的丝绸。

讲解员：你说得对。但要能织出像云霞般美丽的锦，工艺可不简单。

大　卫：生产工艺有什么特别之处呢？

讲解员： 云锦的生产工艺主要分五大工序，即纹样设计、挑花结本、原料准备、造机和织造。

小　龙： 挑花结本？造机？这些名词我从来没听过。

讲解员： 不急，我们慢慢看，一点点了解。围绕着云锦还有很多有意思的传说呢。

大　卫： 我喜欢听故事，您给我们讲讲吧。

讲解员： 好啊。我们就先了解一下有关云锦的传说吧。

2

织女

讲解员： 关于云锦起源，有很多美丽的传说。其中，"织女"的
　　　　　故事最有名。

小　　龙： 我只听说过牛郎织女的爱情故事，不知道她还跟云锦有
　　　　　关呢。

讲解员： 是的，提起织女，大家都会想到牛郎织女的爱情故事。
　　　　　其实，织女也是云锦的守护神，民间称"云锦娘娘"。

大　　卫： 因为她是会织布的仙女？

讲解员： 对啊，相传织女是天帝①的孙女，心灵手巧，在天宫里
　　　　　负责编织。她每天的工作就是给天空编织彩霞。

小　　龙： 就是我们看到的朝霞、晚霞吗？

讲解员： 是的。但是，织女很讨厌这种天天编织的枯燥生活。有
　　　　　一天，她偷偷下凡来到人间，爱上了一个叫牛郎的男
　　　　　子，于是就和牛郎在人间过上了男耕女织的凡人生活。
　　　　　牛郎家里很穷，父亲去世后，欠了财主百匹锦缎。

大　　卫： 怎么会欠锦缎呢？我们不都说欠钱吗？

小　　龙： 是说牛郎家里欠了很多债吧？

织女

讲解员: 你说得没错。实际上，在古代中国，锦缎曾经充当货币使用。这就是说牛郎欠了很多债。织女就天天织锦帮助丈夫还债。她推开窗户，招来五彩云霞织到锦缎上，从此就有了美丽无比的云锦。

小　龙: 我明白了，这个传说是说云锦为什么这么漂亮。

大　卫: 嗯，织女下凡，这故事很神奇。后来呢?

讲解员: 后来，天帝知道了织女在人间的事情，非常生气，硬是将织女带回天宫，并规定她和牛郎每年只能在农历七月初七见面。

大　卫: 夫妻一年只能见一次面? 太可怜了。

讲解员: 没错。但他们的爱情感动了喜鹊。农历七月初七这一天，无数喜鹊会用身体搭成一道跨越天河的鹊桥，让牛郎织女在天河上相会。

大　卫: 好浪漫呀。

讲解员: 在民间，农历七月初七不仅是牛郎织女鹊桥相会的日子，也是"乞巧节"。

大　卫: 乞巧节是什么节日?

讲解员: 乞巧节是女孩子的节日。这一天，她们会祭拜织女，参加"穿针乞巧""投针验巧"等有趣的活动，希望自己以后女红会更娴熟、更漂亮。

小　龙: 看来，民间把织女当成神了。那云锦织工也祭拜织女吗?

讲解员：当然了，云锦织工要祭拜他们的守护神——云锦娘娘。每
逢农历七月初七，云锦织工要举行祭拜仪式，祈求织女
保佑他们技艺精进，来年织出更美的云锦。

注释：

① 天帝：中国神话中统治天界的帝王。

3

金边牡丹

讲解员： 说完织女的故事，我再讲一个美丽的传说。两位请随我来，你们先看看这个云锦作品。

大　卫： 这个花很漂亮，是什么花？

讲解员： 金边牡丹。这里面也有个传说呢。

大　卫： 也是爱情故事吗？

讲解员： 那倒不是。刚才说每年农历七月初七，云锦织工都要祭拜织女。此外，还有一个老规矩，每年谷雨①前后，他们要去龙潭看神奇的金边牡丹。

小　龙： 为什么要去龙潭看金边牡丹呢？

讲解员： 传说龙潭边住着母子二人，儿子叫金宝，在城里一家云锦机坊当挑花工。金宝每天天不亮就出门，晚上很晚才能回到家。

大　卫： 这是不是"早出晚归"的意思？

讲解员： 你说得很准确。金宝早出晚归，辛苦做工。所以呢，白天只有金宝妈妈一个人在家。一天傍晚，一只小鹿闯进了金宝家，紧接着门外传来老虎低吼声。原来小鹿是被老虎追赶才跑进金宝家的。金宝妈妈毫不犹豫，抓起一根棍子，冲出去把老虎赶跑了。

大　卫：金宝妈妈好勇敢啊。

讲解员：是的。小鹿十分感激金宝妈妈救了自己。它跑出去，叼回一株枯枝牡丹，放在她的脚边，然后消失在夜色中。后来，金宝妈妈就把枯枝牡丹栽到院子里。

小　龙：可枯枝能栽活吗？

讲解员：神奇的是，枯枝牡丹第二天就吐出嫩芽，长出绿叶。第三天枝上竟然开出了一朵金边牡丹，这朵牡丹花的花瓣有碗口大，镶着一圈亮闪闪的金边，花心还会随时间而变换颜色。

金边牡丹

大　卫：再后来呢？

讲解员：金宝是挑花工，见这朵牡丹这么好看，就想把它织到云
　　　　锦上。于是，他就照着它画，画成后挑成花本。美丽的
　　　　金边牡丹就织进了云锦里。

大　卫：所以，织工们觉得，看了金边牡丹才能织出漂亮的云
　　　　锦吧。

讲解员：传说是这样。实际情况是，云锦织工特别注重对各类花卉
　　　　植物的观察和临摹。要织出好花样，就要多看美丽的花。

小　龙：因为这个传说，织工们就有了看花的习俗，对吗？

讲解员：没错，谷雨前后，他们要去龙潭看金边牡丹，九月重阳②
　　　　再去北极阁看菊花。

大　卫：金边牡丹是云锦常用的图案吗？

讲解员：牡丹是云锦中最常见的主题花之一。有些牡丹图案的边
　　　　缘会镶金边，产生一种耀眼的效果，这就是通常说的金
　　　　边牡丹。实际上，云锦配色多达几十种，织工会运用色
　　　　晕层层推出主花，因而牡丹纹样的颜色就会随视角不同
　　　　而发生变化。

小　龙：色晕？

讲解员：是的，色晕也叫润色，是指色彩的浓淡、层次和节奏。
　　　　具体操作是将大朵主题花和一些陪衬花用深浅不同的色
　　　　调多重织出。一般的原则是，大朵主题花多用"三晕"
　　　　表现，陪衬花多用"两晕"或者"三晕"。

小　龙：三晕就是三种颜色吧？

讲解员：是的，但具体是哪三种颜色，搭配是有讲究的。织工们有代代相传的口诀，比如"水红、银红配大红；葵黄、广绿配石青"。

小　龙：这是他们自己总结的配色秘诀吧。

讲解员：没错。色晕的运用有两种方法，里深外浅叫"正晕"，外深里浅叫"反晕"。这样可以形成节奏分明、逐深渐浅的色彩层次，能突出花纹的立体效果。

大　卫：能织出立体效果，那可真不容易。

讲解员：深浅色的过渡和变化增添了色彩的节奏感与韵律感。

大　卫：您带我们去看看吧。

讲解员：好的，我们先去看看织出这种色彩效果的织机。请随我来。

注释：

① 谷雨：中国二十四节气中的第6个节气。谷雨取"雨生百谷"之意。

② 重阳：中国民间传统节日，登高赏秋与感恩敬老是当今重阳节活动的两大主题。

4

大花楼木织机

讲解员：两位请看，这些都是云锦织机。

大　卫：它们看起来好像一栋栋小房子。

讲解员：是的，这些都是大花楼木织机。这种织机一般长5.6米，高4米，宽1.4米。用这种大花楼木织机才能织出美丽的云锦。在世界手工纺织业中，这是机型最庞大、结构最精巧的机器。

小　龙：这里的"花楼"是什么意思？

讲解员："楼"是说它外形像个房子。"花"是说这种机器是用来提花的，"花"还有另外一个意思，指织机上层悬挂的"花本"。

大　卫：花本是什么？

讲解员：简单说，花本是按照纸上设计好的图案编制成的提花程序，是给织工用的花样模本。但花本不能简单理解成画在纸上的图案。你们看到织机上面的环形棉线绳了吗？

小　龙：哦，我看到了。那串线绳下面还结着很多绳结。

讲解员：这就是花本。

大花楼木织机

小　龙：我还以为花本是个织好的小图样呢。

讲解员：不是的。要知道，花本可是云锦独特的……嗯，应该叫编织程序。等会儿我们专门讲讲"挑花结本"。

大　卫：这个花楼织机看上去结构挺复杂。

讲解员：是很复杂。你们猜一下，这个木织机一共有多少个部件？

小　龙：得有五六百个吧？

讲解员：远远不止。这种大花楼木织机由1924个部件组成，结构非常复杂。

小　龙：这么多零件，机器又这么大，肯定不容易操作吧？

讲解员：是的。请看，这大花楼木织机分楼上楼下两层，上下各
　　　　有一名织工，织造时需要两人配合操作。

大　卫：他们是怎么分工的？

讲解员：你们看，坐在花楼上面的叫拽花工，坐在织机面前的叫
　　　　梭工或织工。古时织工织锦，织工与拽花工要根据一定
　　　　的口诀边唱边织。

大　卫：两个人一起干活，还唱着歌，很快乐嘛。

讲解员：实际并非如此。织锦工作又单调又枯燥。唱口诀是为了
　　　　协调操作，也是为了打发时间。拽花工按事先编好的分
　　　　色和图案顺序提拽花本，进行提花提示。梭工手脚并
　　　　用，操作综框开口，配色挖花。

小　龙：要是两人配合得好，是不是织起来就很快呀？

讲解员：那也不可能很快。云锦织造耗时费力，即使是有经验、
　　　　配合默契的织工，一天也只能织5厘米左右。正是因为
　　　　云锦产量不高，才有"寸锦寸金"的说法。

大　卫：如果能用现代机器替代，肯定能提高效率。

讲解员：目前，机器能织的云锦有三种，即库金、库锦、库缎。
　　　　像妆花这样的品种，现在依然要靠手工织造。

小　龙：那这种妆花肯定很珍贵了。

5

意匠图

讲解员： 下面，我们来说说云锦织造的具体工序。第一道工序是纹样的图案设计。这就要用到一种特别的图纸——意匠纸。意匠纸是按九宫格的原理，把织物的经、纬密度之比，设计成一种专用格子纸，用来绘制意匠图。

大　卫： 那意匠图又是什么呢？

讲解员： 意匠图就是在格子纸上绘制的各种纹样图案。"意"是意图、创意，"匠"是匠心、构思的意思。通过这种格子纸，可以将设计纹样放大并绘制出来。

小　龙： 我明白了。然后再按照意匠图织出云锦的图案和花色。

讲解员： 是的。你们看这个意匠图，这些格子代表经纬线，它们的纵横比例代表经纬线的密度。放样后，绘图工就能把纹样图案的具体位置标定下来。

小　龙： 这不就是利用坐标轴定位嘛。我们祖先太聪明了。

讲解员： 是的，原理是一样的。有了意匠图，实际操作就容易多了。

大　卫： 那意匠图具体怎么绘制呢？

讲解员： 绘制意匠图一般分三个步骤。第一步是选择意匠纸。意匠纸按网格密度大约有25种规格，代表不同织物的经纬密度。工匠们要根据织物密度和织机尺寸，选择合适的意匠纸。

大　卫： 规格可真多呀。

讲解员： 是的。云锦纹样花色丰富，光基本配色就有18种。纹样也很多，可分为动物纹、植物纹、人物纹、器物纹等。第二步，将设计好的纹样放大，然后绘制到意匠纸上。通常是先用铅笔勾勒好纹样，然后再放大、绘制。

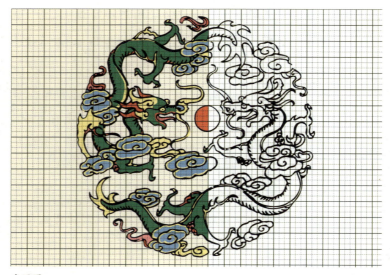

意匠图

小　龙：这个好像比较简单。

讲解员：简单是简单，但需要耐心细致。第三步是在纹样轮廓线
　　　　的范围内，用对应的意匠色先勾勒轮廓线，然后给方格
　　　　涂色。

大　卫：绘好意匠图就可以织锦了吧。

讲解员：那还早着呢。意匠图不是直接用来织锦的，而是用来照
　　　　图编制花本的。意匠图绘制好后，就要进入下一个工
　　　　序——"挑花结本"。

6

挑花结本

讲解员：说完意匠图，我们来了解云锦织造技艺的另一个关键工
序——挑花结本。这是云锦妆花织造的核心技术。

大　卫：什么是挑花结本呀？

讲解员：简单说，挑花就是把经线和纬线挂在挑花绷子或框子上，
然后将经线对应意匠图上的纵格、纬线对应横格。按照
标记的颜色顺序，挑花工手握扁竹，挑引经纬线，最后
结绳成团，作为稍后拼花本或核对差错的标记。

小　龙：听上去就很复杂。那挑花结本用的线就是织机上面挂的
那些很粗的线绳吗？

讲解员：那些是纬线。挑花结本用的经纬线不一样。经线用丝线，
纬线用棉线。这道工序是从意匠图转化为织物的关键一
步。织锦前先得结好花本，因为如何织造、如何配色，
都是由花本决定的。它记录了图案设计中的所有信息。

大　卫：就是我们刚才看到的那些打结的线团？

讲解员：实际比你们看到的要复杂得多。挑花结本是一种以线为
材料储存纹样的方法。形象一点来说，挑花结本是按照

最古老的结绳记事方法，将花纹、位置、色彩用线编成
自己独有的程序。

大　卫：编程序？听上去还挺先进。

讲解员：是的。看似原始的挑花结本，即使是现代化机器也无法
替代。云锦纹样复杂，往往织3厘米的锦就需要3米长的
花本。

大　卫：那要织一个大的图案，需要很长的花本吧？

讲解员：是啊，我们博物馆曾复制过一件明代龙袍，布料长17米，
研究花本编织就花了4年，用于编花本的纬线连起来几
十公里长呢。

挑花结本

小　龙：真难以想象。云锦所有的纹样都用这个工艺吗？

讲解员：大花楼木织机上织的云锦都要用它。挑花结本可细分为三种工艺，分别是挑花、倒花和拼花。其中，挑花是基本工艺，倒花和拼花是辅助工艺。

大　卫：那这三种工艺有什么不同呢？

讲解员：挑花挑制出来的原始花本是"祖本"，或者叫"母本"。祖本可以上机使用，但一般是当复制用的模本。

小　龙：看来祖本是存档的花本。倒花是不是更复杂呀？

讲解员：正相反，倒花相对简单些，就是根据已有的花本复制出另一个花本，好让数台织机同时织造同一个纹样的织锦，也可以替换损坏严重的旧花本。

大　卫：那拼花呢？

讲解员：拼花工艺是把挑花或倒花制成的不完整花本合并成一个完整的花本。

小　龙：看来挑花工的工作很关键。

讲解员：是的。好的挑花工需要长期训练。

小　龙：挑花结本一次只用其中的一种工艺吗？

讲解员：一般来说，任何一个纹样，只用挑花工艺就能编制出供上机织造的花本。但有些情况，比如大型的单独纹样，一张织机的宽度不够，就需要分开挑花，而后运用拼花技艺，拼成一个完整的花本。有些对称型和连续型的纹样，为了节省工时，可以只挑一个基本单位，再用

倒花，复制出其他单元，然后再用拼花拼制出完整的
纹样。

小　龙： 明白了，织工们在织造时，根据不同的纹样需求，可使
用其中的一种或两种工艺，也可以同时使用三种工艺，
最终织出一个完整的纹样。

讲解员： 确实是这样。

7

金线和孔雀羽线

小　龙：挑花结束，前期的准备工作就完成了吧？

讲解员：还没有。下一道工序"备料"还是属于准备工作。云锦
　　　　是皇家专用，所以织造时往往不太考虑成本。原料中不
　　　　仅有优质的彩色丝线，还有大量的金线、银线，以及稀
　　　　有的羽绒线。

大　卫：金线是用真金做成的线吗？

讲解员：是的，元朝人特别喜欢金色，所以这个传统就在云锦中
　　　　保留了下来。金线大多用于织造皇帝龙袍，或者其他象
　　　　征权势和地位的纹样服饰。

小　龙：听说妆花中使用的扁金线，至今都是专为云锦而生产的，
　　　　是吗？

讲解员：是的，可以说金银线与云锦生产相随相伴。夹金织物呈
　　　　现的是皇家用品的雍容华贵。

大　卫：不过，怎么把黄金弄成细线呢？

讲解员：这项工作可不容易。金线加工分为两个步骤，一是打金
　　　　箔，二是制金线。根据云锦不同纹样的需要，在黄金中

加入一定比例的银或铜，这样做出来的金线色泽更亮，不易变色。

大　卫：那金线具体是怎么做的呢？

讲解员：嗯，第一步是把金子制成金条。金条做好后进行裁剪、捶打成金叶子。然后再进一步裁出小金叶，把它们包在一种特殊的纸里，捶打成金箔。第二步制金线，把金箔裁成极细的扁金线。最后，再把它们和丝线或者棉纱捻搓在一起，制成圆金线。这就是织锦常用的金线了。

金线

大　卫：金叶子是什么？是要把金子捶打成树叶状吗？

讲解员：不是的，是把金块捶打成像树叶一样的薄片。

小　龙：那小金叶更薄、尺寸更小，是吗？要做成金线，要打得非常非常薄吧？

讲解员：是的。黄金有很好的延展性，可以打得非常薄。小金叶还得再继续打。一般由两个工匠分别用七斤重的锤子，轮流用力捶打，至少要捶打两万五千下，才能打成"薄如蝉翼、软似绸缎、轻如鸿毛"的金箔。

小　龙：除了金线，您刚才说还有羽绒线，那是什么材料？是鸟的羽毛吗？

讲解员：是的，是羽毛。你们听说过安乐公主的百鸟裙吗？

大　卫：百鸟裙？是不是用一百只鸟的羽毛做成的？

讲解员：差不多吧。传说唐朝的安乐公主曾下令让人用鸟的羽毛给自己织了两条百鸟裙。裙上闪烁的百鸟图案，从正面看是一种颜色，从侧面看是另一种颜色；在阳光下是一种颜色，在阴影中又是一种颜色。

大　卫：这么神奇！

讲解员：是的。安乐公主的百鸟裙织成后，羽毛裙一下子就成了有钱人追求的时尚。后来，唐玄宗当了皇帝，宰相多次请求玄宗下令改掉这个不良的奢侈风气。最终，皇帝下令销毁了宫中的羽毛裙，严禁人们穿着此类服装。

小　龙：他确实是个明智的皇帝。奢侈之风就是应该禁止。

大　卫：对。而且穿百鸟裙也不环保呀。

讲解员：是的，但羽毛确实能呈现出独特的颜色和光泽，是很珍贵的织锦原料。

小　龙：羽线会比染色的丝线色彩更好看吗？

讲解员：当然了。丝线染色没法呈现羽毛独有的那种天然光泽，羽线织物色泽更加艳丽。以前云锦上的绿色纹样很多是用孔雀羽线织成的。

孔雀羽线

大　卫：为什么选用孔雀羽毛呢？

小　龙：孔雀个头大，可用的羽毛多呗，尾巴上的羽毛最漂亮了。

讲解员：的确是这样。孔雀漂亮的羽毛，会因角度不同、明暗度不同而呈现出金色或翠色。在不同角度的光线下，它能形成变幻不定的流动光泽。在有些图案中，孔雀羽线还能显现出棕、紫、蓝等不同的色彩，而且孔雀羽线织物可以历经百年不褪色。

小　龙：难怪云锦的色彩会这么绚烂。

讲解员：据历史记载，南北朝时期，工匠们已经掌握了这种技艺。用孔雀羽毛织出来的织物光彩夺目，深受贵族青睐。明清时期孔雀羽线多用于皇帝或王公贵族袍服上的云龙纹，用它织成的龙纹栩栩如生。

大　卫：孔雀羽线的制作方法也很复杂吧？

讲解员：是的。云锦使用的孔雀羽线，取的是孔雀尾羽上最细的翠绒，将它与蚕丝或金银线缠绕，形成彩翠或金翠交映的立绒。

大　卫：不用像做金线那么费劲吧？

讲解员：不用，但很费时，需要有耐心。首先，要将孔雀羽绒剪成小段，搓捻成螺旋状。然后，再把它们和蚕丝或金银线捻在一起。这个制作过程耗时费力，熟练的工匠一天最多也只能捻一米。

小　龙：怪不得说孔雀羽线比金银线还珍贵呢。

讲解员：没错。我们博物馆曾经复制过一件龙袍，用了各色丝线
　　　　50种，金线4000米，孔雀羽线400米。

大　卫：用这么多珍贵材料，这件龙袍真是昂贵呀。

讲解员：是的，无价之宝。说完金线、羽线，我们接下来去看看
　　　　怎么造机和织造云锦吧。

8

过管挖花

讲解员：下一道工序是造机，就是根据所织云锦的品种、规格，
把所需的经丝安装到位。这需要按不同纹样结构的要求
分别安装，把花本的每根丝线与织机上的每根经丝通过
织机大纤一一连接。

小　龙：这个工序很需要细心吧。

讲解员：是的，要涉及上面的花本怎么拽，下面应该有多少根经
线，拽花工和织工上下怎么配合等等，很多细节都要考
虑进去。

大　卫：真是一个很复杂的工程。

讲解员：没错。上机织造时，坐在上面的拽花工，通过提起花本
的经线，提示应该起花的部分。下面的织工按照提示织
入纬线。这个过程中的工序是拽花、盘织、打纬、送经
卷取。

小　龙：这里面有什么独特的技艺呢？

讲解员：还记得我们说过云锦最大的特色是什么？

大　卫：嗯……像云霞一般，色彩绚丽，花样繁多。

讲解员：是的，云锦非常注重颜色的主次搭配。要达到绚丽的配
　　　　色效果，离不开一种独特的织法——过管挖花。

小　龙：过管挖花？

讲解员：过管挖花是妆花的独特织造方法。它可以根据需要在纬
　　　　向的同一梭配织色彩丰富的彩纬。一般有七八种，甚至
　　　　多到几十种颜色。这是确保纹样呈现绚丽色彩的关键。

过管挖花

小　龙：怎么操作呢？

讲解员：你们靠近些看。看到师傅面前丝线上缀着的一排不同颜色的线管了吗？

大　卫：看到了，为什么要挂在那儿呢？

讲解员：这些也是梭子，这种叫纬管小梭，就是用它们对织物上的花纹作局部回纬，挖花妆彩。

小　龙：可是它们的样子也不像是梭子呀。梭子不都长得像个小船吗？丝线是绕在梭子中间的。

讲解员：你说得很对。那是普通梭子的样子，用来织下面地部的纬线。这种小梭用来织浮在地部上面的彩纬。

小　龙：我明白了，过管的意思就是把这些彩线小管穿过经线，挖花就是织出彩色的纹样。

讲解员：理解正确。过管挖花的特殊之处在于，经线是完整的，而引入的纬线由不定数的彩绒段拼接而成，这就是"通经断纬"。颜色的数量可以不受限制，相同的纹样，可织成不同的色彩，达到"逐花异色"的效果。

大　卫：你们看，师傅把一根长扁木条插进经线，这是在干什么？

讲解员：那个叫纹刀。将纹刀插入经线并翻转九十度，固定后形成一个以纹刀宽度为高度的梭口。撑住这个开口，将这些彩色纬线分段织进去。

小　龙：又是纹刀，又是纬管小梭，感觉过管挖花很复杂，不容易掌握。

讲解员：当然，要掌握这门技艺需要学习、练习好几年呢，但学会之后，织工可以发挥自己的想象，织出个性化的丰富配色，呈现"荤素相间，逐花异色"的效果。

小　龙：什么叫"荤素相间，逐花异色"？

讲解员：就是整匹织物中，几十个主花形状相同，但相邻花的颜色不同。这样的织物色彩变幻丰富，不仅有冷暖色调的变化，还有明暗度的变化。这里的"荤素"相当于现代配色的冷暖色调。

大　卫：这个师傅现在织的是什么纹样？

讲解员：这是四则妆花，是常见的妆花图案。四则的意思是一排四朵花，如果第一、三朵是暖色调，那第二、四朵就应该是冷色调。你们看，现在这个花色是一、三朵各是红色和橘红色；二、四朵是蓝色和绿色。下面的第二排应该是一、三朵冷色调，二、四朵暖色调。

小　龙：他们很聪明呀，这样织出来的纹样即有规则，又有变化，色彩丰富。

讲解员：是的。过管挖花是中国古代丝织技术的一大进步，到现在还无法用机器替代。

大　卫：织工们真是了不起。

库金

小　龙：云锦的织造工艺这么讲究，那它的品种应该也不少吧？

讲解员：是的，云锦的品种很多，大致可分为四大类：库金、库锦、库缎和妆花，其中库金也称为"织金"。妆花是云锦中最具特色的。

大　卫：这些品种里有三类名字前面都有一个"库"字，有什么特别的意思吗？

讲解员：这里的"库"指的是清代内务府①的一个部门，叫"缎匹库"。当时云锦面料是皇家专用，织成后都要送入缎匹库，所以就有了"库金""库锦""库缎"这样的名称。

小　龙：那云锦的这四大类究竟有什么不同呢？

讲解员：库金、库锦、库缎和妆花的主要不同之处是在织造工艺上。我们来结合展品说说它们各自的特色吧。走，一起去展厅看看。

大　卫：好，我们走吧。

讲解员：你们看，这是云锦中的第一种，库金。

小　龙：听起来应该像是用金线织的了。

讲解员：是的。应该说，库金和库锦的主要区别在于地部用料不同。库金的地部主要用金线，而库锦的地部主要用染色丝线。

大　卫：库金是在金地上再织出图案，那肯定光彩夺目。

讲解员：大卫，你这个成语用得很准确。库金的成品就是光彩夺目，华丽贵气。有研究表明，库金应该是源自西域或北方游牧民族，他们的审美习惯是崇尚华丽的金属质感。

小　龙：库金有什么有名的成品吗？

讲解员：有啊，最有名的要数"织金陀罗经被"了。

大　卫：用金线织的被子，什么人才用得起呀？

讲解员：是慈禧太后。她去世后，遗体最上层覆盖了一床织金陀罗经被。

大　卫：难怪呢。太后用的肯定很奢侈了。

小　龙：慈禧死后为什么要盖织金陀罗经被呢？

讲解员：慈禧信佛。佛教认为，织金陀罗经被具有不可思议的力量，在寿终之际把它盖在遗体上，弥陀佛会把死者引往西方极乐世界。

小　龙：慈禧不光生前享受，死后还想继续享受呢。

注释：

① 内务府：清朝规模最大的机关，主要职能是管理皇家事务。

10

库锦

讲解员：你们再来看看这件展品，这是一块宝蓝地寿字纹的库锦。

小　龙：库锦看起来色彩更富丽华贵，特别有皇家气派。

讲解员：这是因为库锦织造所用的材料更高级，或者说更讲究。

大　卫：库锦是用什么线织的？

讲解员：库锦就是在缎地上用金线或银线织出花纹，所以色彩非
　　　　常鲜亮，光泽度高。

小　龙：除了金银线，库锦应该还会用其他颜色的丝线吧？

讲解员：会的。库锦主要是用金银线织成，所以也叫"二色金库
　　　　锦"。也有用四五种固定颜色装饰全部花纹的"彩库
　　　　锦"。这种库锦除了用金银线外，还要用到其他两三种
　　　　颜色的彩绒。彩库锦的效果很靓丽夺目，也是因为金银
　　　　线的作用。

大　卫：这个库锦的图案花纹好像比较小。

讲解员：没错。库锦通常多用几何形或小花朵纹样，这样才能有
　　　　效凸显金银线的色彩。这种小花纹图案一般是金线为
　　　　主，银线起陪衬装饰作用。

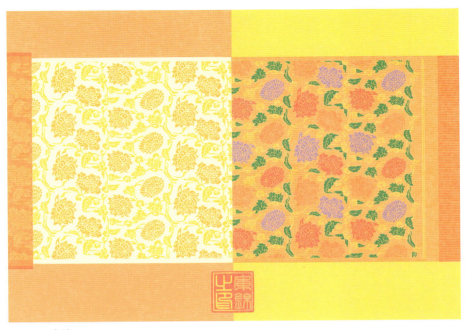

库锦

小　龙：库锦也是用作衣料吗？

讲解员：不光用来做衣料。库锦有多种用途，"二色金库锦"可
　　　　以用作衣物的缘边装饰，如镶衣边、帽边或其他用品的
　　　　饰边等。

小　龙：金银线可以突出衣服本身色彩的鲜亮吧。那彩库锦一般
　　　　做什么用呢？

讲解员：彩库锦可以做衣物镶边装饰，还可以做一些实用的锦
　　　　匣、枕垫、囊袋，或者用作装帧装裱材料。

大　卫：库锦的用处真多。

讲解员：是的。因为库锦的意匠图案都比较小，在小范围内再要
　　　　设计纹样变化往往不容易，所以库锦的纹样固定，变化
　　　　不大。

小　龙：嗯，明白了。

11

库缎

讲解员： 我们再来看看云锦中的第三种——库缎。你们看，这件
酱色常服袍用的就是库缎。

小　龙： 展品标签上写的是"乾隆皇帝常服"。

大　卫： 哦，皇帝穿的，怪不得这么漂亮。这种面料有什么讲
究呢？

讲解员： 这么说吧。提花是云锦的基本工艺，但在用料、配色和织
法方面有差异。库缎是一种缎纹提花织物，也叫"花库
缎"或者"花缎"。缎纹织物比较细腻，光泽度好，在缎
地上提花，会更加富贵华丽。库缎的特点在于配色。

大　卫： 怎么配色呢？

讲解员： 库缎提花主要有两种，一种是本色提花，另一种是两色提
花。本色提花就是经纬用同一种颜色的线，单色花纹不
明显，所以也叫"暗花"。两色提花就是经纬线用两种
不同颜色的线，用异色凸显花纹，因而也叫"明花"。

大　卫： 那这件衣服就是暗花缎了？

库缎

讲解员：是的，上面的团花纹是本色提花。皇帝平时穿的常服大多选用比较低调的颜色。

小　龙：库缎还有别的特点吗？

讲解员：它的意匠设计比较特别。库缎也叫"袍料"，通常用作衣料，多用"团花"纹样设计，一般根据成衣所需长度来织造。库缎的另一个特色是"织成"。把纹样设计在衣服几个固定的部位，比如前胸、后背或者肩部、下摆，这样织成后就是一件成品衣料，只需按样式裁剪和缝制就行了。

大　卫：这个真有意思。

小　龙：看来，库缎的织造还得有服装设计的意识呢。

讲解员：是的，我们叫"度身定织"。

12

妆花

讲解员： 前面我们讲过，过管挖花是妆花的一个特色工艺，也是
目前机器无法替代的传统织造技艺。简单说，只要用挖
梭工艺在地部上织花，就叫妆花。你们看，这就是一件
明黄色龙纹妆花缎龙袍。

大　卫： 颜色确实是鲜亮。

讲解员： 旁边这个红色面料是"织金孔雀羽妆花纱龙袍料"。这
是我们博物馆根据一件从明朝皇帝墓中出土的织锦龙袍
复制的。通过复制这个面料，我们找回了失传数百年的
明代手工染色技艺，以及把金线缠裹进蚕丝的技术。

小　龙： 这个织物看上去比刚才那个龙袍薄呀。

讲解员： 当然了，那个是妆花缎，这个是妆花纱。你们换个位置
看看孔雀羽织出来的效果。

大　卫： 好神奇呀，换了位置，颜色就变了。这龙好像在红色的
霞光里升腾起来一样。

讲解员： 你们再站远一点儿看。

小　龙： 现在感觉这条龙金翠交辉，像浮雕一样。

妆花

讲解员： 这就是妆花的效果。作为提花产品，妆花是在各种不同质地的丝绸上突出五彩花纹，是云锦中技术最复杂、纹样最华丽的一种。根据组织结构的不同，有妆花缎、妆花纱、妆花罗、妆花绸等十几个品种。

小　龙： 妆花是不是云锦中的极品？

讲解员： 那肯定是，准确地说是织锦中的极品。从工艺水平上看，丝织中首推织锦，织锦中最名贵的是云锦，而云锦中的妆花达到了织锦技艺的顶峰。

大　卫： 妆花都有什么花色呢？

讲解员： 妆花多为大型饱满花纹，用色浓艳，常以金线勾边或金银线装饰花纹。图案多选取寓意吉祥的花卉、鱼虫、走兽、祥云、八仙、八宝等；色彩以红、黄、蓝、白、黑、绿、紫为基本色，多用色晕过渡，因而色彩绚丽丰富又和谐端庄。

小　龙： 刚才您说过管挖花是妆花特有的技术，具体有什么独特之处呢？

讲解员： 我们拿妆花与库锦做个比较。库锦是用不同颜色的彩梭进行通梭彩织，配色相对比较固定，变化也有限。而妆花的花纹配色是用不同颜色的彩绒纬管，分段对织料上的图案花纹进行挖花妆彩，自由配色，因而色彩变化更丰富。

大　卫： 听上去好复杂啊。

讲解员：妆花的工艺的确很复杂，它把北方贵族喜爱的织金与中原传统的织彩融为一体，使云锦看上去色泽鲜艳、高贵华丽。

小　龙：妆花是什么时候出现的？

讲解员：早在唐代就有了妆花，明清时期技术更成熟，用料更考究，织造更精细。你们一定知道"锦上添花"这个成语吧？

大　卫：知道。我上汉语课学过，是"好上加好"的意思。难道这个成语跟妆花有关系？

讲解员：这个成语用来描述妆花最恰当，我举个例子你们就明白了。金宝地是妆花中最有南京特色的品种。织造时把纬底用金线织满，然后在金光闪闪的金地上，用各色丝线织显五彩花纹。

大　卫：什么是金地？

讲解员：金地实际上就是我们说的"锦"，只不过是用金线织出来的，金地上过管挖花织出的花纹就是"花"。在锦上再织上一层花纹，不就"锦上添花"了嘛。

大　卫：有意思，我记住了。

讲解员：看完不同品种的云锦，我们再去欣赏一下它的纹样吧。

团花纹

讲解员：两位请看，这种圆形团花是云锦的主要纹样之一。织锦
　　　　图案中的花不仅仅是指花朵，也泛指四季植物、吉祥文
　　　　字和龙凤等图案。

大　卫：小龙，我们之前看过的剪纸纹样也有很多团花纹，对吧？

小　龙：是啊，像《鸳鸯戏水》《连年有余》，还有窗花大多数
　　　　都是团花。

讲解员：没错。团花纹起初广泛用在剪纸、建筑装饰和器具上，
　　　　后来逐渐用到了织物上。比较典型的团花纹样出现在隋
　　　　唐时期，当时有一种联珠纹很盛行。

大　卫：联珠纹是什么样子的？

讲解员：联珠纹是在团花纹外面再装饰一圈小圆圈，好像一圈联
　　　　珠。据说这种纹样是从西域传入中国的。古代波斯织锦
　　　　中就有联珠纹。

大　卫：那是不是通过"丝绸之路"传过来的？

团花纹

讲解员： 应该是吧。但传入之后，西域风格的狮子、骆驼等形象
慢慢被龙凤、虎豹、鸳鸯等被中国人喜爱的本土形象替
代了。

小　龙： 这也应该算是中外文化交流中的借鉴与创新吧。

讲解员： 说得对。团花纹在不同时期呈现的特色不同。宋代的简
洁素静，元代的粗犷饱满，明代的典雅精美，清代的繁
复精细。

小　龙：团花纹的使用有什么讲究吗?

讲解员：官服上的团花纹可以用来区别官员的品级，通过团花大小、颜色进行区分。唐代曾规定亲王至三品大臣的常服用紫色大团花，五品以上用朱色小团花。

大　卫：普通人不可以用团花纹吗?

讲解员：也可以。在中国文化中，圆形图案表示吉祥圆满。云锦中团龙、团凤纹样是皇室专用的，民间流行的是团寿、团花等纹样。

小　龙：除了团花纹以外，云锦中其他比较常用的纹样是什么?

讲解员：有散花和满花纹样。散花是以小碎花为单位纹样，满地铺陈，自由排列，主要用于库缎的设计；满花比散花排列紧密，多用在库锦上。

大　卫：原来纹样不同，用途也不一样。

小　龙：但是不同的团花设计都表达了吉祥如意和圆满的寓意。

14

缠枝纹　串枝纹　折枝纹

讲解员：刚才说到团花纹比较常用。除此之外，我们还有缠枝纹、
　　　　串枝纹和折枝纹等纹样，其中缠枝纹最常用。

大　卫：缠枝？是指缠绕在一起的枝叶吗？

讲解员：不光是枝叶。缠枝纹又叫"卷草纹""蔓藤纹"。这类
　　　　纹样以各种花草的茎叶、花朵或果实为题材，枝梗缠绕
　　　　主题花或主题叶形成环状。

大　卫：明白了。我们欧洲也有缠枝图案的设计，这种图案在中
　　　　国也很古老吧？

讲解员：是的，汉代丝织品上就有缠枝纹，唐代特别流行。缠枝
　　　　纹最早多用于佛教制品，后来成为锦缎常用的纹样。

小　龙：中国的缠枝纹和欧洲的有什么区别吗？

讲解员：这个问题问得好。很多国家都有不同题材的缠枝纹，如
　　　　埃及、希腊、罗马有缠枝棕榈、缠枝忍冬；波斯、印度
　　　　有缠枝葡萄、缠枝郁金香。中国早期的缠枝纹是缠枝忍
　　　　冬和缠枝莲花。

大　卫：看来不同国家的缠枝纹主要是花的种类不同。

讲解员：是的，不仅花不同，缠枝的方式也不一样。中式缠枝纹
　　　　由连续的花朵组成，主题是花，藤蔓是陪衬，体现的是
　　　　"花开富贵"。其他国家的缠枝纹由叶子纹样组成，主
　　　　题是叶子，象征生命的延续与重生。

大　卫：嗯。不同国家的缠枝纹确实不一样。那"花开富贵"是
　　　　什么意思呢？

讲解员："花开富贵"是中国传统的吉祥图案之一，常用的缠枝
　　　　纹样有缠枝牡丹、缠枝莲、缠枝菊等。你们看，缠枝盘
　　　　绕着美丽的花朵，花繁叶茂，是不是特别好看？

缠枝纹

小　龙：好看。是预示着美好富足的生活，对不对？

大　卫：很漂亮，而且这个寓意很好呀。

小　龙：那串枝纹和折枝纹有什么特点呢？

讲解员：串枝在云锦花卉图案中也很常用，是用枝梗串联起不同的主题花。

大　卫：那折枝纹中的花朵枝梗是断开的，对吗？

讲解员：没错，折枝纹样一般可分为折枝花纹和折枝果纹。在折枝纹样中，花纹、果纹布局匀称，枝梗穿插，互不相连。

大　卫：这三种纹样各有特点，中文也很好记。缠枝、串枝、折枝，三个词都有"枝"字，我记住了。

讲解员：云锦中花卉图案很丰富，所以看起来绚丽多彩。但还有一种很特别的、富于变化的纹样。

小　龙：是说锦群吗？

讲解员：哦，小龙知道的还不少呢。

小　龙：我在学习宋锦的时候了解了一点儿。

15

锦群

小　龙：从字面上理解，锦群应该是很多种纹样集中在一起吧？

讲解员：是的。你们看，锦群是一种有规则的满地纹样，用圆形、方形等几何图形构成骨架。在变化的几何形骨架中，有各种小锦纹，如万（卍）字纹、曲水纹，中心是一朵较大的主题花。

小　龙：我听说锦群是从宋锦的八达晕发展而来的。八达晕的基本骨架就是米字形，朝四面八方辐射，有四通八达的寓意。

讲解员：是的。不过，锦群的几何骨架更多元，加入了缠枝、龙凤、曲水等元素，形式更丰富。看到这些锦群纹样的云锦，你们有什么感觉？

大　卫：感觉特别有装饰效果。

讲解员：没错。装饰性是锦群的一大特色。还有呢？

小　龙：感觉锦中有花、花中有锦。

锦群

讲解员: 对,锦群又名天华锦、添花锦,图案花纹繁复,但整体和谐统一。锦群应用面很广,用在不同品种上会产生各不相同的织成效果。

小 龙: 那锦群在织法上有什么特殊之处吗?这么多重复的图案,是不是可以直接复制呢?

讲解员: 对啊,可以对相同的图案进行复制。这就要说到云锦纹样设计的精妙之处。在传统设计方法中,有一种四方连续、八面接章的图案构成方法。

小 龙: 四方连续好理解,八面接章是什么意思?

讲解员: 是指花纹可以自然地接合起来。先设计半个单位的纹样,然后复制出另一半,将复制的半个单位纹样倒转过来,和原来的一半对接拼合,就成为一个完整的单位纹样。

小 龙: 那锦群图案应该对称性特别强吧?

讲解员: 是的,单位纹样间不仅上下、左右相连,而且上下颠倒或左右颠倒也是相连的。这种规则花纹有两个突出的优点:一是织造省工,能做到事半功倍;二是方便剪裁,剪裁时拼接对花很省料。

大 卫: 这种纹样精巧又实用,是不是有特别的寓意呢?

讲解员: 云锦使用的图案大多有吉祥寓意。具体可以用六个字来概述,那就是权、福、禄、寿、喜、财。

小　龙：福、禄、寿、喜、财，这些寓意我听说过。"权"是指
　　　　什么？

讲解员："权"指权力或权威。龙袍上的"权"纹是最典型的。
　　　　我们一起来看看。

16

"权"纹

讲解员：云锦有着鲜明的皇家文化烙印。先说皇家专用的龙凤图
案吧。刚才看到的几件龙袍，你们有没有发现什么特别
的地方？

大　卫：发现了呀。龙袍上满身都是龙，还有云纹，特别有气势。

讲解员：对。在中国，龙是权力象征，也是祥瑞，在古代是皇室
专用的图案。皇帝穿的龙袍上大量使用龙纹，用来显示
皇权君威。凤凰是传说中的鸟中之王，在中国文化中象
征着皇后。

小　龙：除了龙、凤这些主要纹样，龙袍上还有其他象征权力的
图案吗？

讲解员：有的。另一种典型图案是十二章纹，也是权力的象征。

大　卫：十二章纹是什么？

讲解员：十二章纹是一组吉祥符号，是中国帝制的等级标志，象
征着权威。十二章分别是日、月、星辰、群山、龙、华
虫、宗彝、藻、火、粉米、黼（fǔ）、黻（fú）。

"权"纹

大　卫：它们有什么特别的含义吗？

讲解员：日、月、星辰，表示照耀天下；山，表示稳重、镇定；龙象征神异、变幻；华虫表示有文采；宗彝是供奉、孝养的意思；藻表示洁净；火表示明亮；粉米意味着有所养；黼意味着果断；黻表示背恶向善。

大　卫：都是很好的寓意，它们也是皇帝专用的吗？

讲解员：不是的，但用起来有级别限制。皇帝的衣服可以十二章全用，王公贵族只能用龙以下的部分纹样，种类和数量有严格规定，不可越级使用。我们博物馆曾经复制过两件有十二章纹样的龙袍。

大　卫：那应该是很威严的样子吧。

看到云锦织成的补子，小龙很好奇。

小　龙：这个就是清朝官员服装上的补子吧？

讲解员：对。补子表明官位品级，由动物或鸟类图案构成的纹样织成，是按照官品等级和文武身份设计的。文禽武兽，一看就知道官员的身份。

大　卫：衣服上的纹样还能标明是什么官员，这个也很有意思。

讲解员：对啊，你们可以看看这个清朝补子图案的品阶对照表。

等级 （Rank）	文官 （Civil）	武官 （Military）
一品	仙鹤 Crane	麒麟 Kylin
二品	锦鸡 Golden Pheasant	狮子 Lion
三品	孔雀 Peacock	豹 Leopard
四品	云雁 Wild Goose	虎 Tiger
五品	白鹇 Silver Pheasant	熊 Bear
六品	鹭鸶 Egret	彪 Panther
七品	鸂鶒 Mandarin Duck	犀牛 Rhinoceros
八品	鹌鹑 Quail	犀牛 Rhinoceros
九品	练雀 Flycatcher	海马 Seahorse

小　龙：这张表格很清楚，一目了然。

大　卫：就是这些中文字很难认，不懂什么意思，幸好还有英文翻译。

讲解员：没关系。这里面有些字也不常用，很多中国人也不认识呢。慢慢认。

大　卫：好的，我会努力学习的。

小　龙：我们一起学习。十二章上的有些字我也不认识。

17

明黄　石青　绛红

讲解员：最后，我们说说云锦的用色吧。除了纹样，云锦的用色
　　　　也是有讲究的。

大　卫：这个我知道，皇帝用黄色。

讲解员：其实也没那么简单。中国秦朝之前，皇帝并没有统一的
　　　　服饰颜色。秦始皇统一中国后才为自己的龙袍选了特定
　　　　的颜色。

大　卫：不是黄色吗？

小　龙：是红色？

讲解员：都不是，是黑色。

小　龙：我知道秦朝人喜欢黑色，没想到他们龙袍也用黑色。

大　卫：那什么时候黄色成了皇帝专用的颜色呢？

讲解员：隋朝时期推崇五行学说①，在金木水火土中，中央属土，
　　　　它对应的颜色是黄色。所以，黄色也就在皇室里流行
　　　　起来。

小　龙：有人说黄与皇同音，所以用来象征皇室。

明黄

讲解员：也有可能。到了唐朝，黄色开始与皇权关联在一起。但当时管理并不严格，老百姓也可以穿黄色。

大　卫：什么时候开始改变的？

讲解员：从宋朝开始，只有身份尊贵的皇室成员才能使用黄色。明黄色只能是皇帝、皇后专用。你们看这件展品。

大　卫：这就是明黄色？

讲解员：是的。这件龙袍底衬就是明黄色。上面有九条龙，还装饰了五色祥云图案，代表着富贵、吉祥和权力。

大　卫：这种颜色很特别，一眼就能认出来。

讲解员：这个颜色很容易辨认，染色却不容易，要用到一种特别的染料。

小　龙：什么染料？

讲解员：染制这种明黄色，需要用到槐花花苞。因其形似米粒，也叫槐米。槐米给丝绸面料上色的效果特别好。

大　卫：前面看到还有其他颜色的皇帝服装，那皇帝什么时候穿什么颜色有规定吗？

讲解员：当然了。皇帝只有在吉庆日子才穿这种明黄色的龙袍。皇帝的服饰种类很多，用色也很多。你们看旁边这件皇帝冬季穿的常服，用的是石青色。

小　龙：这种颜色挺暗的，有点像黑色呀。

讲解员：石青色是一种接近黑色的深蓝色，也是古代宫廷服饰的常用色。

石青

大　卫：也是皇帝服饰的专用色吗？

讲解员：那倒不是，石青色在清朝属于流行色，皇室的女装也常用这个颜色。你们看这件后妃穿的朝裙，下部用的就是石青色团龙妆花缎。用这种深蓝色做底色，能凸显其他亮色的纹样，很好看。

小　龙：大臣们的服饰也会用石青色吗？

讲解员：石青色庄重典雅，王公大臣和文武百官最隆重的朝袍、补服也会用这种颜色。

小　龙：这样说来，清朝宫廷的服饰主要以黄色和石青色为底色了？

讲解员：是的。清朝皇室主要利用服饰颜色表明自己地位正统，所以更倾向用明黄、石青等庄重的颜色。除了这两种颜色，还有一种颜色特别具有中国特色。

大　卫：我知道，是中国红。

讲解员：是的，是的。确切地说，云锦里面的绛红才是传统的中国红。你们看这件"八宝纹斗牛袍"。

小　龙：哦，展品标签上写的是"绛红八宝纹斗牛袍"。

大　卫：咦，好像这个绛红色比普通的红颜色更深一些，有什么特别吗？

讲解员："绛，大赤也。"从字面上理解，绛红就是大红色。绛色的染色难度大，特别考验染匠的功夫。"红染三次为绛"，意思是织物得经过反复多次染色，才能达到绛色

绛红

的标准。你们看，这件龙袍就是绛色，是春分时皇帝去
日坛祭日时穿的祭服。

小　龙：感觉这种绛红色确实很鲜艳，是怎么染成的？

讲解员：中国人很早就开始使用红色染料了。红花、茜草、苏木
　　　　等植物都是理想的红色染料。

小　龙：那绛红色也像明黄色、石青色一样，是云锦常用的颜色，
　　　　对吗？

讲解员：没错。红色是中国人最早喜欢的颜色之一，也可以说是最早的流行色。

大　卫：这和我们的文化有很大区别。在我们的文化里，红色象征着火和血，有杀戮的含义。

讲解员：中西文化在颜色上有很多不同的理念。在中国文化中，红色是吉祥色，象征光明、生机、温暖和繁盛。这起源于古人的日神崇拜。汉代最早的祭祀服饰就是红色。你们知道明朝为什么喜欢大红色吗？

小　龙：难道是因为皇帝姓朱？

讲解员：还真是这样的。就是因为皇帝姓朱，所以才大力提倡使用红色。

小　龙：没错，紫禁城就是红墙、红柱，门窗也是红色的，的确让皇宫显得神圣又神秘。

大　卫：我觉得中国人真的很喜欢红色。不仅皇宫建筑看上去一片红，你们看，京剧里的脸谱、服装有红色，剪纸大多数也是红色呀。

小　龙：那当然了。红色是最喜庆的颜色嘛。过年时家家户户贴着红的对联和窗花，挂着大红灯笼，你看，一片红多喜庆呀。

大　卫：是的，今年过年我还收到了红包呢。

讲解员： 中国红的确是我们特有的颜色，喜庆、热烈、温暖、祥和。那我们今天的讲解就在这喜庆的红色中结束吧，谢谢你们来参观云锦博物馆。最后，借一个跟云锦相关的成语祝福你们，祝前程似锦！

注释：

① 五行学说：中国古代一种哲学思想。

结束语

　　通过参观云锦博物馆，小龙和大卫对云锦有了更为全面的了解。云锦是目前中国织锦中唯一仍采用传统手工提花木织机织造的丝织品，其特有的过管挖花、逐花异色工艺代表了中国古代丝织技艺的最高水平。云锦中的妆花工艺独特，色彩绚丽，灿若云霞，享誉世界。

中国雕版印刷技艺

刘韶方 单旭光 主编

百字说明

　　雕版印刷术是中国古代重要发明之一，是世界现代印刷术最古老的源头。雕版印刷融合了造纸、制墨、雕刻、摹拓等多种中国传统技术和工艺，将文字和图像反向雕刻在木板上，制成印版，然后在印版上刷墨、铺纸，再将图文转印到纸张上。2009年，雕版印刷术被联合国教科文组织列入《人类非物质文化遗产代表作名录》。

内容提要

　　为全面认识中国古老的雕版印刷技艺，小龙和大卫专门去请教雕版印刷史专家张教授，初步了解了雕版印刷术的发展历程。随后，他们前往扬州中国雕版印刷博物馆，实地考察了雕版印刷的主要工艺流程和所用材料。最后，在桃花坞木刻年画社，小龙和大卫还亲自体验了木刻年画的刷印过程。

知识图谱

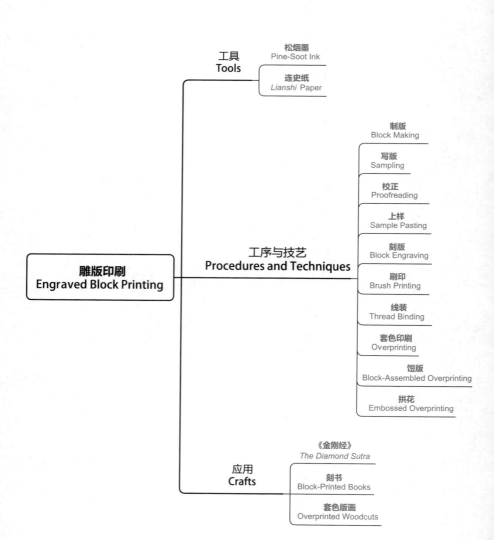

工具
Tools

松烟墨
Pine-Soot Ink

连史纸
Lianshi Paper

工序与技艺
Procedures and Techniques

制版
Block Making

写版
Sampling

校正
Proofreading

上样
Sample Pasting

刻版
Block Engraving

刷印
Brush Printing

线装
Thread Binding

套色印刷
Overprinting

饾版
Block-Assembled Overprinting

拱花
Embossed Overprinting

雕版印刷
Engraved Block Printing

应用
Crafts

《金刚经》
The Diamond Sutra

刻书
Block-Printed Books

套色版画
Overprinted Woodcuts

1

金刚经

小龙和大卫前去拜访张教授，他是研究中国雕版印刷史的著名专家。

小　龙：张教授早上好！这是我的英国朋友大卫。谢谢您抽空接待我们。

张教授：你们好，欢迎欢迎，难得你们年轻人对中国雕版印刷感兴趣。

小　龙：张教授，我们想多了解一些这方面的知识。

张教授：好啊，你们对哪些方面比较感兴趣呢？

小　龙：我查了一些资料，关于雕版印刷术的年代，最多的说法是唐朝已经开始了规模印刷。现存最早的雕版印刷品是唐朝的吗？

张教授：是的，是唐朝印制的《金刚经》卷轴，全名叫《金刚般若波罗蜜经》。它是世界上现存最早、标有刻印日期的雕版印刷品。准确地说，这是目前有记录的最早的雕版印刷书籍。

金刚经

小　龙：是在哪里发现的？

张教授：在甘肃敦煌莫高窟，但应该是四川刻印的。卷尾上印有
　　　　"咸通九年四月十五日王玠为二亲敬造普施"这十八个
　　　　字。这一行字传递的信息对雕版印刷历史的研究特别
　　　　重要。

大　卫：咸通九年是哪一年？这句话讲的是什么呢？

张教授：是公元868年，唐朝末年，当时正是佛教盛行的时候。
　　　　人们常用抄经、刻经的方法积德行善。这句话的意思是

　　王玠抄写经文，请人刻印，然后免费散发，以此为父母
　　祈福。

大　卫：原来是这样。那要印很多份了。

张教授：没错。这也说明当时雕版印刷很盛行。

小　龙：这部《金刚经》现藏哪里？

张教授：伦敦大英图书馆。稍等，我这里刚好有这个印本的图片。
　　　　你们看，全卷由七张纸连接而成，长491.5厘米，宽30.5
　　　　厘米。不过很可惜，在英国修复时，整卷纸被裁成几
　　　　段，放在了一块块独立的展板上。

小　龙：将近5米，很长呀。不过，这样分割开，就不像一本完
　　　　整的书了。

张教授：是的，这完全不是中国卷轴的展现方式。

大　卫：张教授，这本《金刚经》为什么会保存在大英图书馆呢？

张教授：1907年，英国人斯坦因率领考察队到中国。他们从敦煌
　　　　把大量的莫高窟文物运回英国，其中就有这本《金刚
　　　　经》。后来《金刚经》被大英博物馆收藏，再后来又转
　　　　到大英图书馆保存。

大　卫：这么多年了，上面的字迹还是很清晰的。

张教授：是啊，这部《金刚经》无论是第一页的木刻版画，还是
　　　　后面的经文，印刷都很精美。版画上有19个人物，经
　　　　文部分每行19个字，一共5000多字。你们看，它构图复
　　　　杂，刻工精湛，墨色均匀，字迹清晰。

小　龙：太珍贵了！看来当时的雕版印刷技术已经很成熟了。

张教授：从文献上看，雕版印刷的书主要是供初学者识字，印刷的其他物品供人们日常使用。当然了，道士和佛教徒也会利用这种新技术普及宗教知识，弘扬教义。

2

雕版印刷

小　龙：张教授，您刚才谈到雕版印刷为文化传播创造了更好的
条件。这项技艺是不是很复杂呀？

张教授：是的，这项技术的前期工序很繁琐费力，但后期印刷阶
段就可以批量生产了。

大　卫：雕版印刷都有哪些工序呢？

张教授：工序还不少呢。第一步抄写文稿，第二步将稿纸反贴在
木板上，形成反体字，第三步雕刻文字，用刻刀把版面
上的字刻成阳文。之后，还要在凸起字体上刷墨，用纸
覆压刷印出来，最后装订成册。

大　卫：还挺复杂。

小　龙：雕版印刷的步骤确实挺多。不过，一次可以印制很多本，
比原先抄写的效率高多了。这样既解放了生产力，又提
高了文化传播速度。

张教授：小龙总结得很好，雕版印刷很了不起。

小　龙：好像古书的宋刻本特别出名，这是为什么呢？

张教授： 这主要是因为宋朝经济和技术都很发达，文学艺术也很
　　　　 繁荣，所以书籍需求量大。

大　卫： 宋朝印刷需求量大，所以宋刻本很有名，是吗？

张教授： 说得有道理，但宋刻本出名，还因为一个关键技术。宋
　　　　 代之前没有排版一说，刻版比较随意。到了宋朝，雕版
　　　　 印刷由政府监管，主要由国子监负责。国子监对工序、
　　　　 方法进行了标准化、规范化管理，进一步完善了雕版印
　　　　 刷技术，所以雕版技艺更精湛，印书质量更好。

小　龙： 难怪都说宋刻本是研究雕版印刷最好的样本。但这项传
　　　　 统技艺的成熟应该也经历了很长时间吧？

张教授： 是的，要是从头说起，时间的确很漫长。它先后经历了
　　　　 印章、墨拓石碑、木拓法帖等几个阶段，最终才出现了
　　　　 成熟的雕版印刷技术。

小　龙： 张教授，印章最早出现在哪个朝代？

张教授： 根据出土文物和历史记载，2700多年前的东周时期，就
　　　　 出现了印章。起初，印章只是做生意用的凭证，后来成
　　　　 为代表权力的法物。

小　龙： 嗯，我们现在还用印章呢。印章应该是中国人特有的一
　　　　 种签名方式吧。

大　卫： 我们不一样，一般都是直接签名。

张教授：中外确实不太一样。而且在中国，印章对书法的发展有过积极影响。2000多年前的汉代，人们受印章启发，开始用阴文篆刻的方法把一些著名的书法作品刻在石碑上，让人们学习临摹，后来又进一步把整部书刻到石碑上。

小　龙：然后再从石碑上把书法作品拓下来？

张教授：是的。东晋时期，为了让更多的人欣赏和临摹石碑上的内容，出现了石碑拓印技艺。就是把纸铺在石碑上，用墨包捶打纸张，把碑上的字拓印下来。

小　龙：这个我知道。今天练书法用的法帖大多是拓印的。那木拓法帖是什么？是不是把文字刻在木板上呀？

张教授：是的。相比石碑拓印，木拓法帖是一种更接近雕版印刷的技艺。这需要将纸铺在刻好文字和图案的木版上，用墨包捶打纸张，把木板上的内容拓印到纸上。

大　卫：木板上刻字肯定要容易很多。

张教授：那当然了。另外，还有一种捺印技艺，对雕版印刷也有一定的启发。捺印来自印度佛教，主要用于佛像印制。捺印也是在木板上刻字、刻图案，不同之处是将印版蘸上印泥，向下压印到纸面上。

大　卫：感觉像是盖了个佛像戳。

张教授：说得很形象。

小　龙：然后就发展到雕版印刷了吧？

木拓法贴

雕版印刷

张教授：是的，从石碑拓印到木拓法帖，后来就出现了雕版印刷。再后来，又出现了更便捷的活字印刷。具体说，就是事先准备好足够的单个活字，随时拼版，可大大缩短制版时间。

小　龙：活字印刷应该是宋朝出现的吧？

张教授：是的。宋朝商业非常发达，技术创新不断。纸币、指南针、风力水车、纺织机等和工业有关的技术发明都得到了应用。宋朝学者第一次详细记录了这些新技术、新事物。而这一切能流传至今，又得益于规模印刷。

小　龙：可活字印刷发明之后并没有流行起来，这又是什么原因呢？

张教授：原因有很多。第一是技术上的原因。你们知道，时间、环境等因素会造成泥土和木材质地一定的变化。如果做成一个个独立的字，印刷过程中的伸缩率不一样，可能会出现高低不平、大小不一的情况，所以很难确保印刷品质量的稳定一致。

小　龙：明白了，活字印刷没有流行是因为活字的材质问题。

张教授：是的。第二个原因是，虽然当时印刷品种类很多，但古代知识更新慢，印制的书目相对固定。主要的印刷品是四书五经①类的儒家经典，以及一些佛教、道教的书。还有年画②、信笺③、账本和历书等日常印刷品，但这些内容也相对固定，不需要每次印刷都重新拼版。

大　卫：我明白了。当时印刷制品的内容比较固定，显现不出活字印刷的优势。

张教授：没错。而且当时大多数印刷匠人不识字，所以活字印刷排版很困难。

小　龙：那就是说，当时的活字印刷缺少规模发展的技术动力和社会需求。

张教授：非常正确。此外，雕版印刷在中国出现后，先后传到朝鲜和日本，又通过丝绸之路，传到了中亚、西亚和欧洲。可以说，中国雕版印刷不仅历史悠久，而且国际影响也非常广泛，曾被誉为印刷史上的活化石。

小　龙：那现在还有人在用雕版印刷吗？

张教授：有啊。虽然雕版印刷不再大规模应用，但小范围还在使用，比如民间印家谱，过年印传统年画。

大　卫：要是能亲眼看看雕版印刷就好了。

张教授：当然能了。你们可以去扬州的中国雕版印刷博物馆，在那里可以了解雕版印刷的工艺流程。你们还可以去桃花坞木刻年画社学习年画制作。

小　龙：那太好了，谢谢张教授。

大　卫：张教授，桃花坞木刻年画社就在苏州吧？

张教授: 没错，桃花坞年画就是我们苏州的民间艺术，现在还有桃花坞大街呢。当年桃花坞年画最昌盛的时候，画坊就有百余家。桃花坞的套色年画是中国南方年画的代表。现在年画已经成为非物质文化遗产了。有不少年轻人喜欢去年画社体验学习，你们也可以去看看。

小　龙: 好的，我们一定找时间去体验学习。

注释：

① 四书五经：中国儒家经典书籍。四书指的是《论语》《孟子》《大学》和《中庸》，五经是《诗经》《尚书》《礼记》《周易》和《春秋》。

② 年画：中国特有的一种民间绘画体裁，也是常见的民间工艺品。年画大都新年时张贴，装饰环境，含有祝福新年吉祥喜庆之意。

③ 信笺：信纸的古代说法。

3

制版

小龙和大卫来到扬州中国雕版印刷博物馆，向李馆长了解雕版印刷工艺流程。

小　　龙：您好，李馆长。我是小龙。这是我的好朋友大卫。

大　　卫：李馆长，您好！

李馆长：欢迎欢迎！张教授说你们想了解雕版印刷术。

小　　龙：是的，我们想看看雕版印刷的实物，也想请教一些具体问题。

李馆长：那我们一边参观，一边了解吧。我们这里还有一个雕版印刷体验馆，你们可以亲自做一回雕版印刷匠。

大　　卫：那太好了。

李馆长：我们先去看看雕版印刷的版片吧，这是最重要的。

他们来到雕版印刷展厅，大厅入口处能看到一个雕刻的反写大字"雕"。

大　卫：这是什么字啊？

小　龙：是反写的"雕"字吗？

李馆长：是的，雕版印刷需要阳文反刻。这样印出来的字才是正常的样子。等会儿你们去体验就清楚了。

> 三人一起走进版片库。一排排版架上整整齐齐摆满了版片，每个版片都比常规的书大一点，五六厘米厚。

小　龙：哇，这么多！这里有多少版片呀？是不是都很古老？

李馆长：有20多万片。最早的是明代的，有700多年历史。最晚的是清代的，至少也有200年了。

大　卫：这些版片现在还能用吗？

李馆长：这些原件都是珍宝，要保护好。现在一般用复制版片。现在这里是仓储式陈列，这种封闭性展示可保持版片室恒温恒湿，有利于长久保存。

大　卫：收集到这么多版片应该很不容易吧。

李馆长：你说得很对。历史上，江南的刻书中心集中在南京、苏州和扬州。最兴盛的时候，扬州有上千家刻家。但随着现代印刷业的兴起，雕版印刷很快被替代，版片有的销毁，有的散失了。

小　龙：多可惜呀。

李馆长：但值得我们扬州人骄傲的是，我们将这一古老技术全面
　　　　保存了下来。1960年，扬州市集中雕版印刷艺人，修复
　　　　古版，并进行古书印刷。后来，江苏省内搜集整理的20
　　　　多万片古旧版片也被集中到扬州统一管理使用。这其中
　　　　包括丛书57种，单行本125种，共8900多卷。2005年，我
　　　　们博物馆成立，这些古旧版片就转移到这里保管了。

小　龙：这些版片是怎么制作的？

李馆长：说到制版，得先从怎么挑选版材说起。选材的标准是硬
　　　　度适中、纹理细滑。最常用的版材有梨木和枣木。

大　卫：制版过程很复杂吗？

制版

李馆长：工序并不复杂，但选什么材质的树，什么时候取材特别重要。比如说，我们最喜欢用的梨木，上墨后固色特别好，不会晕染。梨木需要在夏天选材，腊月伐树。夏天我们要去找树皮发黑、大小合适的树。等到腊月树收浆的时候再伐，这样的梨木最适合做版片。

大　卫：那制版需要几道工序呢？

李馆长：一共有四道工序，第一道工序叫锯解。锯的时候要顺着纹理来，这样木板不容易开裂。第二道工序是浸沤，然后是干燥处理和平板两道工序。

小　龙：浸沤就是放到水里泡吗？

李馆长：是的，这是不可缺少的一道工序。

大　卫：浸泡后不是更潮湿了吗？为什么不直接晒干呢？

李馆长：木料经过浸沤后再进行干燥处理，不易变形。浸沤还能将木板中的糖分泡出来，这样可以防虫。

小　龙：看来每一道工序都很必要。干燥就是在阳光下晾晒吧？

李馆长：那样可不行，要自然干燥。把浸沤后的木板放在无直射光的通风处，每层之间用长木条垫平，这样可以使其干燥均匀。

大　卫：那最后一道工序是平板了？

李馆长：是的。平板是将木板两面刨平整，然后用刮刀顺着纹理
　　　　仔细刮平。制版的四道工序都非常重要，处理好就能确
　　　　保做出高质量的版片。好的版片能使用上千次，而且吸
　　　　墨均匀，字迹清晰。

小　龙：版材还会影响墨的使用，这可没想到。

李馆长：墨是雕版印刷的主要媒介之一。有了墨，版上的图文才
　　　　能转印到纸上。走，去看看我们馆收藏的墨。

4

松烟墨

李馆长带着小龙和大卫来到一间小小的展室，展柜里放着大小不一的墨块。墨块上有图案、文字，有的还描着金色。

大　卫：这些是墨吗？我觉得它们像是艺术品呀。

小　龙：是啊，没想到墨块这么漂亮。

松烟墨

李馆长： 我们这里收藏的是松烟墨。

大　卫： 松烟墨？烟怎么能做成墨呢？

李馆长： 能啊，不过制作工序挺复杂。这种墨的主要原料是松树燃烧后留下的灰，所以选好松树至关重要。第一步，要在松树根部凿个小洞，用灯慢慢烤，让松脂流净，这叫去胶。

小　龙： 啊？不是应该先砍树吗？

李馆长： 不能先砍树，先要在树上直接去胶。去胶很重要，如果处理不好，会影响墨的渗透性。第二步，用竹篾编成半圆形竹篷，内外都糊上纸，立在地面上，然后把竹篷一节节连结起来搭在工棚里。竹篷用土掩实以防漏烟，内部用砖砌出烟道。在竹篷上，每隔一段距离开个小孔，用于出烟。

大　卫： 下一步呢？

李馆长： 第三步是制烟。这时再将除去松脂后的松树砍倒，劈成小块，放在竹篷的一头用慢火烧上几天。烟会顺着烟道进入竹篷，附着在纸上。然后，停火几天，等竹篷冷却后进篷收烟。

小　龙：怎么收烟呢？

李馆长：用鹅毛制成的扫烟工具，将竹篷上的松烟扫进容器内。
　　　　烟按品质可以分为三类，最好的靠近竹篷尾部，这种烟
　　　　最细，用于制造优质的墨。竹篷中间一段较细，用于制
　　　　造一般的墨。靠近燃烧处的最粗，用来制作印刷用墨。

大　卫：原来松烟墨不只是用来印刷呀。

李馆长：松烟墨是墨中佳品，用途很广。写字、画画、印刷都
　　　　可以。

小　龙：印刷用的墨和平时写字用的墨有什么不同呢？

李馆长：两种墨的制法不一样。一个是制成墨块，一个是制成膏
　　　　状。印刷用墨是膏状墨，只需要研细，然后加胶料和酒
　　　　制成膏状，在缸内存放三冬四夏，使臭味完全散去。这
　　　　种墨存放越久，墨质越好。墨使用时，加水充分混合
　　　　后，用一种特制的筛子过滤，然后用来印刷。

大　卫：那写字、画画是用墨块吧？墨块怎么制作呢？

李馆长：是的。制作墨块，得将炼好的烟用细绢筛到缸中，倒
　　　　入上等皮胶和麝香、冰片、丁香等中草药和香料搅拌
　　　　均匀。这是制作过程中最神秘的环节，配方从不对外
　　　　公布。

小　龙：看来是商业秘密了。

李馆长：没错。接下来是锤墨。将配好的墨粉在铁臼里捣研。之后加水揉搓、捶打，直至初步成型。然后是放入墨模，把墨锭表面压制上漂亮的图案，再摊开晾干。一两的墨块需要晾6个月。墨块越大，晾干需要的时间越长。

大　卫：看来制墨还真需要耐心呢。

李馆长：这还没结束呢。最后一步是修墨添金，用工具将墨块的毛边打磨、修平，除掉瑕疵。

小　龙：添金是用金粉吗？

李馆长：对，添金又叫描金。墨块出厂前，工人用金粉等颜料对上面的图案和文字进行描画、填彩。

大　卫：没想到制墨也这么复杂。

李馆长：松烟墨难制，造纸也一样不容易。我们一起去看看优质的连史纸吧。

5

连史纸

小龙、大卫跟着李馆长来到专门收藏手工纸的房间，看到架子上整整齐齐摆放着一叠叠纸，有的洁白如玉，有的微微泛黄。

李馆长：我问你们个问题，知道为什么现在很多纸质文献书籍得小心翼翼保管吗？

小　龙：时间长了，纸会变脆，就没法翻阅了。

李馆长：没错。这主要因为原材料和制造方法不同。现代造纸的木浆耐久性差，而且造纸中使用化学药剂会让纸酸化变脆。这是影响纸质文献保存的世界性问题。

大　卫：这么严重吗？纸不是可以保存很久吗？

小　龙：对呀，不是说"纸寿千年绢八百"吗？

李馆长：这话没错，但这里说的是中国传统手工造纸，没有添加任何化学药品。

大　卫：明白了。您是说雕版印刷用的纸？

李馆长：是啊，要印出质量上乘的书，或者是想要印出代代相传的书，就需要用好纸。

小　　龙：原来是纸好宋刻本才流传到现在。李馆长，传统雕版印刷用的是什么纸？

李馆长：中国传统纸按原料可分为麻纸、皮纸、藤纸、竹纸。雕版印刷主要用的是竹纸。你们看，这里存放的都是竹纸。

大　　卫：可是它们颜色不一样呢。有的白一些，有的黄一些。

李馆长：颜色偏黄的是普通竹纸，这种很白的纸就是我要介绍的连史纸。摸摸看，感觉怎么样？

小　　龙：白的很柔软，黄一点儿的好像手感差一些。

大　　卫：我来摸摸。嗯，确实不太一样。

李馆长：这白的就是著名的连史纸。这种纸历史悠久，产自武夷山①地区。连史纸细腻洁白，防虫耐热，有着"百年不褪色，千年不变黄"的美誉。

小　　龙：那是怎么做到的呢？

李馆长：秘密之一就是竹子本身。工人们需要在农历正月砍伐嫩竹，此时竹浆很丰富。

大　　卫：还有什么工序呢？

李馆长：选材只是第一步。制作工艺特殊，是连史纸品质优良的另一个原因。古时制造连史纸需要72道工序，出成品需要一年左右的时间。

小　龙：太不容易了。看来必须有足够的时间和耐心才能出好
　　　　东西。

李馆长：是啊，在制备过程中，要先用石灰浸泡和过碱。这样做
　　　　可软化竹丝，同时也去除糖分和淀粉，只留下竹纤维。

大　卫：看来要把事情做好不能着急。急了制不了好墨，急了也
　　　　造不出好纸。

李馆长：大卫说得很对。造纸过程分三个阶段：砍竹、作料、
　　　　抄纸。采伐后的嫩竹要放入池塘浸泡，然后剥成竹丝
　　　　再反复浸泡。最后洗净、去除杂质、晒干，成为"竹
　　　　麻丝"。

连史纸

小　龙：作料就是把它们变成纸浆，对吗？

李馆长：对的。这个过程最费时费工，每个环节都关系到是否能
　　　　造出质量上乘的纸。竹料在发酵的石灰水中蒸煮后做成
　　　　"丝饼"，放在山坡上。这些丝饼分两次进行长达半年
　　　　的自然漂白，慢慢氧化成白色。

大　卫：半年真的很久呀。那下一步做什么呢？

李馆长：自然漂白后要把它们舂成细泥状，这个工序叫榨纸。纸
　　　　榨完后放入料槽，用脚踩开，为最后的抄纸做好准备。
　　　　抄纸前还需要一道重要工序——加纸药。

大　卫：古代造纸也要加药？

李馆长：对，纸药是天然的抄纸助剂，从一种植物黏液中提取。
　　　　它可以让纸浆纤维在水中分散均匀，漂浮在水上。

小　龙：下面就该抄纸了吧？

李馆长：是的，抄纸是最考验技术、最需要经验的环节。过去只
　　　　有技术熟练的老师傅才有资格抄纸。

大　卫：具体怎么做呢？

李馆长：用一种细竹丝编成的竹帘在纸浆池中轻轻荡抄，帘子滤
　　　　水后会留下一层薄的纸浆膜。然后，再把帘子反扣过
　　　　来，让湿纸落到木板上。等到湿纸叠积500张，再用木
　　　　质杠杆式压榨机挤出大部分水分。

小　龙：那纸不会粘在一起吗？

李馆长：加过纸药就不会粘在一起了。烘纸师傅会用细竹签将纸
　　　　逐张挑开，然后用刷子把纸贴到专门的烘纸土墙上。那
　　　　是一种用土砖砌成的夹墙，在墙中生火。

大　卫：为什么不自然晾干呢？

李馆长：一是时间来不及，二是烘纸土墙很平整，可以把纸直接
　　　　熨平。纸干后揭起，再剪裁整理。纸造好后需要存放一
　　　　段时间才能使用。

大　卫：那是为什么？

李馆长：我们称作去火，主要是让纸舒展开，这样吸墨效果好。

小　龙：真没想到，生产一张纸需要那么长时间，工艺还那么复
　　　　杂。这么好的古代技艺得好好保护和传承呢。

李馆长：是啊，不能有了现代技术就丢了祖先创造的传统技艺。
　　　　2006年，连史纸制造工艺入选了首批《国家级非物质文
　　　　化遗产名录》。

注释：

① 武夷山：位于江西与福建西北部两省交界处，是中国著名的风景旅
游区和避暑胜地，也是世界文化与自然双重遗产地。

6

写版与校正

写版　　　　　　　　　　　校正

李馆长带着小龙和大卫来到雕版印刷体验馆。体验馆入口处放着一些大小不一的木板和宣纸，宣纸上写有毛笔字。

李馆长：我们先参观体验一下雕版印刷的主要环节，然后再去看
　　　　雕版印刷作品，那样印象会更深刻。先从写版开始吧。

小　龙：李馆长，雕版印刷的写版是写在纸上还是板上呢？

李馆长：你们认为写在纸上容易，还是板上容易？

小　龙：纸上写好像更容易一些。

李馆长：是的。不过，雕版印刷的写版两种方法都用。

大　卫：用毛笔抄写整齐也不容易吧？把字写歪了怎么办呢？

李馆长：在写版用的纸上用虚线打好格子，就可以避免这个问题。我们再说说要写的字吧。你们看，这里有几个"永"字，你们知道都是什么字体吗？

小　龙：这个应该是小篆吧。印章上最常见。

李馆长：对的。下一个呢？

大　卫：这应该是楷书。我练过。

李馆长：正确。最后一个呢？

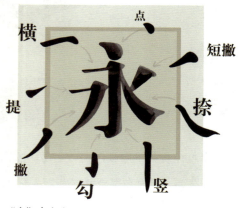

"永"字宋体

小　龙：这个我熟悉，是最常用的宋体。

李馆长：是的。现在出版物一般都是用宋体印刷。宋体的特点是横细竖粗、末端有装饰。点、撇、捺、钩等笔画都有尖端。

大　卫：宋体是宋朝人发明的吗？

李馆长：对啊。我问你们一个问题，为什么宋朝人要发明宋体字？

大　卫：是为了好看吗？

李馆长：当然不是。

小　龙：那就是为了刻版好刻。

李馆长：对了。你们想一想，毛笔字是不是讲究起笔收笔啊？刻字就很难做到，也很费时。于是，就出现了利于刻字的宋体。

小　龙：我还以为宋朝人比较刻板，所以才出现了这么硬直的字体。

李馆长：不是的。其实，为了刻印方便，字体才逐渐从楷体演变成专门用于雕版刻印的宋体。应该说是雕版印刷促成了宋体字的成熟。宋朝的雕版印刷品质量上乘，所以后人很喜欢翻印宋刻本。

大　卫：哦，原来是这样。

李馆长、小龙和大卫来到一位写版师傅跟前。师傅手握毛笔，正在一张宣纸上誊写《静夜思》。

大　卫：这首是李白的诗，我学过，"床前明月光，疑是地上霜，
　　　　举头望明月，低头思故乡"。

李馆长：大卫，你喜欢中国诗吗？

大　卫：喜欢。我现在学着背一些简单的诗，这对我理解中国文
　　　　化很有帮助。

小　龙：李馆长，师傅们是在写版吗？这位师傅的毛笔字可真漂
　　　　亮呀。

李馆长：是啊。他们正在写《唐诗三百首》的版，自然不能少了
　　　　李白的诗呀。你看，这叫正写，就是在纸上正常写字。

大　卫：正写？难道还有反写？

李馆长：说对了，是有反写。一般来说，为了保证全书字体一
　　　　致，一本书只能由一个人抄写。

大　卫：一个人抄一整本书？要好长时间吧？

李馆长：是的。但抄完之后，用雕版印刷就可以印千上万本。雕
　　　　版印刷术对古籍保存贡献很大。

小　龙：的确。可李馆长，我有个问题。如果字写错了怎么办？
　　　　需要重新抄一份吗？

李馆长：不用那么麻烦，我们有专门的校正师傅做校正。通常错
　　　　字改过来就行。写样之后，誊写的内容需要由专人仔细
　　　　校对，将错别字找出来并及时改正。

大　卫：如果错误很多是不是就得重新写了？

李馆长：这个一般不会。写版师傅都技术熟练，错误率会控制在
　　　　万分之一以内，不会出现很多错别字。

大　卫：好厉害啊！

李馆长：如果出现错别字，校正师傅就用白纸把错字盖上，重新
　　　　誊写正确就可以了。纠错讲究又快又准，得由有经验的
　　　　师傅来做。

小　龙：那下一步该做什么？

李馆长：你们自己来体验一下，就知道做什么了。

7

上样

李馆长拿来两块梨木板和两张誊写好的稿子。

李馆长：我给你们找了两块板子。来，一人一块。

大　卫：是把稿子贴在板子上吗？

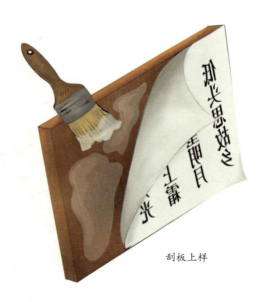

刮板上样

李馆长：是的，这叫上样。

小　龙：李馆长，这个像酸奶的东西是什么？

李馆长：这是由面粉加水熬制的浆糊。我们小时候常用，相当于现在的胶水。

大　卫：是把它刷在板子上吗？

李馆长：是的。但要小心，要均匀地、薄薄地刷。

小　龙：您看，这样行吗？

李馆长：非常好。接下来，把这两首唐诗的稿子平放在木板上。注意，有文字或图案的一面朝下。

大　卫：为什么要反着放呢？

李馆长：还记得刚才我说的，雕版印刷技艺就是正字反刻，这样印刷出来的字才是正的。

大　卫：哦，想起来了。我贴好了，下一步该做什么呢？

李馆长递给他们一人一把刷子。

李馆长：现在，用刷子从中间向四周轻轻地刷，挤去纸与木板之间的气泡。

小　龙：这有点像给手机贴膜呀。

李馆长：是的。上样，目的就是让纸与木板紧密贴合在一起。如果还有小气泡，要用针扎破，然后轻轻刷平。

大　卫：那接下来应该是刻版了吧？

李馆长：现在还太早。你们看，纸还有点湿，等干了，用手轻搓纸面，让它变薄，然后刷一层油。

小　龙：为什么还要刷油呢？

李馆长：刷过油之后，字体会更清晰，刻印时就会看得更清楚。

小　龙：没想到上样还有门道呢。

李馆长：那当然了。上样是一道关键工序，上版的质量会直接影响到刊刻效果。

大　卫：如果这一步没有做好，会有什么麻烦？

李馆长：会很麻烦。如果誊写的稿纸与木板黏合不牢固，刊刻时纸张浮起，会造成下刀不准。如果稿纸贴偏，刊印出来的字或图案也就歪斜了。要是套印画稿，上样要求就会更严格。不能有一丝一毫的差错。

小　龙：看来所有工序都得认真仔细。

8

刻版

一位师傅手握刻刀，熟练地在上好样的木版上刻着。看着他面前放着一排大大小小形态各异的刀具，小龙和大卫非常好奇。

大　卫：哇，要用到这么多刀呀。

李馆长：是的，每把刀都有专门用途。根据功能不同，雕刻刀可以分为刻刀、铲刀、削刀，还可以根据形状分为曲刀、平口刀。

小　龙：李馆长，这把刀长得好奇怪呀。

李馆长：猜猜它叫什么刀？

小　龙：握着很舒服，是握刀吗？

李馆长：形容得很贴切，不过它不叫握刀，叫拳刀。

大　卫：拳刀？为什么这么叫呢？它长得也不像拳头啊。

李馆长：这是因为雕刻过程中，工人手握刀用力下刻时，手会收成拳头状。拳刀是雕版中最重要的刀具。

小　龙：原来是这样。这位师傅刻得好熟练呀。但大部头的书刻起来需要好几年吧？

刻版

李馆长：是的，刻书需要耐心和恒心。

大　卫：李馆长，我刚才在门口看到好多木板和写了字的宣纸。那是
　　　　干什么用的？

李馆长：我们这个馆是雕版印刷体验馆。在这里，游客可以自行
　　　　选板，请师傅制作自己喜欢的文字或图片，留作纪念。
　　　　也可以在师傅指导下，自己动手刻印。

小　龙：这太有趣了。我能试试吗？上中学的时候我学过刻图
　　　　章呢。

李馆长：有刻字的基础，应该能行。你是刻字还是刻图呢？

小　龙：想刻一个"福"字，我还想自己写"福"字，可以吗？

李馆长：没问题。自己动手，更有意义。

大　卫：那我来上样。

李馆长：好呀，小龙写字雕刻，大卫上样，两人合作完成一个
　　　　作品。

"福"字阳文反刻

小龙用毛笔在纸上认真地写了一个"福"字。大卫把它反贴在木板上。等木板上的稿纸干透，大卫洒了一点儿水，然后轻轻把稿纸搓薄，最后用毛笔沾油把有字的地方再描了一遍，字迹变得非常清晰。

大　卫：你们看，木板上的"福"字很清楚了。

李馆长：不错，小龙字写得很棒，大卫上样做得也很好。

小　龙：现在可以刻字了吗？

李馆长：嗯，先用直尺比对着，用刀把有字的地方划出来，剔除空的部分，再用拳刀慢慢刻字。刻字分发刀和挑刀两个工序，要用两种不同的刀具。发刀工序一般是先刻字的左侧和下口，然后再掉个头，刻字的右侧和上口。

大　卫：发刀用的刀具真薄啊，很锋利吧？

李馆长：确实很薄，可以刻得很深，一般是由有经验的师傅发刀，保证刻得横平竖直，字迹清晰。

小　龙：那什么是挑刀工序呢？

李馆长：挑刀工序一般是徒弟来完成，要由徒弟用厚一点儿的刀在空白处一行行下刀。

小　龙：哦，明白了。大卫，我们一起来刻吧。

小龙仔细运刀，把"福"字一点点儿仔细刻了出来。李馆长请来一位刻版师傅帮忙，把字修整得更清楚整齐。

李馆长：刻得很不错嘛。现在用锯条把多余的部分锯掉，再用刮刀刮平。看看会不会更漂亮些？

小　龙：还真是这样，现在看起来好多了。

李馆长：还没结束呢。板上有你手上的汗渍，凹槽里还有好多碎木屑，需要好好清洗一下。

小　龙：好的，我去用水冲一下。

李馆长：不能用水冲。要用白毛巾盖到木板上，然后浇上开水闷三到五分钟，最后仔细擦干净就可以了。

大　卫：这个我来做。

小　龙：刻版真有意思。

李馆长：来看看你们合作的"福"字，有什么发现吗？

大　卫：字是反的，还凸起来了。

李馆长：对，这就叫"阳文反刻"。

小　龙：字凸起来就是阳文，那凹下去就是阴文了？张教授说过，石碑上的碑文大多是阴文。

李馆长：是的，阳文和阴文的概念是相对而言。"阳文反刻"是雕版印刷的关键。然后才是下一步，刷印书籍。

小　龙：这下我懂了。大卫，我们把这块版带回学校，多印一些"福"字，送给老师和同学们。

大　卫：这个主意好。给大家送福。

李馆长：那你们去学学怎样刷印吧。

9

刷印

小龙和大卫跟着李馆长来到刷印台前。

棕帚（左）　棕擦（右）

小　龙：墨、纸、版片……咦，这两个工具是什么呀？

李馆长：这个是棕帚，用来给版片刷墨。另一个是棕擦，用来刷印纸。

小　龙：好像都是用棕榈叶做的。

李馆长：准确地说，是用山棕榈树的棕衣做的。

大　卫：看，纸的这边怎么固定在桌子上了？

李馆长：是这样的。刷印前要把纸和印版固定好。刷印时为了避免印版滑动，一般会用钉子固定印版，这叫"固版"。纸固定在桌子上，是为了压印翻页时方便，不打乱顺序。

小　龙：明白了。可是纸和刷印台之间怎么有个缝呢？

李馆长：刷印台的设计和布置是为了方便工作，提高效率。这个，一会儿你自己上台去印就明白啦。那我们现在就开始刷印吧。这里有唐诗的版片。

大　卫：我要印李白的诗。

小　龙：王维是我最喜欢的诗人，我想印王维的诗。

李馆长：可以。刊刻书通常要先刷红色，出红印校本，用于第一遍校对。如有错，校正后，出蓝印本，用于二校。二校完全没有问题了，才开始大批量墨印。今天我们用现成的版片直接墨印。

大　卫：我现在就开始刷墨了。

李馆长：别着急，刷墨之前，先用清水将印版刷两遍。

小　龙：版片不是很干净吗？为什么还要刷清水呢？

李馆长：先用清水湿润版片，再正式刷色，更容易上色。

刷印

大　卫：哦，知道了。清水刷好了，现在可以刷墨了吗？

李馆长：可以了，但要讲究手法。你们看一下这个棕帚，能发现
　　　　它有什么特点吗？

小　龙：它的头不是齐的，从里向外是阶梯状，好像有四层。

李馆长：是的。别看它很简单，但非常科学。这样刷墨会持续不
　　　　断送墨，而且不会晕染，所以它也叫"均墨器"。

大　卫：真没想到，这个不起眼的刷子还很科学呢。

李馆长：是的。我们得佩服古人的聪明才智。开始刷墨之前，得
　　　　先把棕帚放热水里泡一下。

大　卫：这是为什么呀？

李馆长：泡完你们摸一下就知道了。

大　卫：哦，很软呀。我明白了，这样是为了好刷墨。

李馆长：是的。刷墨的时候，棕帚先在墨盘中打圈，蘸少量墨汁。然后，还用打圈的方法把墨刷到印版上。同时还要注意，刷的速度要快，这样才能保证墨色的饱和度一致，印出来的东西颜色没有差别。

大　卫：那接下来，就要把纸放在上面了吧？

李馆长：对，这一步叫"覆纸"。像这样，左手捻拉住纸，平放到印版上，右手拿棕擦在纸背上刷。

小　龙：你们快看，开始有墨迹了。

李馆长：不要急着揭开。你看，这边墨色不够，得多擦几下。等印到纸上的字迹或图案完整清晰了，才可以揭纸。

大卫刷印的唐诗第一页已经清晰地印在纸上了，上面的墨迹是半湿的状态。

大　卫：这怎么办呀？墨还没完全干呢。

李馆长：你们看，这条缝隙是不是该派上用场啦？

大　卫：原来这条缝隙是让纸自然下垂晾干呀！这个设计真巧妙，很实用。

李馆长：是的，没错。但你只说对了一半，这不仅仅是为了晾干。
　　　　我们现在这种印刷方法叫压印，纸是固定在桌子上的，
　　　　印完了得有地方放纸呀。

大　卫：哦，原来和这个工艺有关。

小　龙：纸不固定在桌子上，就不需要这个缝隙了，对吧？

李馆长：对的。雕版印刷有两种印刷方式，一种是飞印，一种是
　　　　现在这种压印。压印通常是用于套色印刷，这样固定纸
　　　　张是为了上色的位置一致，有利于后面的第二次、第三
　　　　次套色。飞印一般用于单色印刷，不需要固定纸张。大
　　　　卫，你现在把这块版拿下来，放第二块版，印第二张。

小　龙：这样看来，如果熟练的话，效率会特别高。

李馆长：是的。尽管之前的工序需要大量的人工和材料，可一旦
　　　　开始刷印，雕版印刷的优点就能体现出来了。

大　卫：真高效啊！

李馆长：印得不错。等完全晾干，就可以装订成册了。

10

线装

小龙和大卫捧着自己亲手印制的唐诗，来到体验馆的最后一个台子。台子上有纸捻、线团、针和打孔器，旁边还有一些蓝色硬纸。

小　龙：李馆长，这儿有订书机吗？我想把这些唐诗装订起来。

李馆长：雕版印刷的东西可不是用订书机装订的，得好好装帧一下。看到工具了吗？

大　卫：是要用针线把它们装订起来吗？我见过线装书。

李馆长：是啊，书页印出来后要装订到一起。雕版印刷兴起后，书的装帧方式也在不断改进。从蝴蝶装、包背装一直改进到线装。

大　卫：装订方式居然也有这么多种。我们能自己试试吗？

李馆长：当然可以。要注意，古时候的书写方式是从右往左、从上到下。你们用印好的李白诗和王维诗来装订吧。来，先试试最早的蝴蝶装。

蝴蝶装

小　龙：蝴蝶装？这个名字好浪漫呀。

李馆长：你们看，打开书页后，这版心像是蝴蝶身躯，两侧的书页好像翅膀，所以叫蝴蝶装。你们再看一下印的书页，是不是一面有字、一面没字？

小　龙：对。刚才师傅说这是单面印刷。现在我们可以装订了吗？

李馆长：好的。我们先装订李白的诗吧。先以有字的一面为准，字对字对折，再把所有折好的书页按顺序整理好。

大　卫：没问题。我来装订吧。李白的诗浪漫，用蝴蝶装很合适。

李馆长：好，你把浆糊刷在折痕处，再用一张硬纸把书裹上，作为封底和封面。

大　卫：怎么不用针线呢？

李馆长：蝴蝶装是不用针线的。小龙，打开看看。

小　龙：不对啊。第一页和第二页中间是两张空白页。还有另外
　　　　一个问题，只用浆糊粘能行吗？要是翻的次数多了，书
　　　　肯定会散开的。

李馆长：你说得没错。正是因为蝴蝶装使用体验不好，长期翻阅又
　　　　容易散落。所以，后来出现了改进的包背装。

大　卫：包背装怎么做？

李馆长：和蝴蝶装相反，包背装是以空白一面为准，把纸对折。

小　龙：好的。我来试试。

李馆长：要把所有折好的书页按顺序整理好。在书页开口处打两
　　　　个孔，用纸捻固定。最后，在开口处刷上浆糊，用一张

包背装

硬纸把书页裹上。

大　卫：这样好，每页都有字。

李馆长：包背装确实牢固了很多，但翻多了，书页还是容易散落。改进后的线装就不容易散了。线装一开始的几道工序和包背装一模一样。

小　龙：太好了。我们知道怎么装了。大卫，我们来装订王维的诗。我来折页，你接着装订，怎么样？

大　卫：好了，王维的诗集装订好啦！接下来就该加书皮了吧？

李馆长：对。线装是用与书页大小相同的封面和封底，书上面一张，下面一张，粘在书上。

小　龙：好的。既然是线装，应该是用线把书缝起来吧。

李馆长：是的。缝线有很多种方法。最普遍的是四目式。就是在书页开口处打四个孔，用线装订成册。

大　卫：看来用线装最结实了。

线装

参观了雕版印刷过程，并亲自装订，小龙和大卫终于弄清楚了如何印制和装订一本书。

小　龙：要是配上五颜六色的插图就更好了。

李馆长：当然可以了。雕版印刷可不只是在白纸上印黑字啊，也可以印出色彩丰富的精美图册。走，我们回雕版印刷展厅，去看看印制好的书和画。

11

套色印刷

李馆长和小龙、大卫一起回到雕版印刷展厅，来到套色印刷展台前。

李馆长：小龙，大卫，你们来看看这首诗，这是三色套印。

小　龙：雕版还可以印三种颜色？

李馆长：神奇吧？猜猜看，是怎么印上去的？

大　卫：应该是在印版上同时刷上不同的颜料，对不对？

李馆长：对。是在一块版上刷不同的颜料。刚刚你们印的唐诗是
　　　　黑色字，那叫雕版单色印刷。这个叫雕版彩色套印。

大　卫：我有个问题，不同颜色会不会串色呀？

李馆长：会的。你们再想想，该怎么印才不串色？

小　龙：几种颜色分开印吗？

李馆长：对的。雕版彩色套印分单版和多版两种。单版套印是彩
　　　　色套印的早期形态，有两种方法。一种方法是在一块版
　　　　上的不同区域，涂抹上不同的色彩，只需刷印一次；另
　　　　一种是分色上版，刷印一种颜色时，要将其他颜色区域

遮盖起来，然后多次覆纸刷印。

小　龙：如果多次涂抹、多次覆纸的话，一定得保证不同色彩相对应的位置很准确，对吧？

李馆长：没错。但这样的方法用于印书还行。要是印画，可能就会出问题。后来套印技术不断发展，就出现了分版分色套印。

大　卫：分版？要用很多版片吧？那是不是很繁琐呀？

李馆长：是的。分版分色套印一般用于版画的印制。与单色印刷相比，分版分色套印的工序更繁琐复杂。雕版时，要根据颜色来决定做几块印版。套印时，因为要将两种以上颜色刷印在同一张纸上，还需要一个套版的过程。

小　龙：听起来很难操作呀！

李馆长：的确是，所以需要更高超的技术。第一步，要在一块版上涂刷一种颜色后覆纸刷印。第二步，在另一版上涂刷另一种颜色，再覆上第一次刷印过的纸，二次刷印。必须保证版框完全吻合，才能完成一张双色套印。如果印刷时两块版不吻合，或者刻版时两块版上的内容相对应的位置算得不准确，就会出现文字、图案参差不齐，或者相互重叠，那就出废品或次品了。

大　卫：如果颜色更多呢？是要做更多的版片吗？

李馆长：对的。套印几种颜色，就得做几种版片。多的有五色套、七色套，甚至九色套。套色越多越繁琐。

小　龙：原来分版分色是这样啊。刚才您说套印技术大多应用于版画，那版画是什么时候出现的？

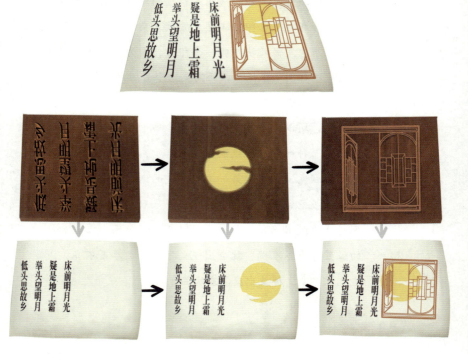

套色印刷

李馆长：在中国，版画是与刻书一起出现的，但两者发展得不平衡。1000多年前的宋朝刻书就已经很成熟了，又过了几百年，到明朝后期，版画才发展成熟。

大　卫：为什么呢？

李馆长：这与社会需求和雕版技艺发展有关。可以说是套版印刷的完善推动了版画发展。套印起源于南宋的纸币印刷，13世纪中期，出现了朱墨两色套印书。

小　龙：古人用多种颜色刷印，是为了好看吗？

李馆长：不全是。中国古代一般把经、史、传类书籍当教科书使用。不同的学者会根据自己的研究和理解，对原文本进行批注，这样一本书就会出现很多不同的版本。为了把原文同批注区别开，古人用墨笔写原文，朱笔写批注。到了雕版印刷时期，自然就有了朱墨两色的印刷品。我们称它"朱墨套印本"或"双印本"。至于套印纸币，你们知道为什么吗？

大　卫：那肯定是为了防伪。后来为什么很长时间没有发展呢？

李馆长：因为套版印刷费时、费工，成本很高，所以很长时间并没有得到推广。直到16世纪末，随着技术成熟和需求增长，套色印刷才开始盛行，出现了多色套印的书。

小　龙：颜色丰富了，就可以用来印画了吧？

李馆长：是的，起初套印主要用于印书。后来颜色增多，技术也越来越成熟，又出现了印画的新技术，版画才随之兴盛起来。走，我们去看看木刻水印画吧。

12

饾版和拱花

小龙和大卫跟随李馆长来到版画展区，欣赏用饾版和拱花制作的精美画作。

寿

大　卫：你们看，这个"寿"字里面居然嵌入了很多画。"寿"字里面有这么多动物、植物和人物。

李馆长：大卫，这些动植物和人物都与祝寿有关。你看，这个脑袋突出的人是寿星，神仙、仙女也都是来祝寿的。梅花鹿、桃子代表长寿。可爱的小朋友表示子孙绵延，家族兴旺。

大　卫：小龙给我看剪纸纹样的时候也讲过这些。

小　龙：李馆长，这些不同的颜色是怎么印上去的？

李馆长：这个"寿"字和旁边的《十竹斋笺谱》都叫木刻水印画。

小　龙：木刻水印？这不就是常见的中国画吗？

李馆长：木刻水印是当代北京荣宝斋①在饾版的基础上发展完善的，是一种专门用来复制中国画的工艺。这个技术很复杂，也非常厉害，能很好地复原原画的风格。好的木刻水印能达到乱真的程度，是"再创造的艺术"。

小　龙：我不太明白，找人画画，为什么还要复制呢？

李馆长：这是复制古画的需要。中国的很多古画年代久远，原画很脆弱，一般不会拿出来展出。那就需要复制原画，而且还要复制得像，于是就产生了这个技术。

小　龙：听说荣宝斋的木刻水印画能以假乱真呢。

李馆长：是的，优秀的师傅技术非常高超，用木刻水印制作的画真的能以假乱真。这里面还有故事呢。

大　卫：什么故事啊，李馆长，您快讲讲。

李馆长：大画家齐白石②多次去荣宝斋亲自指导印制自己的画。

有一次荣宝斋完成了《虾》的印制，在齐白石面前挂出他的原作和印制的画。齐白石看了半天，竟然分不清哪个是自己画的。

大　卫：这真的很厉害。

小　龙：居然在画家本人面前都能以假乱真，想不到。

大　卫：李馆长，那什么是饾版呢？

李馆长：饾版印刷这种印画方法，就是在套版基础上，将彩色画稿按不同颜色分别勾摹下来，每种颜色刻成一块小木版，然后依照色调由浅入深依次套印或叠印，因其形似饾饤而得名。

大　卫：那饾饤是什么呢？

李馆长：古时候，人们将五色小饼堆叠在点心盒中，就叫"饾饤"。这种印画方式与饾饤点心摆放的样子很像，所以称为饾版。

小　龙：那现在的木刻水印具体流程有几步？

李馆长：有四步。第一步是勾描。拿到原稿后，先根据色彩及画面大小确定分成多少块印版。然后用透明的胶纸覆在原作上，把画面上的点、线、色块、文字等如实地勾描下来。再用半透明的薄纸蒙在描好的胶纸上，按照不同层次、不同颜色细致地描绘成一张张底稿。

小　龙：临摹底稿对技术要求很高吧？

李馆长：是的。需要有一定的绘画功底。第二步，上样，将勾描好的底稿分别粘在底板上。第三步，依照原画的风格和笔法精心雕刻。

大　卫：那第四步就是刷印了吧？

李馆长：对的。第四步，按照顺序依次套印。首先要刷水，湿润版块，之后刷墨。刷印时，用棕帚或毛笔把中国画的点、线、色块、文字等按照原样、原色，用不同的方法刷涂在不同的印版表面。然后由浅致深、由淡到浓反复刷印同一张纸，直到完成套印。当然，在实际操作中，还有很多非常细致的工序和专业技巧，我就不多说了。

小　龙：那应该是印在宣纸上吧？

李馆长：要看具体情况，有的用宣纸，有的用绢。

大　卫：在刷印时会用到松烟墨吗？

李馆长：那要看画的类型。工笔画一般使用水性植物颜料，水墨画才会用到松烟墨。

大　卫：你们看，这个小画好精致呀。咦，这个梅花的花瓣没有上色，却是立体的，好特别呀。

小　龙：大卫，你看这两张，第一张是瓶口内侧突出，第二张是水流凸显。

李馆长：这个技术叫拱花，是以图案为基准，将其轮廓线或纹理制成拱花版，用凸凹雕版嵌合压印在纸上，从而得到凹凸纹理的立体效果。饾版、拱花两种技艺结合起来，画

饾版 + 拱花

　　面上会产生丰富的视觉效果。

小　龙：拱花都是没有颜色的吗？

李馆长：不一定。拱花分有色拱花与无色拱花两种。

大　卫：可真神奇呀。我还是第一次看到这样的画呢。

李馆长：这些精致的小幅画出自《十竹斋笺谱》。

小　龙：我有个问题，这些都是画，为什么叫笺谱，不叫画谱呢？

李馆长：笺谱是一个很有中国文人特色的东西，原来是指印有淡
　　　　雅图案的信纸，特别受文人雅士喜爱。后来，有人专门
　　　　将印有图画诗文的漂亮笺纸归类整理，汇编成册，称

为笺谱。现存最有名的是1644年胡正言做的《十竹斋笺谱》，一共4卷，283幅画，由饾版、拱花印制。《十竹斋笺谱》代表了古代彩印的最高水平。

小　龙：拱花是谁发明的？这个人可真聪明呀。

李馆长：这种印画技术就是胡正言首创的。在他那里，雕版印刷从一项印刷技术发展成了个性化的艺术创作。

小　龙：雕版印刷的画也需要装裱吗？

李馆长：是的，最后一步是把印好的画装裱起来。这样才算完成一幅画作的复制工作。接下来，我们再到版本区看看。

注释：

① 荣宝斋：北京一家老字号店铺，经营文房四宝，迄今已有300余年历史。

② 齐白石：1864—1957，近现代中国绘画大师，世界文化名人，擅画花鸟、虫鱼、山水、人物。

13

刻书

小　　龙：李馆长，这些都是雕版印刷的吗？看上去很不一样啊。

李馆长：都是的。我们收集的刻书时代不同，种类很多。

大　　卫：刻书？不是应该叫印书吗？

李馆长：刻书是雕版印刷书籍的通称。按规模一般分为三类：官
　　　　刻、私刻和坊刻。

小　　龙：听上去，有公有私呀。

李馆长：是的，而且公私分明。

大　　卫：那什么样的书籍属于官刻呢？

李馆长：官刻当然是指官方刻印的书。官刻本的规格高，规模大，
　　　　比如说历书。自古以来，制定、颁布历书就是中央政府
　　　　的重要职责，历书可以有效保障民众不误农时。另一种
　　　　官刻就是史书。中国历代王朝都会为上一个朝代修史，
　　　　这是传统。

刻书

小　龙：李馆长，您看，这里说，这套《全唐诗》是"中国雕版印刷第一书"，是说它质量好吗？

李馆长：这么说虽有点儿夸张，但这套书确实质量很好。实际上，这涉及官刻的一种形式，叫"局刻"。这是为雕版印刷某种书专门设立一个单位，完成这部作品后就解散相关人员。印诗就叫"诗局"，印书就叫"书局"。为印这套《全唐诗》，清朝康熙皇帝下令专设扬州诗局，召集全国各地雕版印刷的能工巧匠，用将近两年的时间完成了这套书的刻印工作。全书写、刻、校、印都非常精良。

大　卫：皇帝下令刻印的书肯定是官刻，那什么是私刻呢？是自己家私下印书吗？怎么感觉像是偷偷摸摸呀。

李馆长：你这是从字面上理解。私刻是相对官刻而言，也是官方允许的。家族、寺庙、道观，甚至个人藏书爱好者，他们刻印的书统统称为私刻，也叫家刻。

小　龙：私刻会刻印哪些书呢？

李馆长：一般寺院刻印经书和佛像，道观刻印符咒，祠堂刻印家谱和家训。还有一些有钱人、文人、收藏家也参与刻印。清朝时期，扬州经济富庶，文化繁荣，因而私刻发达。有钱的商人会不惜重金请人精心刻书，用来收藏。一些专业藏书家也会专门刻书。还有书画皆佳的文人会亲自操刀精刻，他们的作品还非常受欢迎呢。

大　卫：那最后一类是民间刻书了？

李馆长：没错，确切说，是书商以营利为目的而刻印的书。这类书通常叫坊刻。坊主聘请雕版印刷艺人，集中于书坊内刻印图书，逐步形成自家的刻印风格，或慢慢形成某个地方流派。你们要知道，坊刻在刻书发展史上发挥了重要作用呢。

小　龙：我还以为官刻是最先出现的呢。

李馆长：不是的。坊刻书出现得最早，地域分布最广、印刷量也最大，最先采用雕版印刷的就是民间书坊。

大　卫：看来是因为有市场需求。

李馆长：是的。因为有需求，现在依然还有雕版印刷，不过主要用于家谱刻印和木版年画生产。

小　龙：谢谢李馆长带我们了解雕版印刷的整个过程。

大　卫：我们收获真大呀。谢谢李馆长！

李馆长：不客气，我也很高兴能向年轻人介绍我们的雕版印刷文化。欢迎以后常来。

14

套色版画

参观了扬州中国雕版印刷博物馆,小龙和大卫又兴致勃勃地去苏州桃花坞木刻年画社学习木刻年画。王社长热情地接待了他们。

小　龙: 社长好,我是小龙,这是我的朋友大卫。张教授介绍我和大卫来学习木刻年画知识。

社　长: 欢迎,欢迎!

小　龙: 这些版片好精细啊!

社　长: 你很内行啊,还知道版片呢。

小　龙: 我是现学现卖。我们去扬州参观过中国雕版印刷博物馆。这些线条这么细,图案这么复杂,画在纸上都很难呀,居然还能刻得这么精致。

社　长: 我们这里的人都有绘画功底。不过要刻好,还是得刻苦练习。

大　卫: 社长,我们可以自己动手体验一下印年画吗?

社　长: 没问题,你们可以自己试一下年画的套印,不过得有耐心啊。你们看,这是什么?

门神

小　龙：应该是大门上贴的"门神"吧。这也算年画吗？

社　长：当然。年画最早的源头应该就是门神画。门神画起源于刻画，刻画是刻书的一种衍生品，刻的是戏曲、小说中的插画。因为插画表现力很强，后来就慢慢独立出来，形成了一种特殊的中国民间装饰艺术，图案也变得越来越丰富。年画一般是用木刻水印制作。

小　龙：我知道桃花坞历史悠久，是中国南派年画的代表。

大　卫：那年画的内容是固定的，对吧？

社　长：基本上是民间喜闻乐见的喜庆事儿，有祈福迎祥、时事
　　　　风俗，还有戏曲故事等等。我们桃花坞年画刻工精致，
　　　　曾经在江南地区很流行，还传到过日本、欧洲呢。

小　龙：那是享誉中外了。

社　长：是啊，桃花坞年画是我们苏州人的骄傲。兴盛的时候每
　　　　年生产上百万张年画呢。

大　卫：这么厉害。那是什么时候？

社　长：300年前。

小　龙：300年前就能生产上百万张，那规模还是很大的。

社　长：是啊。我们先了解一下年画的制作工序。然后，你们可
　　　　以自己动手印年画。

大　卫：太好了！工序是不是很复杂？

社　长：不是很复杂。年画一般有四道工序：画稿、刻线版、刻
　　　　套色板和套印。每道工序都需要认真仔细。

小　龙：你们也用拳刀刻版吗？

社　长：是的，拳刀是我们主要的雕刻工具。版材用的是梨木。

大　卫：那我们印什么呢？

社　长：就印刚刚刻好的经典年画《一团和气》吧。这个年画的
　　　　画稿出自550多年前的皇宫。

小　龙：没想到这是一幅很古老的画。是不是皇帝希望他的子民
　　　　生活幸福、一团和气呀？

社　长：应该是这个意思吧。

套色版画《一团和气》

大　卫：这个年画的颜色好丰富呀。

社　长：对，年画色彩丰富艳丽，非常符合民间追求喜庆热闹的
　　　　审美观。你们看，这是做好的线版和套色版。

大　卫：刻得真精致，这些细细的线很容易刻坏吧。

社　长：这个需要有耐心，不断练习，刻版技术熟练之前往往会
　　　　刻坏很多块板子，还容易伤着手。

《一团和气》年画

《一团和气》印色版

小　龙：看来刻版是最关键的步骤。

社　长：是很重要。我们这个行业还有"三分刻，七分印"一说。

大　卫：那就是说，年画的印刷更重要了。

小　龙：我的理解是，如果只是刻得好还不行，印不好，那也是事倍功半。

社　长：说得很对。那我们就从刻线版说起吧。和单色雕版印刷的步骤一样，刻线版需要先画草图，然后上样，最终刻成印版。套色版需要根据年画的色彩决定做几个印色版。你数数，《一团和气》上面有几种颜色？

大　卫：黑、红、橙、绿、蓝，5种，对不对？

社　长：对。这是主色调。木版年画的颜色是由不同颜色的套色版按顺序分次印上去的。每个颜色套印之后，需要将画取下晾干，然后再印下一道。所以，如果年画上有5种颜色，那么至少要刻6块版。一般年画都是6块版。

小　龙：还很复杂呢！

社　长：是的。我们这里最复杂的年画需要26块套版呢。那我们开始印《一团和气》吧。第一步先印线版。现在把线版固定好。纸张已经在刷印台上固定好了，直接捻过来一张纸就行。

大　卫：好了，我的线版印好了。接下来是套色吧。可是，该先印哪一种颜色呢？

社　长：一般来说，按照"由浅入深，由淡至浓"的顺序来。

大　卫：那就应该先印红色。可是怎么才能保证色彩跟线版完全
　　　　一致呢？

社　长：你看，纸已经固定了，色版大小是一样的，上面图案的
　　　　相对位置应该对得上。现在要保证每个色版在刷印台上
　　　　的位置完全重合。

大　卫：我再看一下。我的红色套版的位置没问题。

社　长：那就大胆印吧。刷印色版的原则是每次上色宁少勿多。
　　　　同一种颜色可以多次上色。这样少量多次，才能得到最
　　　　好的效果。具体是这样的，每一块套版，想要套色达到
　　　　理想效果，要反复填套，少则3次，多则7次、8次。连
　　　　续填套时，必须让套色版纹丝不动。如果前一次和后一
　　　　次套色发生位移，会造成重印和偏色。

小　龙：制作年画还真不容易呢。所有的年画都这样套色吗？

社　长：那倒不是。《一团和气》是分版分色套印。

小　龙：年画还有其他的印刷方法吗？

社　长：有啊。年画中的套色可分为三种。一种是分版分色套印。
　　　　第二种叫饾版，不用主版，用各块套版互相配合、补
　　　　充。第三种是混合套印，就是这两种方法一起用。至于
　　　　选哪种方式，要看具体情况。

小　龙：社长，谢谢您。今天学到了很多，还印了精美的年画。
　　　　我要去装裱一下，回家挂在客厅里。

大　卫：我要把年画寄回英国，送给家人。

社　长：祝你们和家人和和气气，团团圆圆。

小　龙：谢谢社长！再见。

大　卫：非常感谢。社长再见！

结束语

　　雕版印刷术是中华文明浓墨重彩的一笔。它起于隋唐，兴于宋元，盛于明清。其产生的基础是中国大一统的国家制度和汉字的特殊性。文官科举制度的建立、民间对历书等实用书籍的需求，以及宗教传播等因素，促进了雕版印刷的兴盛。雕版印刷技艺在亚欧地区广泛传播，影响深远，对现代印刷业以及中国文化的传承与发展做出了重要贡献。

中国传统木结构建筑营造技艺

郭启新　崔红叶　主编

百字说明

中国传统木结构建筑营造技艺形成于秦汉时期，以模数制为法式，以木材为主要建筑材料，以榫卯为主要连接方法。2000多年来木结构建筑营造技艺在中国传承延绵，还远播日本和朝鲜等国家，产生重要影响。2009年，中国传统木结构建筑营造技艺入选联合国教科文组织的《人类非物质文化遗产代表作名录》。

内容提要

　　小龙和大卫都对中国传统木结构建筑营造技艺有浓厚兴趣。他们不仅查阅了大量文献资料，还跟随中国古建筑专家林教授进行了实地考察。他们参观了北京故宫、应县木塔、大同悬空寺这三处中国经典木结构建筑，了解了木结构及其构件的形制、制作、功用和意义，对中国传统木结构建筑营造技艺有了更深刻的认识。

知识图谱

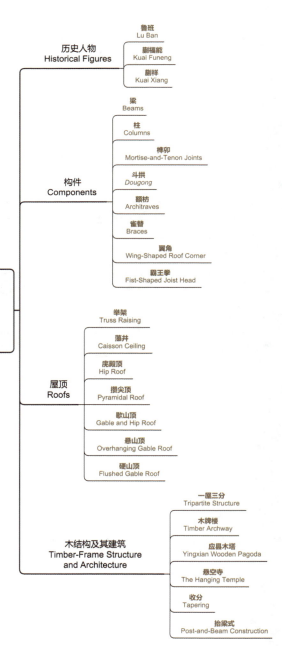

历史人物
Historical Figures
- **鲁班** Lu Ban
- **蒯福能** Kuai Funeng
- **蒯祥** Kuai Xiang

构件
Components
- **梁** Beams
- **柱** Columns
- **榫卯** Mortise-and-Tenon Joints
- **斗拱** Dougong
- **额枋** Architraves
- **雀替** Braces
- **翼角** Wing-Shaped Roof Corner
- **霸王拳** Fist-Shaped Joist Head

屋顶
Roofs
- **举架** Truss Raising
- **藻井** Caisson Ceiling
- **庑殿顶** Hip Roof
- **攒尖顶** Pyramidal Roof
- **歇山顶** Gable and Hip Roof
- **悬山顶** Overhanging Gable Roof
- **硬山顶** Flushed Gable Roof

木结构及其建筑
Timber-Frame Structure and Architecture
- **一屋三分** Tripartite Structure
- **木牌楼** Timber Archway
- **应县木塔** Yingxian Wooden Pagoda
- **悬空寺** The Hanging Temple
- **收分** Tapering
- **抬梁式** Post-and-Beam Construction

木结构营造技艺
Timber-Frame Architecture Craftsmanship

1

鲁班

小龙和大卫参加了林教授的中国传统木结构建筑营造技艺考察组。
他们第一站来到举世闻名的北京故宫。

大　卫：林教授，咱们考察中国传统木结构建筑营造技艺，为什
　　　　么第一站是故宫呢？

林教授：故宫有600多年历史，留下了大量保存完好的木结构古建
　　　　筑，有很多可以考察的东西。

小　龙：林教授，故宫最早是谁设计修建的？

林教授：最早参与这个工程的能工巧匠很多。1405年，故宫开
　　　　始修建，先由蒯（kuǎi）福能负责，后由他儿子蒯祥接
　　　　替。蒯祥设计并主持修建了天安门。天安门当时称作承
　　　　天门，竣工时文武百官赞不绝口，皇帝还称蒯祥"蒯鲁
　　　　班"呢。

大　卫：蒯鲁班？怎么给他改名了呢？

林教授：皇帝那是夸奖他。鲁班是中国人心目中木匠的祖师爷。

大　卫：哦，我明白了。皇帝是表扬他像鲁班一样聪明。

林教授：确实是这样。他年纪轻轻就主持设计并建造这样庞大的
建筑群，真得有鲁班的聪明才智才行。

小　龙：听说鲁班发明了很多木工工具。

林教授：是的。传说鲁班发明了曲尺和墨斗。曲尺可以量长短和
画线。墨斗用来在木料上打直线。说起墨斗，这里面还
有个故事呢。

大　卫：快讲讲，林教授，我最爱听故事了。

林教授：为了在木头上画直线，鲁班打造出前头有小洞的墨斗盒
子。盒子里面有根染墨的细线，可以拽出来拉到木件顶
头。拉直后弹一下细线，就会在木件上印出一条笔直的
墨线。做木工活儿就有了参照。之前，鲁班的母亲每天
替他拉线，很辛苦。鲁班很孝顺，不想让母亲太劳累，
就动脑筋做出了这个工具。

大　卫：真巧妙啊，他怎么想到这个办法的？

林教授：他是看人钓鱼受到的启发。他照着鱼钩的样子，做了一
个小铁钩，拴在线头上，把铁钩挂在木件的另一端，这
样不用别人帮忙，自己就可以弹出笔直的墨线。后来，
其他木匠纷纷效仿，还把这铁钩儿叫作"替母"，因为
鲁班用它代替了母亲的劳作。

大　卫：这个名字叫得好，很有趣啊。

小　龙：除了"替母"，鲁班还有其他故事吗？

鲁班

林教授：有啊，还有个和故宫角楼有关的故事。据说，建造故宫
四个角楼的时候，皇帝要求每个角楼都要有九梁、十八
柱、七十二条脊。这可难住了工匠们。他们左试右试，
就是想不出好办法。后来，来了一位神秘老人，送给他
们一个蝈蝈笼子。大家发现这个笼子结构奇特，笼子里
梁、柱、屋脊的数量正好符合皇帝的要求。大家顿时喜

出望外。众人正要感谢这位老人家，却发现他已经消失不见了。角楼建成后，大家都说，这肯定是祖师爷鲁班显灵来帮他们的。

大　卫：看来，鲁班真是木匠心中的神呢。

林教授：是的。鲁班是个很了不起的能工巧匠。

小　龙：难怪皇帝把蒯祥叫作"蒯鲁班"呢。我们赶紧进去看看吧！

2

木结构建筑

大　卫：哇，好雄伟的建筑呀！

林教授：确实如此，故宫是世界文化遗产，1987年被列入联合国教科文组织的世界遗产名录。

大　卫：故宫是中国木结构建筑的代表吗？

林教授：是的，而且故宫是世界上最大的木建筑群。

小　龙：我知道，故宫里有9999间半房。

林教授：那只是传说。实际上大约有8700间。这里的"间"，你们知道是什么意思吗？

大　卫：不就是一个房间吗？

林教授：这么理解不准确。中国传统木结构建筑的"间"是指"开间"，也就是四根立柱中间所形成的空间，与现代建筑的"房间"是两个概念。中国传统建筑的开间数量一般是奇数，如三、五、七、九间。开间数越多，建筑的等级越高。你们看，前面的太和殿是十一开间，而一般民居大多是三开间。

大　卫：这么说，太和殿应该是最高等级了。

"木"字

林教授：是的，这里的开间数是最多的。

小　龙：怪不得以前去参观古建筑时，人家总说这个建筑是五开
　　　　间、七开间。我就很纳闷，明明是一间大屋子，怎么就
　　　　变成了五开间了呢？还以为原来这里是有五个房间呢。
　　　　这下我明白了。

大　卫：那就是说柱子的数量决定木结构建筑的大小？

林教授：没错。柱子是我们今天实地考察的对象之一。我们还要考察梁、枋、檩、斗拱这些大木构件，还有屋顶结构。中国传统木结构建筑以木材为主要建材，设计上以梁柱式框架、榫卯结构、斗拱构件为特点。像故宫这样的木结构宫殿还得加上彩绘和藻井两个特色。

小　龙：林教授，中国最早的木结构建筑是什么时候出现的？

林教授：最早是汉代，那时就已经形成了以抬梁式和穿斗式为代表的木结构体系。

大　卫：那些古建筑现在还能看到吗？

林教授：很可惜，看不到了。不过，古籍中有相关记载，而且有考古发现可以印证。现存最早的木结构大殿是山西五台山的南禅寺，是唐朝建筑，距今已经1200多年。

小　龙：那已经很古老了。相比于砖石建筑，木结构的保存应该更难吧？

林教授：是的。木材易腐朽，易受虫蚁侵蚀，也易遭火灾。

大　卫：为什么不用石头呢？好像中国也不缺石料呀。欧洲建筑就会用石料。

林教授：这就是东西方文化的差异啊。我们中国人认为木出于土，向阳而生，代表着自然界旺盛的生命力。建筑为人所居，应纳天地之气，所以中国古建筑多为土木结构。

太和殿

彩绘

大　卫：确实跟我们的文化不一样。那故宫里用的木料应该很高级吧。

林教授：是的，故宫里用的是质地坚硬的上等木材，主要有楠木、杉木、桧木等。多数构件上还用了彩绘，既美观又实用。

大　卫：这些彩绘是很漂亮，可是有什么实际的用处呢？

林教授：可以防蛀、防潮啊。

小　龙：那就相当于油漆的作用了。这倒是一举两得。

大　卫：这么说来，这些彩绘确实既美观又实用。

3

抬梁式

小　龙：故宫的建筑都很有气势啊。

林教授：是的。故宫属于大型建筑群，采用了中国特有的抬梁式
　　　　梁架结构，气势宏伟。抬梁式的房屋牢固而且耐用，还
　　　　可以增大屋内使用空间，就是很耗费木材。

大　卫：抬梁式就是用柱子把梁抬起来吗？

林教授：可以这样理解。为了更准确地解释抬梁式，我们需要先
　　　　说一下瓜柱和檩。

小　龙：檩我知道。中国木结构建筑是柱上有梁，梁上架檩条。
　　　　檩条用来支撑椽子或屋面材料。

大　卫：那瓜柱是什么呢？也是一种柱子吗？

林教授：是的。瓜柱是一种立于梁、枋上面的短柱，断面可方
　　　　可圆。

大　卫：就是很短很短的柱子，对吗？

抬梁式

林教授：是的，不过瓜柱的高度要超过它的直径。抬梁式构造是
　　　　将柱子垂直立于地面，在柱子上放梁，梁上放瓜柱，瓜
　　　　柱上放短梁，层层垒叠直到屋脊。最上面的顶梁上放
　　　　檩，檩上放椽，椽上再放望板。

小　龙：明白了，梁借助瓜柱一层层叠高，每一层梁逐渐缩短。

大　卫：嗯，屋顶和梁柱是一个很稳定的三角形啊。

林教授：是的。这种结构看似简单，但要求尺寸准确。如果计算
　　　　错误，木构件就组合不到一起了。

小　龙：除了抬梁式，还有什么其他形式的构架吗？

林教授：有啊。常见的还有穿斗式和井干式。穿斗式的特点是每
　　　　根柱子上直接放檩条，柱子之间用枋串接，这样可以建
　　　　造大房屋。这种架构形式的柱和枋较多，虽然很牢固，
　　　　但室内不能形成连通的大空间。

大　卫：那么井干式呢？

林教授：井干式是最原始的架构形式，不用立柱和大梁，只需用
　　　　圆木或矩形、六角形木料层层向上，平行堆叠，在转角
　　　　处木料的端口交叉咬合，形成房屋四壁，形状如古代井
　　　　上的围栏。这种房屋结构简单，但很耗费木材。

小　龙：这么说来，穿斗式是柱网大屋，井干式是简易木屋。

林教授：是的。

4

一屋三分

小龙、大卫和林教授站在太和殿前八米多高的须弥座高台上。
大卫注意到汉白玉护栏上的雕刻。

大　卫：小龙，你看，这些雕刻太美了！好像雕刻的是鸟。

林教授：大卫，那可不是普通的鸟，是凤凰。这些汉白玉栏板和望
　　　　柱上雕的是龙凤纹。我们现在站的地方叫须弥座高台。

小　龙：什么是须弥座？

林教授：须弥座本来是安放佛像的台座，后来用在建筑设计上，
　　　　主要是为了凸显这处建筑尊贵的地位。你们看，故宫中
　　　　轴线上的太和殿、中和殿和保和殿三大殿都建在须弥座
　　　　高台上。

大　卫：须弥座好大呀！那栏杆下面伸出来的是龙头吧？

林教授：是的。这些龙头不仅能显示皇家威严，而且还很实用。

大　卫：是让栏杆更结实吗？

林教授：不，是用来排水的。三大殿高台上的龙头有1100多个，下
　　　　雨天就会出现"千龙吐水"的奇观。

门海

大　卫：那一定非常壮观。林教授，我还有一个问题，整个故宫都是木建筑，怎么防火呢？

林教授：问得好。你们来看太和殿的两侧有什么？

小　龙：那不是大水缸吗？个头可真够大呀。

林教授：这就是故宫过去的消防工具——门海，每个能装3吨水呢。为了防火，各个宫殿外面都有门海。我们刚才从午门进来，不是过了一个桥吗？桥下就是故宫的内金水河，那是救火取水的地方。

小　龙：看来古人不仅有消防意识，还很有办法呢。

林教授：没错。中国木结构建筑体现了很多传统智慧。你们听说过"一屋三分"吗？

大　卫：一屋三分？是说分左、中、右三部分吗？

林教授：不是的。是指屋体从下往上划分成台基、屋身、屋顶三个部分。

小　龙：林教授，咱们脚下的高台就是台基吗？

林教授：这还不是台基。台基指的是建筑的底座，房屋的台基有防水、避潮的作用。

小　龙：我明白了。咱们脚下的是须弥高台，屋檐下面那个台子才是台基。

林教授：对。台基是在屋檐滴水的范围之内。你们看，屋檐最前端像一片连绵的波浪线，上面圆形的是瓦当，朝下的三角形部件叫滴水。

一屋三分

大　卫：屋身就是台基和屋顶之间的那部分吧？

林教授：是的。屋身由木框架和墙壁构成。有一句俗语叫"墙倒
　　　　房不塌"，这是说墙壁只起辅助作用。梁、柱形成的木
　　　　框架才是房屋的主要支撑结构。

小　龙：也就是说，屋顶的承重主要是靠梁和柱，对吧？

林教授：是的。当然，在传统木建筑中，屋顶非常重要，也最有特色。屋顶在高度、形制等方面有严格的等级区分。太和殿是故宫内体量最大的宫殿，屋顶的高度最高，级别也最高。我们今天实地考察的重点之一就是屋顶。

小　龙：看来屋顶设计里面大有学问呢。

林教授：是的。平整开阔的台基、稳如泰山的屋身、造型别致的屋顶，共同成就了中国木结构建筑之美。

5

庑殿顶

小龙、大卫和林教授在须弥台上仰望着太和殿。

大　卫：这个殿可真大呀。

林教授：是啊，这是故宫中最雄伟的大殿，也是中国现存最大的
　　　　木结构大殿。它宽约64米，深约37米，高约27米。

小　龙：这个屋顶很特别，有四面坡呢。

林教授：这叫庑殿顶。前后屋面相交，形成一条正脊，两侧屋面与
　　　　前后屋面相交，形成四条垂脊，因此又叫五脊四坡式。

大　卫：看，这屋檐有两层呢。

林教授：是的，这是重檐庑殿顶。庑殿顶只能用于皇家、宗教场
　　　　所等高等级建筑。庑殿顶再增加一层屋檐，就是重檐庑
　　　　殿顶，是等级最高的屋顶。

小　龙：哦，看来中国古代建筑形制非常严格。

庑殿顶

林教授：是的，过去的建筑形制等级森严，绝对不能越级。太和
　　　　殿是故宫里等级最高的建筑，它不只是一座宫殿，也是
　　　　最高统治的象征。这里是举办各种重要典礼的地方，如
　　　　皇帝登基、点将出征等。每年万寿节、元旦、冬至三大
　　　　节①，皇帝都会在此接受文武百官朝贺，赐宴招待王公
　　　　大臣。

太和殿外景

脊兽

小　龙：看来这些古建筑也是中国古代历史的见证呢。

林教授：确实如此。

大　卫：林教授，您看，屋脊上面有一个小人和10个小动物的雕塑，那是什么呀？

林教授：那叫瓦镇，那个小人是骑凤仙人，10个小动物都是神兽，叫镇瓦兽。

大　卫：瓦镇？镇瓦兽？都是什么意思呢？

林教授：瓦镇的意思是压瓦镇邪，是屋顶上的镇邪物。镇瓦兽的数量越多，说明建筑物等级越高，数量最多是11个。

小　龙：那它们就是为了镇邪和表示建筑物等级吗？

林教授：不仅如此，瓦镇还有实用功能。中国古代传统建筑正脊和垂脊衔接的地方都会有瓦镇，它们有固定屋脊的功能。

大　卫：这些瓦镇和屋顶上的瓦都是黄色的，金灿灿的，很好看。

林教授：是的。这种瓦叫琉璃瓦，是一种高级彩色屋面材料，不仅美观，而且结实耐用。黄色琉璃瓦仅限皇家专用。

小　龙：那就是瓦的顶级配置了。

注释：
① 万寿节、元旦和冬至：清朝三大节日。万寿节是皇帝的生日。元旦指的是阴历大年初一。冬至兼具自然与人文两方面的意义，既是二十四节气中一个重要的节气，也是中国民间的传统祭祖日。

6

举架

小龙注意到了太和殿垂脊优美的曲线。

小　龙：林教授，从侧面看，太和殿的垂脊好像不是直的，而是一个凹形曲线。

林教授：嗯，没错，那是因为太和殿的屋顶是一个曲面。说起中国古建筑，最富有特色的地方就是屋脊的曲线设计，你们再仔细看看。

小　龙：是啊，屋脊凹曲，屋檐远远伸出，屋角微微翘起，给人一种非常灵动的感觉。

大　卫：对，是特别好看。

林教授：屋脊的这种曲线设计不仅造型优美，还有利于采光和排水。

大　卫：以前的人是怎么设计这种曲面的呢?

林教授：这就要说到举架了。举架是一种传统的木结构建筑营造技艺，在古建筑的屋顶设计中应用广泛。

举架

大　卫：举架是什么意思呢？

林教授：可以理解成将屋架逐渐举高，以调节屋面的高度，只不
　　　　过举高的幅度不是平均的。

小　龙：噢，屋面越往上越陡，那每次举高的幅度肯定是越来越
　　　　大吧？

太和殿垂脊

林教授：没错。这里用到的关键部件是檩。檩是架在梁上的水平
　　　　构件，与屋顶的正脊平行。檩组合起来可以形成托起屋
　　　　顶的架构。最上面的是脊檩。两侧檩的数量相等，相邻
　　　　两个檩之间的水平距离都是一样的。

小　龙：那就是说，檩和檩之间的垂直距离会有变化，这样屋顶
　　　　才会有曲面坡度变化，对吧？

林教授：对。用举架这个技艺，檩和檩之间的垂直距离要参照各
　　　　檩之间的水平距离来确定。

小　龙：明白了，横向距离相等，垂直距离不等，而且自下而上
　　　　逐渐增加，这样也就形成了越来越陡的屋顶曲面。

林教授：理解得很对。

7

额枋　雀替

大　卫：林教授，这个横木上画的是二龙戏珠吧，中间的龙还有
　　　　点儿立体感呢。

林教授：说的没错，是二龙戏珠。你们知道这个画着二龙戏珠的
　　　　横木叫什么吗？

小　龙：我在介绍故宫的书上看到过，让我想一下……嗯，是额
　　　　枋吧？

二龙戏珠额枋

大小额枋

林教授：是的，额枋是枋的一种，也叫檐枋。枋是木建筑构件的
　　　　一大类，可以细分成11种。按照枋的位置，可以分为额
　　　　枋、金枋、脊枋等。枋的位置不同，作用不同。有的枋
　　　　受力，有的枋起连接作用，有的既受力也能连接。

大　卫：这里上下两个都是额枋吗？

林教授：是的。你们仔细看，这里额枋可不止两块。庑殿顶下面
　　　　那块叫上额枋，重檐下的两块，上面的叫大额枋，下面

　　　　　的叫小额枋，它们连接着相邻的两个檐柱。你们看到上额枋和大额枋上面各有一块一通到底的窄板了吗？

大　卫：就是在柱子顶上那个细长的窄板吗？

林教授：是的，那叫平板枋。这些枋都承受着来自屋顶的重量。

小　龙：那就是说枋也是承重构件了？

林教授：枋类不是主要的承重构件，主要起横向联系作用。等进到殿里面，梁架和枋之间的关系会看得更清楚些。

大　卫：小额枋下面的两个小翅膀雕刻得真漂亮呀。

林教授：那个叫雀替，也是传统木结构建筑中常见的构件。

大　卫：为什么叫雀替呀？

林教授：雀替这名字背后还有个故事呢。传说，古时有位独居老妇人曾为一只云雀疗伤，云雀伤好后就一直陪着她。一天晚上，狂风肆虐，暴雨如注，眼看老妇人的房子就要倒塌。这时，云雀飞到梁柱之间，撑开双翅，变成了一个木构件，撑住了房屋。妇人转危为安，心怀感激，就把这个木构件叫作雀替。

小　龙：这么说，雀替是起加固作用的。

雀替　额枋

林教授：是的。雀替是一种辅助性构件，安置在梁或额枋与柱的
交接处，承托梁枋。它可以缩短梁或枋之间的净跨度，
提高承载力。不过，雀替也在不断演变，从最初的承重
构件，逐渐演变成一种纯装饰性构件。雀替外形经常雕
刻成各种具有美好寓意的样式，不光是鸟雀，还有龙
凤、花草等纹样。

8

翼角　霸王拳

林教授：现在再考考你们，你们知道脊兽下面的屋檐转角部分叫
　　　　什么吗？

大　卫：这个？我不知道。

林教授：这个结构叫翼角。翼角上翘是一种特殊的屋角做法，始
　　　　于南北朝后期。

小　龙：哦，这个形状有点像鸟的翅膀，所以叫翼角。

大　卫：可这里很平，我看不像鸟的翅膀。

林教授：大卫观察得很仔细。这个翼角确实比较平缓。这是北方
　　　　建筑的特点，南方建筑的翼角就更像鸟翼一些。

大　卫：您这么一说，我就想起来了，苏州园林里的房子和亭子
　　　　都有翘翘的翼角，很好看。

小　龙：南北方翼角的形态为什么不一样呢？

林教授：这和地域气候有关。北方冬季多雪，翼角起翘幅度不大，
　　　　比较平坦，可减少积雪对末端瓦片的压力。南方雨水
　　　　多，常有暴雨，翘起的翼角有利于排水和通风。北方的
　　　　翼角看上去更沉稳大气，南方的翼角更轻巧灵动，各有

翼角

翼角

各的美。

小　龙：明白了，建筑设计首先要考虑实用性，然后才是美感。

大　卫：林教授，您看，这个柱子上凸出来的木头也挺美的，上
面还有画呢。

林教授：这个构件起到稳固角柱和额枋的作用，通常处理成凸凹
型，上有彩绘，叫霸王拳。

霸王拳

大　卫：哇，这个名字很霸气。可它不像拳头呀。

林教授：这个名称蕴含了匠人的希望，希望这个构件能像西楚霸
　　　　王①的拳头一般结实。中国传统木结构建筑设计里很多
　　　　细节都大有文章。

注释：

① 西楚霸王：即项羽（公元前232年—公元前202年），秦朝末年与
刘邦争天下的楚国贵族，自立为西楚霸王，建立西楚政权，定都彭城
（今江苏徐州），以孔武有力而闻名。

9

榫卯和斗拱

小龙、大卫和林教授来到太和殿入口处。

林教授：小龙，大卫，我们去看看大殿的木结构。你们看，额枋
上面这些构件很精巧吧。

小　龙：您说的是这些斗拱吗？我知道这是中国建筑独有的构件。

林教授：没错，斗拱是中国传统建筑特有的构件，春秋时期就出
现了，历史悠久。斗拱通常用来提升建筑整体结构的稳
定性，也具有观赏性。太和殿的斗拱特别精巧，就很有
代表性。但要了解斗拱，需要先知道它的结构。

小　龙：是榫卯结构吧。书上说榫卯结构不用钉子。不过我还是
不太明白，不用钉子怎么能行呢？

林教授：那得先从传统木结构建筑的基本构件说起。它们一般包
括柱、梁、枋、檩条、斗拱、椽子、望板等。这些构件
组合起来才能建成房屋。中国传统木结构建筑采用的是
榫卯连接，就是将两个构件的凹凸部位嵌合在一起，这

样的构件可以预制加工，现场装配。

小　龙：好像榫是突出来的，卯是凹进去的，对吗？

林教授：是的。像太和殿这样大型的木结构宫殿，需要成千上万的木构件。这些木构件，除了椽、望板这类屋面板材，其余的几乎全靠榫卯结构连接在一起。

小　龙：榫卯结构有很多种吧？

林教授：没错。榫卯结构种类繁多，各有各的功能，可以固定不同类型的构件，垂直的、水平的、倾斜的都可以，还可以用于板缝拼接。

大　卫：听起来，榫卯结构的功能很多啊。

林教授：是的。榫卯结构还有一个不同寻常的地方，就是有很强的柔性连接功能，因此建筑物的抗震能力较强。中国自古就有"墙倒房不塌"的说法。

小　龙：确实是。书上说，每个榫卯结点就像一个弹簧。在强震中，木结构建筑即使发生一定幅度的摇晃，有一定的变形，也不会轻易倒塌。

大　卫：还有抗震功能？也太先进了吧？这么好的榫卯结构只是用来建房屋吗？

林教授：当然不是。榫卯结构用处很多，可用在建筑中，也可用在车辆、船只、桥梁、农具、家具，甚至乐器上。

小　龙：我知道古典家具都是榫卯结构，不用钉子的。

斗栱

榫卯

大　卫：苏州园林里就有很多漂亮的中式家具，我还不知道都不
　　　　用钉子呢。

林教授：榫卯结构是中国古代物件连接的基本方法，凹凸自然对
　　　　接，体现了阴阳互补的中国传统智慧。了解了榫卯结
　　　　构，我们来好好看看屋檐下的这些斗拱吧。

大　卫：这些斗拱一排排好密集，看上去很复杂。

林教授：是的。你们猜猜看，太和殿上下两层檐一共有多少组
　　　　斗拱？

大　卫：大概有200多吧？

转角斗拱

林教授：不止200，一共有368组，加上殿内的136组……

大　卫：一共504组。

林教授：算得挺快啊。太和殿斗拱种类齐全，构造复杂，保存好，是了解斗拱结构最好的地方之一。

小　龙：林教授，殿内外的斗拱一样吗？

林教授：不一样。在建筑物外檐部位的叫外檐斗拱，殿内的斗拱叫内檐斗拱。斗拱的种类很多，比如，外檐中结构最复杂的是转角斗拱，也是最漂亮的斗拱结构。

小　龙：这么多斗拱，结构上都有什么特点呢？

林教授：根据建筑规模不同，斗拱可分为三踩、五踩、七踩等不同的结构形式。建筑级别越高，斗拱踩数越大。

大　卫：这个太和殿是几踩斗拱？

林教授：九踩，是最高级别了。

大　卫：这些斗拱很漂亮，都有什么功能呢？

林教授：外檐斗拱的功能是承受上部支出的屋檐，将其重量或直接集中到柱上，或间接地先传到额枋上再转到柱上。内檐斗拱在室内承托天花枋，构成室内天花。

小　龙：那它们的功能就是传递重量荷载吗？

林教授：那只是斗拱四大功能之一。斗拱第二个功能是承托出檐，也就是承托屋檐伸出梁架之外的部分。第三个功能是标记建筑物的等级。第四个功能是用作度量单位。

小　龙：林教授，这个怎么用作度量单位啊？

林教授：就是说，斗拱中坐斗的开口尺寸是基本单位，其余构件的尺寸都是它的倍数。按照斗口尺寸，可以算出带斗拱的建筑各部位、各构件的详细尺寸。

小　龙：您能举个例子吗？

林教授：比如一栋建筑的斗口尺寸为10厘米，檐柱直径应该是6斗口，就是说檐柱的直径是60厘米。

大　卫：这下明白了。没想到斗拱还有尺子的功能！

林教授：是的，不过在早期建筑中，斗拱的主要功能还是承重。后来，它的结构性功能慢慢弱化，装饰作用增强。人们甚至会把斗拱的部件设计成动植物或器物的形状，和彩绘结合起来非常漂亮。我们进殿里看看，里面有更多的斗拱构件，还有和玺彩画和漂亮的藻井。

大　卫：好。

10

藻井

小龙、大卫和林教授来到太和殿内，迎面看到云龙纹宝座。

大　卫：这里真是金碧辉煌啊，到处都是龙。

林教授：猜猜看，这里有多少条龙？

大　卫：也许1000条吧。

小　龙：应该不止1000条，外面已经是千龙吐水了，这里恐怕得有3000多条吧？

林教授：你们都说少了，大殿内外各种形式的龙共有1万6000多条。

大　卫：真的吗？这么多啊。

小　龙：看来的确是真龙天子宝殿啊。

林教授：你们看这个楠木宝座，这是故宫现存做工最讲究、等级最高的宝座。

小　龙：咦，这个宝座有点儿特殊，没有椅子腿，用的是底座。这也是须弥座吗？

林教授：是的，就是须弥座。

大　卫：这里到处都是金色的龙，连天花板上都是啊。

林教授：大卫，这不叫天花板，叫天花，宝座上方的天花叫蟠龙
　　　　衔珠藻井。

小　龙：藻井？是因为它像个井吗？

林教授：是啊。藻井是一种高级天花，中间凹陷下去，形似水井，
　　　　外沿可以有多种形状，比如方形、多角形或圆形。藻井
　　　　一般用于最高级别的建筑，比如宫殿、寺庙正中或者宝
　　　　座上方。

大　卫：这个藻井里面是圆的，外面是方的，那应该算什么形
　　　　状呢？

林教授：这个有些复杂。我们分三层看吧。最外层是方井，中间
　　　　八角井，里面是圆井。太和殿的藻井既有装饰性又有象
　　　　征性。

小　龙：是象征天圆地方吗？

林教授：不仅是天圆地方，还有天人合一的寓意。

大　卫：这个藻井虽然很复杂，但很对称。

林教授：是的，这种对称设计很符合中国传统美学理念，平衡和
　　　　谐。故宫建筑装饰繁而不乱，变化中有秩序和节律，尽
　　　　显对称之美。

小　龙：我看介绍说，早期藻井的纹样很繁琐，很像井里的水藻，
　　　　所以叫藻井，同时也取以水镇火的意思。

云龙纹宝座与藻井

林教授：确实如此，这里面的寓意很丰富。

大　卫：中国文化里的这些寓意太有意思了。

林教授：你们看，这个金碧辉煌的大殿，除了金色的装饰，就是画在梁、枋、斗拱和天花上这些漂亮的和玺彩画。

小　龙：和玺彩画？

林教授：是的，和玺是清式彩画中最高级别的彩画。

大　卫：所以用在最高级别的宫殿里。

林教授：是的，你们知道吗？这些龙的画法都是有规定的。刚才宫殿门外额枋正中画的是二龙戏珠，梁上是行龙，天花上是坐龙。

大　卫：林教授，我特别想知道，这么有立体感的画是怎么画上去的？

林教授：这种画法叫沥粉贴金。用一个尖端有孔的管子，装有胶和土粉混合成的膏状物，按彩画图案描出隆起的花纹，上面涂胶后再贴上金箔，这样图案就有了立体感。

小　龙：和蛋糕裱花一样呀。

林教授：哈哈，你这个说法很形像。你们要知道，彩画是中国古代建筑中重要的装饰手法，很常见。这三大殿的彩画叫金龙和玺，故宫其他场所还有其他种类的和玺彩画。

小　龙：明白了。宫殿级别和功能不同，所以采用不同的彩画。

林教授：是的。和玺彩画还有个特点，就是从枋心开始向两端对称构图。颜色也有固定要求，比如说，斗拱多用蓝绿两色，周角要用金色线。

小　龙：嗯，精巧的木结构和这些彩画结合得真完美。

柱和梁

林教授：我们再来看看支撑着这个大殿屋顶的梁柱吧。

大　卫：中间的柱子还是金色的呢。

林教授：是的。太和殿正中央的六根柱子叫蟠龙金柱，是用纯度
为99.99%的黄金制成的金箔包裹的。

小　龙：看，好像是两种不同的金色呢。这些龙的图案也是突出
的，是和玺彩画吗？

林教授：是的。采用深浅两种颜色的金箔，是为了突出上面的蟠
龙图案。

小　龙：蟠龙金柱是不是规格最高的柱子？

林教授：是的。六根蟠龙金柱只有正殿才能设置，是皇权的象征。
你们知道金色柱子旁边的那些柱子叫什么吗？

大　卫：红色的圆柱呀。

林教授：不，也叫金柱。

小　龙：怎么能都叫金柱呢？只有中间的六根是金色的呀。

林教授：木结构的柱子起名不是按颜色，而是按形状、位置或功
能。它们叫金柱，是因为这些位置最重要。太和殿有六

柱 梁

柱和梁

排三圈共72根木柱。中间这一圈叫内金柱。第二圈支撑
重檐的也是金柱，叫重檐金柱。最外面的一圈是支持外
檐的檐柱。

大　卫：啊，这六根金色的柱子原来还不是同一种柱子。

林教授：对，前四根柱子是内金柱，后面两根是重檐金柱。

小　龙：我觉得屋檐不要柱子支撑也可以吧？不用不是更好看吗？

林教授：还是需要的。传统木结构建筑中的屋檐都有出檐。越大
型的建筑出檐越大，而这部分屋檐离屋顶的中心较远，
单独的柱子支撑会分担一部分屋顶重量。

小　龙：还有其他功能吗？

林教授：有的，檐柱不仅用来支撑屋檐，同时也连接其他重要的
木构件，比如斗拱、额枋。它们相互连接、共同支撑起
整个屋顶。

大　卫：柱子必须是立在地面上的吗？

林教授：那还真不一定。关于柱子有两点需要注意。第一，有些
柱子可以不落地；第二，虽然大部分柱子起承重作用，
但也有例外。

小　龙：不落地也叫柱子？

林教授：有不少柱子是不落地的。还记得前面我们说过梁上的瓜柱吗？它们是重要的承重柱，但不落地。

大　卫：那不承重的柱子起什么作用呢？

林教授：主要是起装饰作用。你们看，两侧墙上的垂花门下面是不是有倒悬着的短柱？那个叫垂莲柱，就是起装饰作用。

大　卫：原来柱子还有这么多讲究，太长见识了！

小　龙：林教授，金柱上面就是梁吧？

林教授：是的，这里我们只能看到抬梁式结构中最下面的梁，那些短梁藏在天花上面。作为木建筑中最重要的部件之一，梁既承托建筑物的上部构件，比如枋、檩，还要负担屋面的全部重量。可以这么说，梁支撑着整个建筑物的上部。

小　龙：然后梁再把重量传递给柱子？

林教授：没错。如果建筑规模较小，梁可以直接放在柱头上。不过像太和殿这样的大型建筑，梁是放在斗拱上的。依据位置、形状和功能的不同，梁有各种不同的名称。你们看，我们现在面朝宝座，头顶上纵向的是天花梁。横向的是什么呢？

大　卫：那应该是枋吧？

林教授：是的，是金枋，是位于金柱与金柱之间的枋。

大　卫：我明白了，枋和梁的高度一致，但走向不一样。枋与梁

　　　　垂直，与正脊平行。

小　龙：林教授，我发现南方的梁和这儿的不一样，不是直的，
　　　　好像是弯弯的，我觉得那样的梁更漂亮。

林教授：那是月梁，确实很漂亮。北方的梁平直，南方的梁中段
　　　　微微拱起，两端弯曲，很像弯弯的月亮。

大　卫：月梁，这名字好有诗意呀！像月亮的梁，我记住了。

月梁

林教授：月梁的侧面常雕刻精美的纹样或绘制漂亮的彩画。宋代以前，大型建筑基本上用的是月梁，后来北方渐渐不用了。

大　卫：这么漂亮的月梁，北方为什么不用了呢？

林教授：这是出于对气候的考虑。屋顶设计不仅要美观，更重要的是要实用。北方往往在梁架下多设一层天花板，使建筑物内部形成较小的闭合空间，有利于室内保温。南方天气不那么冷，保温不是主要问题，月梁露在外面，看起来并不突兀，反而显得建筑物有艺术气息。

小　龙：不同地区气候不同，木结构建筑也各有特色。

12

收分

出了太和殿，林教授提醒小龙和大卫注意观察大殿外檐的柱子。

林教授：你们看一下，这些柱子上下一样粗吗？

大　卫：一样啊。

小　龙：我也没看出来不一样。还能不一样粗吗？

林教授：肉眼看不出来，但它们确实上下不一样粗。柱子下粗上细，这种设计叫收分。

小　龙：收分有什么具体规定呢？

林教授：一般收分的原则是减去柱高的1%。举个例子，假设一栋房子的柱子高5米，那么收分应该是5厘米。大型建筑的收分通常是柱高的0.7%。

小　龙：怪不得看不出来呢。我还有一个问题，资料里说檐柱应该是往里斜一些，我也没觉得斜呀。

大　卫：对啊，这不是很直吗，不斜呀。

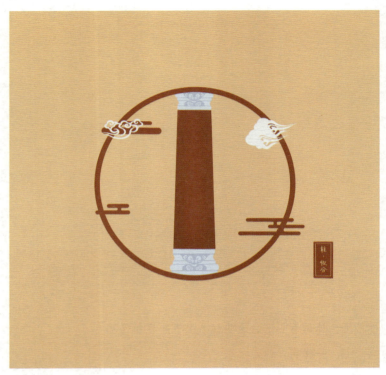

收分

林教授：没错。这个斜度肉眼是看不出来的。这是另一项技法，叫
侧脚，就是将建筑物外圈柱子的底部向外侧移一点儿，使
上端略向内侧倾斜。侧脚的尺寸比例与收分相同。

大　卫：明白了。就是说柱高要是10米，收分7厘米，侧脚也是
7厘米。

小　龙：为什么要收分和侧脚呢？

林教授：这个问题问得好。你们说建筑最重要的是什么？

大　卫：结实稳定呗。

林教授：非常正确。侧脚可以形成在顶点虚拟相交的三角形结构，
　　　　收分有利于上部重量顺利传递到地面。这两种技术都是
　　　　为加强建筑物的稳定性。

小　龙：真没想到，普通的柱子里还蕴含着这么多智慧！

13

攒尖顶

林教授：中和殿是供皇帝休息的地方。在太和殿举行大典之前和
　　　　大典期间，皇帝都会在中和殿休息。你们看，中和殿屋
　　　　顶有没有特别之处？

大　卫：看上去像亭子。不过比苏州的亭子大多了。

小　龙：没有正脊，只有一个尖顶！

林教授：没错。中和殿用的是攒尖顶。你们看，建筑物的屋面在
　　　　顶部交汇成一点。攒尖顶是中式亭子最常用的顶，所以
　　　　大卫觉得中和殿看起来像座亭子。

大　卫：原来是这样。

林教授：天坛的祈年殿也是典型的攒尖顶。

小　龙：就是天坛公园里的那个蓝色圆顶的大殿吗？我们昨天刚
　　　　去过天坛。可是那个屋顶和这个一点也不一样啊。这个
　　　　有四个角，那个屋顶像个大伞。

攒尖顶

中和殿

林教授： 看上去很不一样，但它们都是攒尖顶。中和殿是单檐四
角攒尖顶，有四条垂脊，正中是金顶。祈年殿是三重檐
圆形攒尖顶，正中也是金顶。圆形攒尖顶没有垂脊，所
以看上去很不一样。

大　卫： 攒尖顶就这两种吗？

林教授： 可不止两种，类型很多。中式园林中的亭子最常用攒尖
顶，有三角、四角、五角、六角、八角等。此外，不同
形式的攒尖顶组合起来，还能形成更加多样化的屋顶类
型。如果再加上重檐甚至三重檐的变化，那么屋顶的类
型就更丰富了。

小　龙： 攒尖顶居然能变换出这么多花样。

林教授： 是的。攒尖顶建筑既可以像中和殿、祈年殿一样雄伟壮
观，也可以像苏州园林里的亭子一样精致优雅。

14

歇山顶　悬山顶　硬山顶

出了中和殿，小龙、大卫和林教授来到三大殿最后一个殿——保和殿。

大　卫：林教授，这个屋顶好像又是一种新样式？

林教授：是的，保和殿的屋顶是重檐歇山顶。故宫里还有两个重要的门也是用的重檐歇山顶。

大　卫：哪两个？

林教授：天安门和太和门。

小　龙：这个歇山顶的屋脊很多呀。一、二、三……八、九，一共有九条，对不对？

林教授：没错！上半部分有一条正脊和四条垂脊，下半部分四角上各有一条戗脊，一共是九条脊，所以歇山顶又称九脊顶。叫它歇山顶是因为正脊两端到屋檐中间断开一次，好像歇了一歇。

大　卫：这个名字很形象呀。

歇山顶

保和殿歇山顶

林教授：是的。歇山顶上面的那部分有前后两面坡，下面的部分有前后左右四面坡，分属两种不同的屋顶形式。

小　龙：我看出来了，歇山顶下面的部分是庑殿顶，上面的是什么形式呢？

林教授：这叫悬山顶，它在等级上低于庑殿顶和歇山顶，是民间建筑中最常见的屋顶形式。

大　卫：故宫里有专门的悬山顶宫殿吗？

林教授：正殿一般不用悬山顶。有些宫殿的配殿会用悬山顶。中国建筑里常见的屋顶式样在故宫里都能看到。我们先进保和殿里面看看。后面能看到悬山顶的。我考考你们，看看是否记住了我前面讲过的东西。你们看这个大殿是几间呀？

小　龙：我得数一下，正面看十根柱子，侧面看六根柱子，那就是面阔九间，进深五间。

林教授：是的。再看上面的天花，这是什么彩画？

大　卫：和太和殿一样，是和玺彩画。

林教授：不错，不错。看来你们都记住了。

大　卫：这个殿看上去很宽敞呀。好像柱子少了一些。

林教授：你的感觉不错。保和殿的柱子比常规的要少，所以感觉空间很宽敞。

小　龙：柱子少了，房屋的安全性会不会差一些？

林教授：不用担心，在木结构建筑营造中，减和增都是有规矩的。

歇山顶侧面

大　卫：你们看，多好看呀。

李教授：这个侧面叫山墙，上面的画叫山花。

小　龙：名字起得真好。这个歇山顶大方漂亮。

林教授：还有更好看的歇山顶呢。等参观完，出故宫后，你们一定得在护城河外面看看角楼，那是我最喜欢的故宫建筑。角楼倒映在晚霞中的护城河里，特别美。

小　龙：角楼也是歇山顶？

大　卫：你是说那个传说里鲁班启发师傅们建造的角楼吗？

林教授：是的，就是那四个角楼，用的也是歇山顶，不过那个更复杂一些，上下两层有5个屋顶，结构精巧，特别富有艺术性。角楼是紫禁城的标志性建筑。

大　卫：你们看，这不是悬山顶吗？

林教授：大卫眼睛很尖呀。这个侧殿的屋顶就是悬山顶。

小　龙：好像慈宁宫的正殿规格很高呢，也是重檐歇山顶呀。

林教授：我们前面看的三个大殿是皇帝办公用的。现在我们来到
　　　　的是后宫，皇帝和家人生活的地方。这里用重檐歇山
　　　　顶，因为这里是太后、太皇太后住的地方。你们谁来说

悬山顶

一下这个侧殿屋顶的特点?

大　卫：屋脊是前后两面坡、五条脊，是吗?

林教授：是的，一条正脊和四条垂脊。还有一个特点，你们发现了吗?

小　龙：屋脊的侧面出来了一点儿，没有和墙齐平，这能算特点吗?

林教授：就是这个特点。悬山顶的侧面墙往里缩进了一点儿，梁不露在外面。

小　龙：好像悬山顶和另外一种屋顶很像，也叫什么山顶的。

林教授：你是说硬山顶吧。硬山顶和悬山顶都是前后两面坡，相似度很高，区别在于硬山顶的梁架全部封砌在山墙内，而悬山顶的梁架是悬出山墙之外的。等会儿去看西六宫，侧殿都是硬山顶的。

小　龙：哦，原来这里"山"是"山墙"的意思。刚才我还纳闷屋顶和山有什么关系?

林教授：有关系的是墙，不是山。可不要小瞧悬出的这一部分。屋顶延伸出山墙之外，能够起到防止雨水侵蚀墙体的作用，所以在多雨的南方，民居中常用悬山顶。而在干燥的北方，硬山顶房屋更常见。有空你们去看看北京四合院，里面大多是硬山顶的房屋。

大　卫：硬山顶的好处是什么?

林教授：硬山顶的山墙与屋顶齐平或略高，可以防火、保温。

小　龙：看来硬山顶的确更适合北方的气候特点。

林教授：悬山顶比硬山顶看上去灵巧，但缺点是上面一部分没有被包裹在墙内，有些木构件暴露在外，容易朽烂。

小　龙：看来不同形式的屋顶各有优缺点。

林教授：没错。庑殿顶、歇山顶、攒尖顶、悬山顶、硬山顶，这是传统木结构建筑中最常见的五种屋顶。它们和不同的屋檐搭配，形成形态各异、等级不同的屋顶结构。

大　卫：这故宫建筑又有技术，又有文化，太有趣了。

林教授：我们今天只是走马观花看个大概。感兴趣的话，以后可以再找时间仔细了解。明天我们去看另一个中国特色的建筑——牌楼。

小　龙：我猜，我们要去看最有名的"正阳桥"牌楼，对吗？

林教授：对的，正是。

15

木牌楼

第二天，小龙、大卫和林教授来到前门大街上的正阳桥牌楼前。

林教授：瞧，这就是正阳桥牌楼，也叫"五牌楼"。这是2008年
照原样在原地复建的。

大　卫：太漂亮了。

林教授：牌楼是老北京街上的一大特色。常规的有木枋、石枋和
琉璃枋牌楼，近代还有混凝土牌楼。这个五牌楼是老北
京最有名的牌楼。

大　卫：听说北京是中国牌楼最多的城市？

林教授：是的。最能体现老北京风格的三样东西是胡同、四合院
和牌楼。原来北京有300多座牌楼，现在只剩下65座了。

大　卫：在中国，牌楼的历史很长吗？

木牌楼

正阳桥牌楼

林教授：这种建筑最早出现在周朝，一开始用于祭天。后来牌楼用于纪念孔子、表彰节妇孝女，再后来扩大到纪念名人大事、标志街巷区域的界限，还用于增加主体建筑的气势。

小　龙：这么多作用啊。这复建后的正阳桥牌楼应该是木结构吧？

林教授：是的。知道它为什么叫五牌楼吗？

大　卫：是因为这五个额枋像牌子吗？

林教授：这样理解也行。更确切地说，牌楼可以按照间数和楼数进行细分。和房屋一样，牌楼的间是柱子之间的空间，两柱为一间，一个屋顶叫一楼。正阳桥牌楼是六柱五间五楼，所以就叫五牌楼。

大　卫：上面一层额枋上还雕着二龙戏珠呢。

小　龙：旁边也有龙，好像是行龙呢。上面是斗拱。

大　卫：上面是庑殿顶吧。

林教授：真不错，你俩把昨天在故宫学到的都用上了。这个牌楼还有个特点，你们看看柱子和屋顶？

小　龙：柱子高出屋顶了？

林教授：对。传统木牌楼的样式主要分柱出头式和柱不出头式两种。柱出头式木牌楼的立柱高出檐楼，这个就是柱出头式；立柱不超出檐楼的那种更常见。

大　卫：我喜欢这个牌楼的镂空雕花，很漂亮。

林教授：这可不仅是为了漂亮，它还能减轻不少重量呢。

小　龙：这些石头底座是为了更稳固吗？

林教授：是的，这些石头叫夹杆石，它们包裹着柱子，然后深埋地下，就是为了稳固牌楼。原始的木牌楼，夹杆石上应该有铁箍，有戗杆支持木柱。明天咱们去山西参观应县木塔，会看到更古老的传统木牌楼。

大　卫：太好了。

16

应县木塔

小龙、大卫和林教授来到山西应县木塔参观。他们看到大街上高耸的木牌楼、佛宫寺天王殿和巍峨的木塔。大卫和小龙围着木牌楼非常认真地观察。

林教授：你们仔细看看，它和北京的五牌楼有什么不一样的地方？

大　卫：林教授，这些斜着的木杆就是戗杆吧？哎，这些夹杆石上面还真有铁箍呢。

小　龙：这应该是悬山顶四柱三间三楼木牌楼吧。还有一点儿不一样的，这个是柱不出头式。

林教授：你们说得都很准确。

大　卫：我喜欢这些斗拱，太有气势了。

小　龙：你们看，那座木塔的塔顶好像是攒尖顶。有点儿远，看不出来是几角。

三人来到木塔前，大卫跑上台基，围着木塔迅速跑了一圈。

应县木塔

大　卫：小龙，我数了一下，是八角形。应该是八角攒尖顶。这个
　　　　塔可真大呀。

林教授：确实很大，光塔基直径本身就超过30米。大卫，小龙，
　　　　你们了解这座塔吗？

小　龙：这个塔建于公元1056年，是辽代的建筑，是世界上现存最高、最大的木佛塔，全部是榫卯结构，正面应该是九开间。

林教授：说得没错。应县木塔是现存规模最大、最高，也是最古老的木结构楼阁式佛塔，俗称应县木塔，正式的名字叫佛宫寺释迦塔，因为这里面供的是佛祖释迦牟尼①。

大　卫：不是亲眼所见，真不能相信这么高的塔全部是用木头建成的。

小　龙：这塔真的好高。感觉有20层楼那么高。

林教授：差不多。准确高度是67.31米，相当于20多层楼的高度。

小　龙：好像一共有六层？

大　卫：不对吧？你看，第一层和第二层塔檐离得很近，应该是像故宫一样的重檐，上边四层应该是单檐。林教授，我说的对吗？

林教授：完全正确。准确地说，叫重檐五层塔。实际上每两层之间还有一个隐藏的楼层，所以一共有九层。

小　龙：为什么要建隐藏的楼层呢？

林教授：隐藏的四个楼层能够很好地约束塔身，防止变形。

小　龙：所以才千年不倒。

大　卫：林教授，您看，虽然塔上的油漆都剥落了，但屋檐下的这些斗拱仍像花朵一样漂亮。

林教授：是的。木塔的斗拱造型被称为"百尺莲开"。等转到侧面，你们会看到那个"百尺莲开"的匾。

大　卫：刚才我光顾着数有几个角了，没仔细看匾上写的什么。

林教授：斗拱是应县木塔的一大特色。这里被称为中国的斗拱博物馆。据专家考察，整个塔有斗拱54种、480朵。

大　卫：这里的斗拱是几踩？

林教授：七踩，或者更确切地说是七辅作。

大　卫：怎么又改说法了呢？

林教授：是这样的，木结构的很多名称在清朝前后有所变化。"踩"在清朝之前叫"辅作"。这是辽代的塔，所以叫辅作更准确。你们看，这些斗拱既提升了木塔的稳定性，又赋予它艺术性。

小　龙：这么说，隐藏楼层加斗拱是这个木塔千年不倒的原因吧？

林教授：小龙，你忘了让木塔稳定的最重要元素了。

大　卫：是柱子吧？

林教授：没错。设计师专门设计了内外两层环柱。每层的外围有一圈柱子，里面还有一圈柱子。两圈柱子把一层分成三部分，里圈中心部分是内槽，里外两圈柱之间是外槽，最外面是挑出的回廊。

大　卫：不对呀，塔里有两圈柱子，外面还有柱子呢，应该是三圈柱子。

林教授：是这样的，只有底层外加了24根副阶柱。塔的其他各层
都是内圈8柱、外圈24柱。

大　卫：明白了。我算算啊，那一共有184根柱子。

林教授：算上短柱，有650多根呢。整个塔是用10万多个木构件
建成的。

大　卫：太厉害了。

小　龙：这里面好狭窄呀，还很暗呢。现在已经禁止游客登塔，
但我查到的信息上说这个塔曾经可容1000多人同时上
塔，这怎么可能呢。

林教授：你的信息没错。这个塔可以容下1500人。底层很窄，中
间有个高大的塑像。

小　龙：到处都是斗拱。好像整个塔就是靠柱子和斗拱支撑起
来的。

林教授：这是木结构的特点。你们知道吗？这个塔自重就2600多
吨，按1500人同时在塔上计算，肯定超过3000吨，就是
说每根柱子要承重100多吨呢。这些梁、柱、枋全靠木
头之间的榫卯连接。

小　龙：这些柱子也和故宫里的一样，向内倾斜吗？

林教授：是的，内外槽的柱子按照一定的角度倾斜，向内收拢，
加强塔的稳固性。

大　卫：里外上下都是斗拱，怪不得叫斗拱博物馆呢。

小　龙：这里好像是抬梁式。你们看，有柱、有梁、有斗拱。还能看到塔檐上的檩。

林教授：不对。木塔斗拱上面有斜撑梁、木枋和短柱，它们组成不同方向的复梁式架构。抬梁式是用越来越短的梁一层层抬架上去，增加空间。而这种复梁式结构像一个圈，加强了木塔结构的整体性。这样既坚固，又美观。

小　龙：将近1000年了，这个塔居然幸存下来，可真是不容易啊。

林教授：是啊，晴天的时候，10公里以外都能看见它。这个塔确实是久经沧桑，历尽风险。它经历过40多次地震，有的还是大震，遭受过无数次雷击。近代还经历了枪弹，遭受过炮击。现在塔身上还能找到弹孔和炮击的痕迹。

大　卫：这可真是个奇迹。一定得好好保护呢。

林教授：是的。现在这个塔开始倾斜了，但还没有找到好的解决方法。

大　卫：一定会有办法的。

小　龙：希望很快可以听到好消息。

林教授：会的。明天我们去悬空寺。看看那里的几根木头如何撑起一座寺庙。

注释：

① 释迦牟尼：古代印度佛教创始人。

17

悬空寺

第二天，小龙、大卫和林教授来到山西大同悬空寺。大家站在
观景台上看着半山腰的寺庙。

大　卫：好险啊，感觉那个寺庙要掉下来似的。

小　龙：不会的，你看好多柱子立在寺庙下面呢。

林教授：实际上起关键作用的不是这些立柱，而是那些在寺庙下
　　　　面横着的飞梁。到跟前可以看得更清楚些。

大　卫：悬空寺和应县木塔哪个更古老？

林教授：从始建年代看，悬空寺更早些。它始建于公元491年，
　　　　距今已1500多年了，是国内现存最早、保存最完好的高
　　　　空木结构摩崖建筑。

大　卫：名字听起来好复杂。听说《时代》周刊把它评为世界上
　　　　最不稳定的十大建筑之一。

林教授：是啊，全世界都在为它担着心呢。险峻是它名声在外
　　　　的主要原因。这里规模不大，但在建筑技艺方面巧夺
　　　　天工。

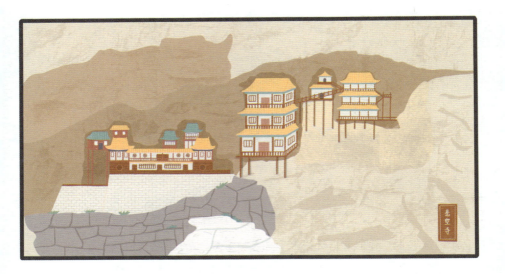

悬空寺

大　卫：你们看寺下面那个大石头。上面好像是"壮观"两个
　　　　字，可是那个"壮"字右边怎么多了一个点呀？

林教授：这是唐朝大诗人李白题的"壮观"。

大　卫：就是那个写"举头望明月，低头思故乡"的李白吗？

林教授：是的。关于带点儿的"壮"字，有个说法是，当年李白
　　　　来到悬空寺，感叹它奇险壮观，当场写下了"壮观"两
　　　　个大字。为了表达自己惊讶至极的心情，就在"壮"字
　　　　右边加了个点儿。

大　卫：就是表示太壮观了，对吧？

林教授：哈哈，这个解释好。

小　龙：这屋顶好像是琉璃瓦歇山顶。我们在这里还能看见中间
　　　　那个大殿屋檐下的斗拱呢。看来这个寺庙规格挺高的。

林教授： 当初是北魏皇家建造的，应该算是皇家寺院吧。

大家来到窄窄的入口处，抬头看见4根柱子支撑着一个亭子，还有一个柱子支撑着一侧的檐角。

大　卫： 你们看，这些柱子也太细了吧，居然撑了1500年。

林教授： 这种支柱不是一般的木头，是材质坚硬的铁杉木，而且它们不是悬空寺的主要支撑。那些亭子下面的横梁才是主要的承重结构，它们叫半插飞梁。为了防腐、防虫蛀，这些梁柱都经过桐油浸泡。

大　卫： 原来是这样啊。

大家沿着陡峭的石阶进了寺庙。石阶的左边是山体，多数地方只能容一人前行。他们观光了一圈，回到山下，抬头清楚地看到整个悬空寺下方飞梁伸出山体外的部分。

小　龙： 为什么要把寺庙建在悬崖峭壁上呢？

林教授： 当初这是个道观，主要是利用山体原有的一处天然凹槽建成。把道观建在半山腰上，就是为了让道士们远离尘世，做到"不闻鸡鸣犬吠之声"。

大　卫： 工匠们好聪明呀。

林教授： 聪明的方法还在后面呢。工匠们依靠绳索从高处悬下，扩大凹槽，凿出一个可以工作的平台。再在平台上凿出内大外小的巨大石孔。然后，他们用50厘米见方的铁杉木做成方梁，浸过桐油后，把一头带楔子的梁砸入石孔中，楔子便会将木材撑开。

小　龙：像今天膨胀螺栓的原理。

林教授：的确是这样。这些木梁超过三分之二的长度深入山体，加上岩石平台的支撑，每根梁可以承受数吨的重量，所以不用担心安全问题。

大　卫：真是很神奇！

林教授：那些细柱子有的起承重作用，有的用来平衡楼阁的高低，有的在横梁承重超过一定限度时发挥支撑作用。再加上用榫卯结构固定和连接，悬空寺就成了一座似虚而实、似危而安的奇特建筑。

小　龙：林教授，是飞梁、立柱、榫卯这些木构件的多重保障才支撑起了这个悬空寺，对吗？

林教授：没错。我们这一路从故宫到木塔，再到悬空寺实地考察，是希望你们全面了解中国传统木结构建筑的精妙之处。

大　卫：太了不起了，太壮观了。我看得在"壮"字右边加上两个点儿。

小　龙：大卫，现在你的中文水平大涨，说话很有幽默感。

大　卫：哈哈，这是大诗人李白给我的灵感。

小　龙：林教授，这次木结构建筑之旅，让我们了解了这种建筑
　　　　的特别之处，学到了很多有关中国古典建筑的知识。谢
　　　　谢您。

大　卫：谢谢林教授，您辛苦了。

结束语

中国传统木结构建筑营造技艺即木作，是中国建筑传统"八大作"的重要构成，体现了中国人认识自然、利用自然的生活理念，是中华文化中极具代表性的一部分。其工艺的各个环节渗透着中国人的聪明才智，反映了中国人的审美情趣和传统哲学思想。

中国历史纪年简表
A Brief Chronology of Chinese History

夏	Xia Dynasty			c. 2070—1600 B.C.
商	Shang Dynasty			1600—1046 B.C.
周	Zhou Dynasty	西周	Western Zhou Dynasty	1046—771 B.C.
		东周	Eastern Zhou Dynasty	770—256 B.C.
		春秋	Spring and Autumn Period	770—476 B.C.
		战国	Warring States Period	475—221 B.C.
秦	Qin Dynasty			221—206 B.C.
汉	Han Dynasty	西汉	Western Han Dynasty	206 B.C.—25
		东汉	Eastern Han Dynasty	25—220
三国	Three Kingdoms			220—280
西晋	Western Jin Dynasty			265—317
东晋	Eastern Jin Dynasty			317—420
南北朝	Northern and Southern Dynasties	南朝	Southern Dynasties	420—589
		北朝	Northern Dynasties	386—581
隋	Sui Dynasty			581—618
唐	Tang Dynasty			618—907
五代	Five Dynasties			907—960
宋	Song Dynasty			960—1279
辽	Liao Dynasty			907—1125
金	Jin Dynasty			1115—1234
元	Yuan Dynasty			1206—1368
明	Ming Dynasty			1368—1644
清	Qing Dynasty			1616—1911
中华民国	Republic of China			1912—1949
中华人民共和国	People's Republic of China			1949—

图书在版编目（CIP）数据

中国世界级非遗文化悦读 / 魏向清，刘润泽，刘韶方
主编 . -- 南京 : 南京大学出版社 , 2024.2
　（寻语识遗）
　ISBN 978-7-305-26233-3

　Ⅰ . ①中… Ⅱ . ①魏… ②刘… ③刘… Ⅲ . ①非物质
文化遗产 – 介绍 – 中国 Ⅳ . ① G122

中国国家版本馆 CIP 数据核字（2023）第 011791 号

出版发行　南京大学出版社
社　　址　南京市汉口路 22 号　　　　　　邮　编　210093

丛 书 名　寻语识遗
书　　名　中国世界级非遗文化悦读
　　　　　ZHONGGUO SHIJIEJI FEIYI WENHUA YUEDU
主　　编　魏向清　刘润泽　刘韶方
责任编辑　张淑文　　　　　编辑热线　（025）83592401

照　　排　南京新华丰制版有限公司
印　　刷　南京凯德印刷有限公司
开　　本　880mm×1230mm　1/32 开　　印张　23.875　　字数　495 千
版　　次　2024 年 2 月第 1 版　2024 年 2 月第 1 次印刷
ISBN 978-7-305-26233-3
定　　价　168.00 元

网址：http://www.njupco.com
官方微博：http://weibo.com/njupco
官方微信号：njupress
销售咨询热线：（025）83594756